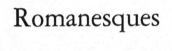

Romanesques

Hors-série 2020

Romanesques

Revue du Cercll / Roman & Romanesque

Roland Dorgelès

Sous la direction de Marie-Françoise Lemonnier-Delpy

PARIS
CLASSIQUES GARNIER
2020

ROMANESQUES

Revue du Cercll / axe « Roman & Romanesque »
Université de Picardie – Jules Verne

UFR des Lettres
Citadelle
10 rue des Français Libres
80080 Amiens

Courriel : cerr@u-picardie.fr

SOMMAIRE

DORGELÈS ET MONTMARTRE /
DORGELÈS AND MONTMARTRE

DORGELÈS ET L'ÉCRITURE DE LA GUERRE /
DORGELÈS AND THE WRITING OF WAR

DORGELÈS, DU JOURNALISME ET DES RÉCITS DE VOYAGE À L'ACADÉMIE GONCOURT / *DORGELÈS, FROM JOURNALISM AND TRAVEL NARRATIVES TO THE ACADÉMIE GONCOURT*

POSTÉRITÉ ET ACTUALITÉ DE DORGELÈS / *DORGELÈS'S LEGACY AND RELEVANCE*

INTRODUCTION

Si Roland Dorgelès (né à Amiens en 1886, mort à Paris en 1973) fut un écrivain très reconnu et emblématique après la parution des *Croix de bois* en 1919, il peut sembler aujourd'hui bien oublié, moins lu, moins étudié et moins abordé par la critique, notamment littéraire, et la recherche universitaire. Son œuvre, dont la publication de son vivant court de 1917 à 1971, est riche d'une trentaine d'ouvrages auxquels il convient d'ajouter des correspondances, des articles de presse ainsi que des inédits. Reconsidérer l'œuvre de celui qui se définissait lui-même comme un « écrivain bleu horizon », quoiqu'ayant publié des livres sur d'autres sujets que la guerre, n'est en réalité pas dénué d'intérêt. À cela, plusieurs raisons.

La première tient à sa place dans le champ littéraire du xxᵉ siècle. Dorgelès, ancien combattant, connaît par son « roman » et témoignage paru en 1919 une formidable notoriété. L'attribution, la même année, du prix Goncourt à Proust plutôt qu'à lui, la note assassine qu'en 1929 Jean Norton Cru consacre aux *Croix de bois*[1] dans *Témoins, essai d'analyse et de critique des souvenirs de combattants édités en* français[2], relativisent la reconnaissance dont il jouit et manifestent avec éclat la diversité des réceptions dont il fait et fera l'objet tout au long du siècle. De manière significative, Cru s'appuie tant sur sa lecture que sur celle d'autres « témoins », tel Pierre Chaine, et traite Dorgelès au sein d'un trio de tête des écrivains de la Grande Guerre qu'il accuse de tromperie[3]. À cette dénonciation Cru ajoute, à l'encontre de l'auteur des *Croix de bois*, des accusations supplémentaires d'imitation, pour ne pas dire de plagiat,

---

1   *Le Cabaret de la Belle Femme* est évacué en raison de son appartenance « au genre du conte littéraire », précise Jean-Norton Cru dans *Témoins*, Nancy, Presses universitaires de Nancy, rééd., 2006, p. 588.
2   *Ibid.*, p. 587-593.
3   Il s'agit de René Benjamin pour *Gaspard*, d'Henri Barbusse pour *Le Feu* et de Roland Dorgelès pour *Les Croix de bois*.

de Barbusse et même du Zola de *La Débâcle*. Le point de vue de Cru, dont le caractère polémique n'est plus à souligner, illustre l'importance des débats à la fois esthétiques et éthiques qui accompagnent la littérature consacrée à la Grande Guerre jusqu'à aujourd'hui. Ils portent sur la légitimité, la nécessité et la nature du témoignage, mais aussi sur l'indicible de la guerre, indicible sur lequel bute l'écriture fictionnelle et romanesque, autobiographique et épistolaire.

Cela dit, le panorama qu'offre le présent volume sur l'œuvre de Roland Dorgelès ne se limite pas à l'écrivain de la Grande Guerre, même s'il y a là, déjà, un massif de romans, recueils, lettres, nouvelles et contes du plus grand intérêt. Il n'intègre pas non plus la totalité de sa production. Chroniques et récits de la Bohème montmartroise, récits de voyage, écrits journalistiques, écrits sur la Seconde Guerre mondiale, romans des années cinquante ne seront pas tous évoqués ici. Mais leur simple énumération permet de préciser quelques données essentielles à l'identification de l'œuvre dans le champ littéraire du siècle dernier. La marque de fabrique de Dorgelès est de reprendre plusieurs fois les mêmes thèmes, les mêmes questions, de revenir, à différents moments de sa vie, sur les années d'avant-guerre, sur la guerre qui hante l'ancien combattant ou encore sur sa vision sociale. Sur Montmartre aussi et Micheline Dupray[4] y voit le signe, si ce n'est d'une nostalgie, en tout cas d'un retour vers le passé et les lieux qui lui sont chers, notamment dans les moments difficiles de son existence. Très attaché à Paris, Dorgelès appartient au monde de ses « anartistes[5] de la Butte Montmartre », dont Dan Franck retrace l'histoire dans *Le Temps des Bohèmes*[6], même s'il n'évoque que succinctement l'auteur, fervent lecteur de Murger, de *Bouquet de Bohème*. L'ancrage montmartrois de Dorgelès éclaire bien des facettes de son écriture, dont l'humour ne cessera d'être une constante et s'exprime à plein dans ses dernières œuvres, porteuses d'un virulent réquisitoire contre le pouvoir de l'argent. Replacer Dorgelès dans les milieux artistiques et littéraires parisiens revient aussi à rappeler son goût des arts, lui qui a brièvement fréquenté l'école des Arts Décoratifs

---

4   Micheline Dupray, *Roland Dorgelès. Un siècle de vie littéraire française*. Paris, Presses de la renaissance, 1986, p. 444.
5   Jean-Pierre Rioux reprend, pour le définir, les termes d'« anarchiste chrétien » que Dorgelès revendique en 1928. Jean-Pierre Rioux, *Roland Dorgelès, D'une guerre l'autre*, Paris, Omnibus, 2013, Préface, p. XIV.
6   *Le Temps des Bohèmes*, Paris, Grasset, 2015.

et compte parmi ses amis les plus chers des peintres comme Raoul Dufy. Ses croquis, photographies et projets cinématographiques traduisent cette appétence. Toutefois, si dessins et clichés peuvent trouver leur place dans l'œuvre écrite (dans *Bleu Horizon* notamment), l'investissement personnel de Dorgelès dans le Septième Art n'aboutit pas toujours. Ces ouvertures artistiques de l'œuvre de Dorgelès – lesquelles ne seront pas abordées dans ce numéro car elles feraient l'objet d'un numéro à part entière – le rapprochent de ceux de ses contemporains que le modernisme fascine et ne rebute pas.

Le propos de ce hors-série de *Romanesques* est de se saisir de cette œuvre multiforme pour en dévoiler les coulisses, en examiner, via des éclairages complémentaires, quelques aspects moins souvent traités. Pour ce faire, il nous semblé nécessaire de conjuguer les approches de spécialistes venus d'horizons pluriels : conservation des fonds et génétique textuelle, histoire du XXᵉ siècle et de ses guerres, études sur la presse, le journalisme-reportage et les récits de voyage, histoire d'institutions littéraires comme l'Académie Goncourt, tant il est important de considérer également la place occupée et le rôle joué par Roland Dorgelès sur ce terrain.

La deuxième raison d'être de ce numéro tient donc à l'apport de ces études croisées, études qui souvent se répondent en faisant parfois entendre des sons différents sur un même objet d'analyse.

Au premier chef, elles éclairent d'un jour intéressant la question du romanesque chère à cette revue. Celui qui choisit de présenter *Les Croix de bois* comme un roman, choix qu'il convient de replacer dans le contexte de l'époque, creuse sa réflexion sur les rapports entre fiction et témoignage. La critique de Norton Cru donnait d'ailleurs un aperçu, du côté de la réception s'entend, de la signification prêtée à ce choix. Or cette part d'invention que Cru incrimine, de nombreux écrivains de la Première Guerre mondiale y recourent notamment quand ils choisissent de transformer les noms de leurs frères d'armes ou les toponymes du front, de brouiller la chronologie, d'offrir enfin des « anecdotes » sur la vie des Poilus. Et c'est en pleine conscience que Dorgelès fait sienne cette démarche dont les fondements sont éthiques avant d'être esthétiques. Le détour par la fiction n'est pas un enjolivement mais une nécessité, sur laquelle il reviendra et réfléchira, à l'instar d'autres écrivains de la

guerre tel Cendrars. Il n'en fixe pas moins les limites, entre transposi-
tion et invention, et tient à préciser que si l'anecdote « peut s'inventer »,
il n'en va pas de même pour l'expérience de la guerre qui requiert, à
son avis, que l'écrivain et le soldat ne fassent plus qu'un. Le roman de
guerre, comme ensuite le récit de voyage, qui vient satisfaire en outre
le goût romanesque de l'aventure et le dépaysement, sont à ses yeux des
champs d'observation élargie de l'humanité. Le brassage social engendré
par la guerre constitue à la fois un facteur de transformation personnelle
et une opportunité d'observer, d'analyser le réel et les comportements
humains dans une situation extrême où les masques tombent, comme
Dorgelès le souligne. Lors de ses voyages et reportages, la découverte
de l'Autre, dans un ailleurs géographique, soulève, quant à elle, bien
d'autres interrogations majeures, tant pour l'écrivain que pour son lecteur.

La confrontation des œuvres et des données historiques permet
de mesurer le plus précisément possible l'espace qu'occupe la fiction
romanesque qui n'est pas, on l'aura compris, synonyme de dénatura-
tion de la réalité. L'esthétique du roman de guerre tel que le pratique
Dorgelès se définit également à partir de critères linguistiques – dans
le mélange des parlures des soldats et l'émergence d'une langue des
poilus dont Cru lui reproche d'abuser. La structuration finale par épisodes, si caractéristique de nombre d'œuvres de ce type, est présentée
par Dorgelès, dans ses *Souvenirs*[7], comme le fruit du hasard plus que
comme le résultat d'un plan préétabli. Face à ce qu'il définit comme des
tâtonnements, les études génétiques présentes dans ce volume apportent
un passionnant éclairage. Les processus de mise en forme et de réécriture
des impressions et des informations recueillies sur le front comme, plus
tard, lors de voyages dans des contrées lointaines, permettent de saisir
les phénomènes d'exclusion, de censure et d'autocensure que Dorgelès
souligne parfois volontairement dans les textes publiés.

Outre ce questionnement sur la place de la fiction romanesque dans
l'œuvre que la lecture de ce volume nourrit, les écritures journalistiques
d'une part, épistolaires et viatiques d'autre part offrent un bon terrain
pour examiner les positions idéologiques, sociales et politiques de
Dorgelès. On les découvre, on les jauge au fil des pages : de Montmartre
au front, du front aux pays et colonies les plus éloignés. Comment

---

7   Roland Dorgelès, *Souvenirs sur les Croix de bois*, À la Cité des Livres, Paris, 1929.

l'Orient est-il perçu ? La colonisation, ici et là, est-elle défendue ou critiquée ? En quels termes ? Peut-on parler de dimension polémique et engagée de ces nouveaux Voyages en Orient du XXᵉ siècle, ceux de Dorgelès reporter étant à comparer avec d'autres, de son temps comme du nôtre ? Il y a là une matière riche pour les études postcoloniales et les débats qui les animent.

Enfin, la réflexion dorgelésienne très critique sur les régimes totalitaires (URSS, Italie, Allemagne), la position occupée par Dorgelès pendant l'Occupation et au lendemain de la Guerre ne font pas l'objet ici d'une étude propre mais leur évocation est capitale. Ambiguïtés, erreurs de jugement, condamnations sont à cerner et à observer pour comprendre le parcours de l'écrivain. Il est certain par exemple que le Dorgelès de *Carte d'identité* paru en 1945 rédige là un plaidoyer *pro domo* en montrant sa proximité avec la Résistance, en dénonçant les collaborateurs les plus abjects et les atroces exactions commises par les SS à Salies-du-Salat (Haute-Garonne)[8] …

La structuration de ce numéro suit une double logique. Sa trame générale va de la fabrique de l'œuvre à l'œuvre publiée pour se clore sur la question de sa postérité. Son tissage interne, de Montmartre à la guerre, essentiellement celle de 14-18, puis des voyages du journaliste aux fonctions de l'homme de l'Académie Goncourt. Deux évocations contemporaines contrastées de la figure et de l'œuvre de Dorgelès complètent ce panorama.

En ouverture, la présentation des fonds Roland Dorgelès des Bibliothèques d'Amiens Métropole en montre l'intérêt et souligne l'origine picarde de l'écrivain, que *Romanesques* ne saurait ignorer. Si l'œuvre de Dorgelès n'est guère prisonnière d'une labellisation régionaliste – nous avons vu combien comptait l'ancrage parisien – il est cependant essentiel de souligner la place qu'y occupe la Picardie.

Émeline Pipelier ne manque pas de rappeler la diversité et l'enrichissement constant de ces fonds qu'elle détaille. Ils ne se limitent pas aux archives écrites. Ainsi les évocations géographiques et historiques présentes dans l'œuvre dorgelésienne renvoient-elles à une connaissance

---

8   Salies-du-Salat se trouve non loin de Montsaunès où Dorgelès s'est « fixé » pendant cette période. Dorgelès décrit les atrocités commises par les nazis à Salies et dans ses environs.

précise et exacte du terrain à laquelle la photographie n'est pas étrangère ce que les fonds, très riches en ce domaine, mettent en évidence.

L'exploration menée par Alexandre Leducq, dont Emeline Pipelier souligne le rôle capital dans la constitution et la valorisation de ces fonds dont elle a aujourd'hui la charge, ne contribue pas simplement à la découverte de ces multiples archives. S'appuyant sur l'étude d'inédits et de textes publiés, Alexandre Leducq décortique les processus de genèse de plusieurs œuvres. On voit comment l'auteur des *Croix de bois*, du *Réveil des Morts*, de *Bleu Horizon*, mais aussi de *Route des tropiques* fait feu de tout bois. Il s'avère grand réutilisateur de lui-même, caractéristique qu'il partage avec bien d'autres écrivains de son temps. Toutefois, avec Dorgelès, ce qu'Alexandre Leducq nomme auto-réécriture se fait aussi auto-plagiat et baromètre des obsessions et angoisses de l'écrivain. Cet examen des processus d'écriture, particulièrement stimulant et fouillé, offre en outre une sorte de parcours éclairant pour l'ensemble des contributions qui lui font suite. Avec la présentation liminaire des fonds par Émeline Pipelier, l'article d'Alexandre Leducq fournit, tant aux lecteurs qu'aux chercheurs, des ressources et des clefs pour aborder et étudier l'œuvre dorgelésienne.

Les deux volets suivants s'attachent à mener cette étude en suivant les évolutions des écrits de Dorgelès. Il revient à l'introduction de Jean-Pierre Rioux d'en expliciter le cours. L'historien, spécialiste de l'histoire culturelle, politique et coloniale du xxe siècle, est aussi l'éditeur des œuvres de guerre de Dorgelès. Il retrace ici non seulement la trajectoire de cet engagé volontaire – et enragé à l'être – de 14, mais aussi celle, en amont, du jeune montmartrois ou, en aval, de l'écrivain pendant l'entre-deux-guerres, du journaliste sur la route des colonies ou voyageant dans l'Europe, à la veille de la Seconde Guerre mondiale pour finir sur l'homme établi à Montsaunès pendant l'Occupation. Cette trame, fort éclairante, étant fixée, ce sont les principales étapes qui jalonnent le parcours de l'écrivain que ce volume explore, en commençant par son lieu d'origine : Montmartre.

Montmartre. Philippe Blondeau circonscrit son propos à la comparaison du cheminement de deux amis également attachés à la Butte, Dorgelès et Mac Orlan. Ils ont l'un et l'autre, à quelques années de distance, publié un roman inspiré par Montmartre (respectivement *Le Château des brouillards* et *Le Quai des brumes*) et, après la Seconde Guerre, des souvenirs de cette époque. Par-delà ces convergences, leurs œuvres ne rendent pas le même son mais elles aident à comprendre le mythe de la bohème montmartroise et la nature du romanesque attaché à celle-ci. D'où l'intérêt manifeste de cette comparaison menée par Philippe Blondeau. On mesure, à travers cet article, toute la charge émotionnelle associée à ce temps des origines, paradis perdu d'avant 1914, dans un Montmartre à la fois populaire et artistique.

Montmartre, c'est aussi le lieu où s'épanouissent l'humour et le rire de Dorgelès que Nicolas Bianchi examine ensuite. Cherchant à comprendre les liens qui unissent les écrits du journaliste et de l'humoriste montmartrois à ceux du soldat engagé volontaire dans la guerre, l'étude met parfaitement en évidence la présence de codes humoristiques dans les revues d'avant-guerre et leur réutilisation après 14. Les mécanismes linguistiques utilisés, la structuration par épisodes dans les œuvres de Dorgelès sont au service d'une poétique délibérée de « l'alternance du rire et des larmes ». Le rire renforce la valeur testimoniale des écrits de guerre de Dorgelès tout en les situant contre le romanesque en vogue dans les « romans populaires patriotiques ». Cette veine comique n'est cependant pas, en dépit de son caractère authentique et antimilitariste, dépourvue d'ambiguïtés voire d'illégitimité au regard des souffrances imposées par la guerre. Ce constat explique l'évolution du traitement de l'humour observable dans l'entre-deux-guerres.

Montmartre apparaît bien, au travers de ces deux articles, comme un univers de références personnel qui donne aussi le ton des livres à venir. De ce point de vue, l'article de Philippe Éthuin complète on ne peut mieux l'approche de Nicolas Bianchi. On passe des revues d'avant-guerre aux numéros du journal *À La Baïonnette*, représentatif de la culture de guerre. Sous diverses identités Dorgelès y signe des articles à compter de la fin de l'année 1918, articles ici recensés et successivement analysés par Philippe Éthuin. Pour faire découvrir ce corpus peu connu, l'approche adoptée est pour partie génétique puisqu'il nous est donné de suivre les reprises et métamorphoses de certains textes sur une durée très longue qui s'étend jusqu'à la parution de *Bleu Horizon*. Les thèmes abordés rejoignent, par leur diversité, ceux qui étaient fortement attachés à la vie sur le front, comme la nourriture par exemple, et que l'on retrouve dans l'œuvre romanesque.

Avec les lettres de guerre de Dorgelès, on pourrait changer totalement de registre et tomber dans le tragique. Pierre-Jean Dufief écarte cette idée en étudiant minutieusement tout l'art du double discours présent dans la correspondance. Le romanesque mis en place par des procédés de fictionnalisation a des vertus cathartiques pour l'épistolier et la légèreté de ton observée dans les deux précédents articles perdure, le plus souvent. Cette stratégie que justifie la volonté que peut avoir Dorgelès de protéger ses destinataires des horreurs du front se heurte néanmoins à son engagement en faveur d'un discours vrai. De plus elle n'est pas constante et varie selon qu'il s'adresse à sa mère ou à sa maîtresse dont l'insouciance et l'infidélité le rongent totalement. L'article met à nu les mille et un procédés de traitement de la réalité et le jeu d'équilibre caractéristique du romanesque qui s'y joue. Et de renvoyer le lecteur au débat sur la validité du témoignage et sur la présence conjointe de la vérité et du mensonge.

La contribution de l'historien Philippe Nivet offre une autre réponse à ce débat. Le regard du spécialiste de la Première Guerre sur la peinture de la reconstruction orchestrée par Dorgelès dans *Le Réveil des morts* permet de confronter la matière romanesque à la réalité historique. L'enquête suit scrupuleusement le cheminement du romancier qui, fidèle aux méthodes zoliennes, se documente pour écrire son roman. Elle permet de mesurer avec exactitude la manière dont Dorgelès aborde cette question fort peu traitée en 1923 et s'intéresse, notamment, aux difficultés des réfugiés qui réintègrent une région, l'Aisne, qu'ils avaient dû fuir en raison de la guerre. Le roman décrit aussi la vie de la main d'œuvre étrangère que constituent les Chinois ainsi que la manière dont ceux-ci sont perçus par la population. Il résulte de cette enquête aux multiples facettes que le tableau brossé par le romancier-architecte Dorgelès est d'une remarquable exactitude historique.

Les récits de voyage qu'aborde, dans le volet suivant de ce numéro, Thabette Ouali, garantissent-ils une peinture aussi fiable de la réalité ? Ces voyages entrepris dès les années vingt conduisent Dorgelès en Orient, en Afrique, en URSS et dans divers pays d'Europe. Il les effectue en qualité de journaliste, reporter et conférencier. Thabette Ouali s'interroge sur la perception par Dorgelès de l'Altérité qu'il découvre. La peinture qu'offrent ses récits semble globalement échapper à la vision exotique si répandue de l'Orient. Elle n'échappe cependant pas à une forme de représentation occidentale et coloniale. Le discours sur la colonisation trahit un Dorgelès qui, en dépit de ses idées humanistes, défend la mission coloniale. Sur ce point, la présentation de Thabette Ouali entre en dialogue avec celles d'Alexandre Leducq ou de Jean-Pierre Rioux qui l'ont précédée et présentent un point de vue différent. Dans la partie consacrée aux voyages en Europe et en URSS de Dorgelès, l'exotisme ne disparaît pas totalement. Mais l'intérêt de l'étude menée par Thabette Ouali à leur sujet est ailleurs. D'une part, son examen éclaire l'engagement et les prises de position politiques de Dorgelès, que l'on pourrait, pour ce qui concerne l'URSS, comparer à celles de Gide : Dorgelès fait le procès du socialisme, du fascisme et du nazisme. D'autre part, cet article apporte une nouvelle caractérisation du style dorgelésien, à la fois journalistique, poétique et pictural.

À force de s'intéresser au combattant et au journaliste, on en viendrait presque à oublier que Dorgelès fut un homme en vue et qu'il joua un rôle dans le monde des Lettres par sa longue appartenance à l'Académie Goncourt. Gabrielle Mélison-Hirchwald s'appuie ici sur un autre fonds d'archives que celui d'Amiens (celui de l'Académie Goncourt) pour cerner au plus près les postures et l'investissement intellectuel, éditorial (en faveur de la publication du *Journal* des Goncourt) de l'écrivain au sein de la célèbre Académie. Elle revient, pour commencer, sur l'attribution à Proust plutôt qu'à Dorgelès du Prix Goncourt 1919 – plusieurs fois évoqué dans ce numéro et notamment dans le compte-rendu de lecture qui le clôt. L'article dresse le portrait d'un Dorgelès militant par son engagement et son travail au service de l'Académie, affrontant les polémiques et turbulences qui ponctuent la remise des prix. Sans ignorer les choix personnels de Dorgelès président, il insiste aussi sur la dimension humaine de son investissement et sur la part active qu'y tient l'amitié, proche par bien des côtés de la camaraderie du front. Gabrielle Mélison-Hirchwald montre enfin l'esprit d'indépendance et d'ouverture défendu par Dorgelès dans les fonctions qui furent les siennes au sein de l'Académie Goncourt.

Pour clore ce numéro sur Dorgelès, nous avons choisi de laisser à Juliette Sauvage le soin de présenter sa réflexion sur la postérité de l'œuvre de celui qui demeure, dans la mémoire collective, l'auteur des

Croix de bois. Au Revoir là-haut (2013) lui en offre l'opportunité puisque son auteur, Pierre Lemaitre, place son roman dans le sillage du *Réveil des morts*, analysé précédemment par Philippe Nivet. Comme Roland Dorgelès quatre-vingt-dix ans plus tôt, il aborde des thématiques très larges (mémoire, oubli, deuil, sentiment de rupture vécu par les anciens combattants) et d'autres plus précises, avec les exhumations des corps, les mercantis… Mais il y ajoute la description de la démobilisation, de la réintégration des soldats dans la société parisienne, de la précarité… L'intertextualité qui lie les deux œuvres invite donc à une comparaison très convaincante d'où ressortent l'importance du romanesque et le rôle essentiel joué par la création, artistique ou architecturale, dans les deux œuvres. Fictions toutes deux métaromanesques, selon les termes de Juliette Sauvage, *Le Réveil de morts* et *Au Revoir là-haut* entrent ainsi au service d'un processus essentiel de mémorialisation du passé.

Enfin, en appendice à ce numéro consacré à Dorgelès, la note de lecture de Jean-François Bourgain sur *Proust, prix Goncourt. Une émeute littéraire* témoigne encore de la postérité de l'œuvre. Le livre signé par Thierry Laget, qui retrace avec verve la bataille entre partisans de Proust et défenseurs de Dorgelès, montre l'importance capitale de l'événement dans la reconnaissance littéraire de l'auteur d'*À l'ombre des jeunes filles en fleurs* et pose la question de la place occupée par l'auteur des *Croix de bois*. Cependant, si cet ouvrage trace un portrait plutôt critique de Roland Dorgelès, il est aussi à même, paradoxalement, d'encourager la lecture et l'étude de son œuvre, pour permettre au lecteur contemporain de la mieux connaître, et, pourquoi pas, de la défendre.

Marie-Françoise LEMONNIER-DELPY
Université de Picardie Jules Verne
Roman & Romanesque /
Transmissions historiques /
CERCLL

LA FABRIQUE DE L'ŒUVRE

LE FONDS ROLAND DORGELÈS
DES BIBLIOTHÈQUES D'AMIENS MÉTROPOLE[1]

Roland Dorgelès est naturellement lié aux Bibliothèques d'Amiens Métropole. Dans la logique de cette bibliothèque municipale classée, destinée à réunir, conserver et communiquer une documentation la plus large possible sur la Picardie, sa naissance amiénoise fait de lui un auteur picard et donc l'un de ces « illustres » auquel la bibliothèque se doit de consacrer une partie de ses collections. À l'heure où nous écrivons, le fonds, riche de 37 documents manuscrits et de 77 imprimés, dont 34 exemplaires rares et précieux, reste modeste mais offre au lecteur une belle diversité de thématiques et de champs d'exploration, que cela soit pour nourrir la biographie de l'homme ou pour comprendre le travail de l'écrivain. Le présent article ne se veut pas un panorama exhaustif et complet du fonds, mais plutôt un état des lieux, le tableau de la constitution, dans un moment précis et donné dans le temps, d'un ensemble en perpétuelle évolution ; la somme des grandes orientations qui s'y dessinent, des éventuels défis qu'il peut présenter au personnel chargé de sa conservation, des pistes qu'il peut offrir au chercheur. C'est dans ce souci que nous joignons, en annexe, la liste des manuscrits figurant actuellement dans le fonds, afin de permettre à l'éventuel lecteur de s'y retrouver au mieux. Avant de poursuivre notre développement, nous tenons à remercier Alexandre Leducq, qui nous a précédée au poste de responsable des fonds patrimoniaux des Bibliothèques d'Amiens Métropole, pour son aide et pour ses connaissances sur le fonds, qui ont largement nourri la présente réflexion.

Contrairement à d'autres fonds de la bibliothèque, issu de l'achat ou de dons de collections privées, ce sont bien les acquisitions régulières des conservateurs qui viennent, peu à peu, alimenter les fonds de la bibliothèque jusqu'à constituer un ensemble spécifique autour

---

1   Le lecteur se reportera à au tableau récapitulatif qui suit cette présentation.

de Dorgelès. Les acquisitions suivent la politique de la bibliothèque municipale classée qu'est Amiens, et qui tend à rassembler, autour de personnages locaux, manuscrits autographes, éditions (rares ou non) de leur œuvre et documents iconographiques (dans le cas de Dorgelès, des photographies susceptibles d'apporter un éclairage biographique). Les commémorations de la Grande Guerre viennent remettre en lumière ce fonds déjà constitué et lui apportent un accroissement important : en effet, les bibliothèques d'Amiens Métropole réservent également un pan important de leurs acquisitions à l'actualité, ce qui remet sur le devant de la scène les écrivains combattants, auxquels est d'ailleurs consacrée une exposition de novembre 2015 à février 2016 « Écrivains, témoins de la grande guerre » ; une exposition est consacrée à Dorgelès seul l'année suivante : « Roland Dorgelès, au nom de tous mes camarades ». On se doit de souligner, quand on mentionne cette mise en avant, l'action d'Alexandre Leducq, dont le travail a permis une importante valorisation du fonds ainsi qu'un accroissement significatif. Une fois la période de commémorations achevée, les acquisitions autour du fonds Dorgelès se poursuivent et sont actuellement toujours en cours ; la dernière acquisition, réalisée en septembre 2019, est l'un des 9100 exemplaires numérotés sur vélin du *Réveil des morts* dans son édition de 1930, dans une reliure de maroquin signée Max Fonsèque et illustré de lithographies de Paulette Humbert. En effet, les bibliothèques d'Amiens Métropole cherchent à constituer un tableau, sinon exhaustif, du moins le plus complet possible de l'œuvre, manuscrite ou publiée, de l'écrivain.

Le fonds, ainsi constitué par des achats successifs et au gré des ventes, prend l'aspect d'un fonds « factice » dont la réalité matérielle n'est accessible qu'à travers les instruments de recherche et non pas dans la spatialité des magasins. Ce fonds est réparti sur plusieurs cotes, correspondant à plusieurs natures de documents : documents imprimés, manuscrits et iconographiques. Les imprimés, rassemblant les éditions des œuvres de Dorgelès dans un panorama qui tend à être le plus exhaustif possible, se partagent entre les cotes RES (réserve précieuse des imprimés), réservée aux exemplaires rares ou dotés de particularités spécifiques (annotations manuscrites, par exemple) et PIC (fonds picard) : la place de Dorgelès, auteur local dans un fonds régional, a toute sa place. Cette dernière cote correspond aux éditions les plus courantes. La cote Ms, comprend, quant à elle, par simplicité aussi bien qu'en vertu de choix bibliothéconomiques que nous serons amenée à aborder de nouveau, des manuscrits autographes, des tapuscrits, des archives (notes de travail, correspondance), mais également des « dossiers documentaires » composites. Les plus importants sont les dossiers photographiques (Ms 2549 C et Ms 2729 C) composés, pour le premier, de 250 photographies de la Grande Guerre, et pour le second de 70 photographies de Dorgelès témoignant de diverses époques de sa vie. On signalera cependant, isolée dans les autres collections photographiques de la bibliothèque, la cote Ph 1598 B, rassemblant 22 photographies de tournage des *Croix de bois*.

À travers la consultation de ces documents, plusieurs thématiques se dessinent. La plus importante, quantitativement concernent les deux guerres dont Roland Dorgelès a été le témoin. Cependant, certaines pièces du fonds dessinent également le portrait du Dorgelès montmartrois. Ainsi, le dossier coté Ms 2560 C rassemble des cartes postales, des notes, des articles ainsi que le tapuscrit annoté de la conférence « Quand j'étais montmartrois » ; le fonds comporte également des témoignages du travail cinématographique de Dorgelès autour de ses souvenirs montmartrois : le texte du film « Butte Montmartre » (Ms 2545 B) ainsi qu'un important ensemble de documents de travail autour du film *La Vie dramatique de Maurice Utrillo*, dont il rédigea le scénario et les commentaires : y figurent deux brouillons autographes, un tapuscrit annoté, diverses notes sur la vie d'Utrillo ainsi que quelques documents de correspondance documentant la réception du film. Le Dorgelès de l'Académie Goncourt est également présent, notamment à travers le discours, prononcé en 1954, pour l'inauguration d'une plaque posée sur la maison natale de Huysmans (Ms 2542 C). Les voyages, quant à eux, se rencontrent à travers le manuscrit de la *Caravane sans chameaux* (Ms 2550 B), un manuscrit fragmentaire de *Partir* (Ms 2597 B) et un ensemble de notes (Ms 2551 C).

C'est donc une œuvre dotée de multiples facettes qui se dessine à travers le fonds. Mais qu'en est-il du travail de l'écrivain en lui-même ? Les documents conservés par les Bibliothèques d'Amiens Métropole, pour qui s'intéresse au travail de création de Dorgelès, pourront importer un éclairage sur deux œuvres : *Retour au Front* et *Bleu Horizon*. Pour le premier, un manuscrit original ainsi que trois séries d'épreuves corrigées (Ms 2546 B) apportent des informations précieuses sur la genèse de l'œuvre ainsi que sur l'importance que la censure a pu jouer dans la publication de l'édition originale. Pour *Bleu Horizon*, outre un jeu d'épreuves corrigées, « Des morts vous parlent », première mouture du dernier chapitre de l'ouvrage, figure dans les collections de la bibliothèque sous la forme d'un manuscrit autographe. D'autres manuscrits autographes sont également présents au sein du fonds : le premier chapitre de *Tout est à vendre* sous sa forme manuscrite et tapuscrite (Ms 2547 C), *La drôle de guerre* (Ms 2548 B), divers articles dont « Nos personnages », paru dans les *Nouvelles littéraires* en 1965. Il arrive que les textes présents dans cette collection de manuscrits autographes aient une dimension autobiographique : ainsi, « Un chien, un âne, un censeur et moi » (Ms 2724 C), écrit en 1928, revient sur l'expérience de la parution d'articles pendant la grande guerre ; le manuscrit de cinq feuillets conservé sous la cote Ms 2559 B a pour sujet la mère de Dorgelès. On s'étonnera peut-être de la présence réduite de manuscrits autographes complets, en particulier pour les romans ; cet état de fait découle de l'habitude qu'avait Dorgelès de disperser ses brouillons et de faire cadeau, à ceux qui recevaient ses envois, de quelques feuillets. Certains de ces exemplaires imprimés ainsi « truffés » se retrouvent dans les collections de la bibliothèque : ainsi, un exemplaire du *Tombeau des poètes* de 1954 (RES 776 D) comporte, en plus de la dédicace de l'auteur, un fragment de quatre feuillets ; un ensemble de coupures de presse et de photographies est également inclus dans la reliure. Cette pratique se retrouve également dans les exemplaires de *Partir* (la pièce fragmentaire conservée est en effet issue d'un exemplaire « truffé ») ou de *Tout est à vendre* (RES 1337 B) figurant dans la réserve précieuse des imprimés ; elle rend la recherche de manuscrits de romans particulièrement difficile et complique singulièrement l'accroissement des fonds.

Les documents d'archives présents dans le fonds Dorgelès apportent également un certain nombre d'éléments sur le travail de l'écrivain et la réception de ses œuvres. Nous avons déjà évoqué un ensemble de notes consacré aux récits de voyage et un autre à Utrillo ; nous pouvons encore citer les Ms 2552 C et 2555 C. Ces « dossiers », rassemblement composite de notes éparses, de fragments de manuscrits, parfois de coupures de presse ou de cartons d'invitation, sont conservés, bien que leur caractère hybride puisse se montrer déconcertant pour le bibliothécaire, dans le classement d'origine, présent lors de l'acquisition du document. C'est ainsi que le Ms 2552 C, composé de quinze sous-ensembles de notes de travail, présente un premier classement observable à travers les titres figurant sur les pochettes organisant les notes : « Richesse », « Divers dont golf », « Curé »... Diverses pièces de correspondance viennent compléter les archives de Dorgelès présentes dans les collections de la bibliothèque ; on attirera l'attention du lecteur sur l'ensemble présent sous la cote Ms 2710 C, comportant 44 lettres ou cartes retraçant la correspondance entre Dorgelès et Gabriel Reuillard et traitant notamment de la réception des *Croix de bois ;* le Ms 2729 C comporte également des éléments de correspondance au sujet de ce même ouvrage, et notamment au sujet de sa réédition de 1967. On citera encore, pour clore le sujet des archives de l'écrivain, un autre ensemble important, bien que de taille plus modeste, lui aussi conservé sous la cote Ms 2729 C : la correspondance, composée de 19 pièces, du peintre Serge Belloni avec l'écrivain et son épouse.

Le fonds des Bibliothèques d'Amiens Métropole permet également d'aborder l'œuvre de Dorgelès du point de vue de l'histoire du livre et de la bibliophilie. La réserve précieuse des imprimés accorde une grande importance aux éditions rares et aux tirages numérotés ; les reliures, souvent luxueuses, présentent parfois d'intéressantes particularités, à l'instar de l'exemplaire de *Bleu Horizon* conservé sous la cote RES 943 C, en chagrin et percaline, à décor bleu, blanc, rouge. Même s'il n'est pas exactement exhaustif, le fonds apporte un dialogue intéressant entre les différentes publications d'une même œuvre et témoignent de l'histoire éditoriale des textes de Dorgelès. Il permet également d'aborder cette œuvre par le biais de l'illustration, à travers le travail de Dufy pour *Vacances forcées* (RES 937 D), Dunoyer de Segonzac pour le *Tombeau des poètes* (RES 776 C) ou de Paulette Humbert dans *Le Réveil des Morts* de 1930 (RES 1351 C).

Émeline PIPELIER
Conservatrice des Bibliothèques
Responsable Service Patrimoine,
Bibliothèques d'Amiens Métropole

LISTE DES OUVRAGES PRÉCIEUX COMPOSANT
LE FONDS ROLAND DORGELÈS
DES BIBLIOTHÈQUES D'AMIENS MÉTROPOLE

Type de documents	Cotes	Description de la pièce
Manuscrits	Ms 1946 E / 13	2 cartes lettres et 2 lettres autographes signées adressées à jacques Boulanger ; 1 lettre autographe signée adressé à Charlotte Lysis, 27 novembre 1929.- 5 ff.
	Ms 2341 D / 1	Lettre à M. A. Dubeux, Paris 3 janvier 1945 et 1946)- 1 f. = 1 env.
	Ms 2341 D / 2	Lettre à M. Pierre Charles, Antibes 15 nov. 1926. 2 ff. + une env.
	Ms 2341 D / 3	« La Canne de Courteline », note de R.D. sur l'écrivain satirique tel qu'il en a gardé le souvenir oculaire, en particulier sur sa canne où il voit tout un symbole de son caractère. Mai 1946. - 5 ff. 215 x 165 mm.
	Ms 2526 B	Lettre autographe signée de Roland Dorgelès à Gérard d'Hauville sur papier à en-tête de l'« Association des Écrivains Combattants de 1914-1918 ». [s.d.] - 2 ff.
	Ms 2542 B	Discours prononcé par Roland Dorgelès (au nom de l'Académie Goncourt) pour l'inauguration de la plaque posée sur la maison natale d'Huysmans, 11 rue Suger, VIIe. 20 juin 1954. 16 ff.
	Ms 2545 B	Butte Montmartre (film), 1935. XXe siècle, rel. signée Ad. Lavaux, papier, 110 ff.
	Ms 2546 B	Retour au Front, 1940. XXe siècle, rel., papier.
	Ms 2547 C	Tout est à vendre (chapitre premier), 1956. Manuscrit et tapuscrit corrigé en 4 états différents. XXe siècle, rel., papier, 114 ff. ; 38 ff. ; 37 ff. ; 28ff.
	Ms 2548 B	Drôle de Guerre, I reportage du Front, II Ce qu'il fallait cacher, daté Paris, septembre 1957. XXe siècle, rel., papier.

	Ms 2549 C	Ensemble documentaire sur Roland Dorgelès durant la Guerre 1914-1918 soit environ 250 photographies.
	Ms 2550 B	La Caravane sans Chameaux. XXe siècle, rel. signée Ad. Lavaux, papier. 2 vol.
	Ms 2551 C	Manuscrits divers : 1°) Pages manuscrites de « Partir » ; 2°) Pages manuscrites sur le Maroc ; 3°) Notes sur la Chaneresse ; 4°) Notes diverses ; 5°) Notes sur l'Indochin ; 6°) Notes sur « Mayréna, roi des Sédangs » ; 7°) Descriptions, notes générales ; 8°) Notes sur voyages ; 9°) « Missionnaires » ; 10°) « Choleu » ; 11°) « Hué, Chronique de l'oeil de buffle » ; 12°) « Lépreux, Hopitaux, Médecines » ; 13°) Enseignement ; 14°) « Pages de la Caravane » ; 15°) Manuscrits « Chez beautés aux dents limées »
	Ms 2552 C	Manuscrits divers : 1°) Notes de travail diverses notamment sur le cours de la livre sterling ; 2°) Notes de travail notamment traduction de mots en espagnol ; 3°) Notes de travail notamment à propos d'un « marquis » ; 4°) Notes de travail dans une pochette intitulée « Richesse » ; 5°) Notes de travail dans une pochette intitulée « Guyot » ; 6°) Notes de travail dans une pochette intitulée « Philippe » ; 7°) Notes de travail dans une pochette intitulée « Divers dont golf » ; 8°) Notes de travail dans une pochette intitulée « Curé » ; 9°) Notes de travail dans une pochette au titre illisible ; 10°) Notes de travail dans une pochette intitulée « Répliques » ; 11°) Notes de travail dans une pochette intitulée « Amour » ; 12°) Notes de travail dans une pochette intitulée « Crise 19-20, Camps américains » ; 13°) Notes de travail dans une pochette intitulée « Espagne » ; 14°) Notes de travail dans une pochette intitulée « Banques » ; 15°) Notes de travail et articles de journaux dans une pochette intitulée « Beauté, Longue vie ».
	Ms 2553 B (anciennement C)	Fragment autographe « Lise Brussac ». 39 folios chiffrés de 24 à 58.

	Ms 2554 C	Notes diverses
	Ms 2555 C	Manuscrits divers : 1°) Notes diverses ; 2°) Notes « Abel » ; 3°) Notes « Arts » ; 4°) « Notes » ; 5°) « Prisons » « prière » ; 6°) « Le vaillant couturier / Notes pour souvenir » ; 7°) « Notes de jeunesse pour PGC (Paul Gérard Chair, château des Brouillards) » ; 8°) « Notes diverses » ; 9°) « Rara / Les 2 premiers feuillets son enfance, sa jeunesse. » ; 10°) « Pages guerre » ; 11°) « Santé-Mœurs » ; 12°) « Divers » ; 13°) Landon ; 14°) « Divers » ; 15°) Lazare ; 16°) Voyage ; 17°) Coupures de presse ; 18°) « Campagne » ; 19°) « Notes ».
	Ms 2558 B (anciennement C)	« Fragments divers. »
	Ms 2559 B (anciennement C)	« Que dire de ma mère ? ». Texte autographe sur cinq feuillets.
	Ms 2560 C	Quand j'étais monmartrois. Dossier de notes manuscrites pour la réalisation de la conférence éponyme. 1°) Carte postale 146. Utrillo. La maison de Berlioz ; 2°) Carte postale 301. Van Gogh. Montmartre. Bec de Gaz ; 3°) Carte Postale sans légende représentant 4 moulins ; 4°) Lettre autographe signée de Marguerite Falké (4 mars 1959) ; 5°) Revue *Conferencia* n° 24 datée du 5 décembre 1928 contenant l'article « Quand j'étais Monmartrois » avec corrections manuscrites ; 6°) Notes diverses dont articles imprimés ; 7°) Texte dactylographié avec corrections manuscrites, feuilles paginées 2/ 10/ 12/ 13/ 14/ 17/ 18/ 25/ 26/ 27/ 44/ 45/ 46/ 47/ 57/ 58/ 59/ 60/ 60 bis/ 61/ 71/ 72/ 73. Le tout contenu dans une pochette « Classeur dossier sans perforation "UN" » sur laquelle est collée une carte postale « Montmartre le Lapin Agile ».
	Ms 2561 C	Une histoire qui finit drôlement, 2 cahiers imprimés de 16 pages avec annotations manuscrites de Roland Dorgelès.

	Ms 2562 C	J'aime les Beaux livres, Manuscrit autographe de trois feuillets et un feuillet tapuscrit avec corrections manuscrites de R.D
	Ms 2563 C	Entretiens avec J. Meyer pour la radio le 8/7/68. 8 feuillets tapuscrits avec corrections manuscrites.
	Ms 2564 C	Nos personnages (Nouvelles littéraires Oct. Nov. 1965), 25 feuillets manuscrits signés R.D.
	Ms 2565 D (anciennement C)	Notes autographes signées RD sur la maladie. Environ 19 feuillets.
	Ms 2567 B (anciennement C)	Divers documents (Tapuscrit signé sur papier à en-tête du *Figaro* de Gérard Baüer et menu du Drouant signé par les académiciens le 4 octobre 1950 ; Exemplaire du Cine-Comédia du 18 mars 1932 annonçant le film *Les Croix de bois* de Raymond Bernard) et notes autographes de Dorgelès : 1°) Carte à un critique ayant apprécié *Partir* ; 2°) Lettre à Chérau ; 3°) Carte à Louis Thomas ; 4°) Aphorisme sur une page ; 5°) Tapuscrit signé de 1964.
	Ms 2597 B	*Partir*, Paris, Albin Michel, 1926. Exemplaire C. Envoi autographe de Dorgelès à Renée et Pierre Larguy avec quatre folios manuscrits truffés.
	Ms 2702 C (anciennement E)	Manuscrit autographe signé de Bernard Clavel. « Seul avec ma colère » avec dédicace à Roland Dorgelès. 2 Mars 1971 ; 4 pages in-4°
	Ms 2710 C	Importante correspondance, adressée à Gabriel Reuillard (44 lettres ou cartes autographes signées) traitant notamment de la réception des *Croix de bois* / sur le départ des forces d'occupation allemande durant la Seconde Guerre mondiale, etc.). En outre deux manuscrits autographes : Souvenir d'un soir de Noël quand « L'Europe tremblait encore du coup de force de Munich » et « La grande famille et l'homme qui lit » (23 pages in-8°)
	Ms 2712 C	Lettre adressée à Gaston Picard, Paris, le 1er mai 1957 ; 1 page in-4°, enveloppe jointe. Rapide courrier à propos des coquilles dans ses œuvres.

	Ms 2724 B	Manuscrit autographe signé, « Un chien, un âne, un censeur et moi » [1928] ; 11 pages petit in-4 à l'encre violette, avec ratures et corrections. À propos des articles qu'il fit paraître pendant la Grande Guerre, sous son nom ou sous le pseudonyme de Monsieur Grinche.
	Ms 2729 C	Ensemble de documents concernant Roland Dorgelès. 77 Photographies originales couvrant l'ensemble de sa vie (jeune officier jusqu'à la fin de sa vie) et éléments de correspondance (Correspondance reçue après la nouvelle dédicace des *Croix de bois* ; Correspondance reçue après le décès de Gérard Bauër ; Dossier sur l'édition de 1967 des *Croix de bois*, tapuscrit de la préface et correspondance avec G. A. Panichas de l'université de Maryland ; Correspondance de 19 lettres du peintre Serge Belloni avec Roland et Mme Dorgelès.
	Ms 2732 B	Trois lettres de Roland Dorgelès. 2 lettres autographes signées, une lettre dactylographiée signée. 2 lettres évoquent son actualité littéraire : « Je ne sais pas trop quand sera terminé mon roman » ; « Ces pages ne figureront pas dans mon *Bouquet de Bohême* » ; la dernière lettre est une invitation à passer à Chanteloup où Dorgelès a pris ses quartiers d'été.
	Ms 2733 C	Documents relatifs à Roland Dorgelès. 1°) 4 lettres au couple Machard. 2 lettres à Jean Machard (une pour décliner une proposition de collaboration, l'autre pour le féliciter d'une distinction) ; 2 lettres à Raymonde Machard. 2°) Deux faire-part de Mariage : de Roland Dorgelès avec Hania Routchine ; d'Hania Routchine avec Roland Dorgelès. 3°) Une photographie de Roland Dorgelès montrant à Blasco Ibanez un livre ouvert, *Les Croix de bois*.
	Ms 2734 B	Manuscrit autographe : Des Morts vous parlent. 114 f. 160 x 210 mm et 185 x 210 mm. Manuscrit de premier jet abondamment corrigé intitulé Des Morts vous parlent, consacrés aux écrivains morts à la guerre 14-18. Texte servant de base au dernier chapitre du recueil *Bleu Horizon*, Pages de la Grande Guerre.

Imprimés	Res 677 A	*Bouquet de Bohème*, Paris, Albin Michel, 1947. Exemplaire numéroté sur vélin pur fil du Marais, n° 34/100
	Res 678 B	*Sous le Casque Blanc*, Paris, les Éditions de France, 1941. Exemplaire Numéroté sur papier vélin Lafuma, n° 53/325.
	Res 789 C	*Le Cabaret de la Belle Femme*, Paris, Émile-Paul Frères, 1924. Exemplaire sur Vergé de Rives n° 506/640
	Res 790 C	*La Boule de Gui*, Paris, Éditions de la Banderole, 1922. Exemplaire sur Lafuma teinté n° 201/600.
	Res 776 D	*Tombeau des poètes 1914-1918*, Paris, Éditions Vialetay, 1954. Exemplaire d'auteur numéroté X signé par Roland Dorgelès, André Dunoyer de Segonzac et Jacques Beltrand.
	Res 811 A	*Le Cadastre littéraire ou Une Heure chez M. Barrès*, Paris, Pour les Frères Émile-Paul, 1925. Tirage pour « L'auteur et quelques amis »
	Res 892 B	*Les Croix de bois*, Paris, Albin Michel, s.d.
	Res 893 B	*Le Cabaret de la Belle Femme*, Paris, L'Édition française illustrée, 1919.
	Res 937 D	*Vacances forcées*, Paris, Éditions Vialetay, 1956. Exemplaire sur pur chiffon de Rives n° 93 signés par Roland Dorgelès, Jacques Beltrand et Vialetay.
	Res 943 C	*Bleu Horizon*, Paris, Albin Michel, [s.d.]. Première épreuve avant tirage.
	Res 946 B	*Vive la liberté !*, Paris, Albin Michel, 1937.
	Res 999 B	*Synthèses littéraires et extra Littéraires*, Gus Bofa, présentées par R. Dorgelès, Paris, Éditions Mornay, 1923.
	Res 1003 A	*La Caravane sans chameaux*, Paris, Albin Michel, 1928. Édition originale courante.
	Res 1004 A	*Si c'était vrai*, Paris, Albin Michel, 1934. Édition originale courante.
	Res 1062 C	*Chez les beautés aux dents limées*, Paris, Laboratoire Martinet, 1930.

Res 1076 A	*Francis Carco, Au vent crispé du matin*, Paris, Nouvelle Édition Nouvelle, 1913.
Res 1101 D	*Le Cabaret de la Belle Femme*, Paris, Guilhot, 1947. Exemplaire sur Johannot n° 626.
Res 1114 B	Wilfrid Lucas, *Les Cavaliers de Dieu*, Paris, Bernard Grasset, 1935. Exemplaire sur Vélin pur Fil n° III.
Res 1115 B	*Ma Grosse Bête et les Petits Lapins*, Paris, Hotchkiss, 1931. Exemplaire sur Pur Film Lafuma n° 46/500.
Res 1174 D	*Le Réveil des morts*, Paris, Éditions Mornay, 1924. Exemplaire sur Vélin de Rives n° 606/1048.
Res 1191 B	*Les Croix de bois*, [sl], Éditions du Livre Monte-Carlo, 1947. Exemplaire sur Grand Vélin n° 1068/3000.
Res 1212 C	*Les Croix de bois*, Paris, Membres du Cercle Grolier, 1925. Exemplaire HC.
Res 1221 C	*Les Croix de bois*, Paris, Éditions de la Banderole, 1921.
Res 1222 C	*Le Cabaret de la Belle Femme*, Paris, Émile-Paul frères, 1924.
Res 1223 C	*La Boule de Gui*, Paris, Éditions de la Banderole, 1922. Exemplaire sur Papier de Hollande n° 69/81.
Res 1223 C Pbl cote ?	*La Boule de Gui*, Paris, Membres du Cercle Grolier, 1925. Exemplaire n° 277.

« ÉGALEMENT DISPONIBLE DU MÊME AUTEUR »

La pratique de l'auto-réécriture chez Roland Dorgelès

De la pratique du gueuloir chère à Flaubert aux multiples épreuves corrigées qu'infligeait Balzac à ses imprimeurs, le processus de création à l'œuvre chez les écrivains passionne. En apparence Roland Dorgelès facilite le travail de ses exégètes en décrivant sa manière de travailler dans le chapitre de *Bleu horizon*, « En marge des Croix de bois ». Le chapitre « Victoire » aurait ainsi été écrit d'un seul jet, en première ligne, sous le bombardement allemand, et n'aurait demandé aucune correction en vue de la version définitive :

> Les doigts paralysés, j'ai soudain saisi mon crayon, et d'une petite écriture volontaire dont les mots ne se chevauchaient pas, lucide au point de biffer un terme impropre et de faire un renvoi, j'ai noté mes impressions d'objet vivant qu'on va broyer, de bête qui tremble, de cible humaine. [...] Je n'ai fait que recopier, sans déplacer un mot, sans ajouter une virgule. Qu'on reprenne maintenant *Les Croix de bois* au chapitre « Victoire », on y retrouvera ces notes, à peine modifiées[1].

Pourtant, quelques pages plus loin, le romancier décrit au contraire un travail de rédaction beaucoup plus laborieux :

> Mon manuscrit garde la trace de ces mutilations, avec des phrases qui résument, de grands traits qui ressoudent, et des bandes de papier quadrillé qui font penser à du taffetas anglais collé à une estafilade[2].

De fait, la première page du manuscrit des *Croix de bois* reproduite dans ce même ouvrage[3] ainsi que nombre de manuscrits conservés dans

---

1   Roland Dorgelès, *Bleu Horizon*, Paris, Albin Michel, 1949, p. 21.
2   *Ibid.*, p. 33-34.
3   *Ibid.*, p. 31.

le fonds Dorgelès des Bibliothèques d'Amiens Métropole[4] témoignent d'un travail d'écriture marqué par de nombreuses ratures, corrections et de nombreux repentirs et collages.

De manière générale, Roland Dorgelès a, tout au long de sa carrière, beaucoup retravaillé son matériau et la description qu'il fait pour son manuscrit est en fait valable pour son œuvre tout entière : il n'a eu de cesse de mutiler ses textes, de les résumer ou de les enrichir et enfin de les ressouder pour donner naissance à de nouveaux récits. La production de l'auteur des *Croix de bois* est traversée par un important travail de réécriture, d'autocitations voire d'auto-plagiat.

LA CRÉATION ORIGINALE :
LA RÉÉCRITURE DU MATÉRIAU BRUT

DU BROUILLON MANUSCRIT AUX « FEUILLES RETROUVÉES[5] »

Les Bibliothèques d'Amiens Métropole ont acquis en 2014 un manuscrit autographe de la main de Dorgelès composé de onze pages petit in-quarto intitulé : « Un chien, un âne, un censeur et moi[6] ». Comme l'indique le titre, ce court écrit traite de la censure et des moyens utilisés pendant la guerre par l'auteur pour la contourner. Schématiquement le texte se divise ainsi :

---

4   Sources utilisées pour cet article : texte dactylographié avec corrections manuscrites [brouillon préparatoire à *Bouquet de Bohême* ?], Bibliothèques d'Amiens Métropole, Ms 2560 C / 20. – Texte dactylographié retranscription, avec correction manuscrites, des entretiens radiodiffusés menés par Jacques Meyer en 1968, même fonds, Ms 2563 C. – Lettre autographe à un destinataire inconnu [Gabriel Reuillard ?], Ms 2710 C / 17. – Lettre autographe à Gabriel Reuillard, Ms 2710 C / 34. – Manuscrit autographe : « Un chien, un âne, un censeur et moi », Ms 2724 B. – Lettre autographe à Mademoiselle Jacques Christophe, Ms 2732 C [Jacques Christophe] / 1. – Roland Dorgelès, *Tombeau des poètes : 1914-1918*, RES 776 D (exemplaire truffé de quatre feuillets manuscrits). – Nous ajoutons à cela le discours prononcé pour les dix ans de l'Association des écrivains combattants, brouillon manuscrit, Ader vente du 20 juin 2019, lot 48 (collection particulière). NB : L'Armarium, la Bibliothèque numérique du patrimoine écrit, graphique et littéraire des Hauts-de-France a numérisé et met en ligne de nombreux documents originaux concernant Roland Dorgelès (manuscrits, lettres, photographies etc.) issus du fonds des Bibliothèques d'Amiens Métropole et de différentes collections particulières.
5   Titre du deuxième chapitre de *Bleu Horizon*.
6   Aujourd'hui conservé sous la cote Ms 2724 B.

- Feuillets 1 et 2 : introduction
- Feuillets 2 et 3 : réminiscence de l'épisode de la censure des *Croix de bois*
- Feuillets 4 et 5 : utilisation du pseudonyme Grinche pour tromper les censeurs
- Feuillets 5 à 8 : cœur du récit avec l'anecdote de la demande de légion d'honneur pour un âne
- Feuillet 9 à 11 : anecdote sur la censure frappant les écrits sur la victoire de Samothrace conservée au Louvre.

À notre connaissance, ce manuscrit est resté inédit en l'état. En revanche, Roland Dorgelès s'en est servi comme aubier pour le recueil *Bleu Horizon*. Il a en effet tout d'abord « recyclé » les feuillets numérotés 2 et 3 dans le sous-chapitre « En marge des Croix de bois ». Le texte du brouillon est le suivant[7] :

> Le mois dernier, lorsque je corrigeais les épreuves du *Cabaret de la Belle Femme*, je me voyais : c'est en uniforme que j'apparaissais. Je me revoyais, dix ans plus tôt, penché sur des placards semblables – ceux des Croix de bois – et, laissant retomber ma plume, je suivais attendri ce caporal désemparé qui défendait rageusement son premier livre contre les ciseaux d'un censeur. Pourquoi ces messieurs de la Place de la Bourse avaient-ils balafré mon manuscrit de coups de crayon bleu, il faut se rappeler la sottise du temps de l'époque pour le comprendre. Je viens de relire *la Boule de Gui* et *Permissionnaires*, que je dus retirer du livre, tant on les avait charcutés et qui figurent à présent dans le *Cabaret de la Belle femme*, eh bien je [mot difficilement lisible] à rengager pour cinq ans si le militaire le plus soupçonneux y découvre quelque chose qui ressemble de loin à une apologie de la paix prématurée. Je crois même que l'horrible mot n'y est pas prononcé…

Il inspire en grande partie le récit de la rencontre place de la Bourse entre le commandant chargé de la censure et l'écrivain, relaté aux pages 34 et 35 de *Bleu Horizon* :

> Peut-être gêné d'avoir à discuter avec un gradé si modeste, il [le commandant] poussa néanmoins la complaisance jusqu'à feuilleter le manuscrit devant moi et à me faire des observations. À chaque page que je voyais barrée d'un coup de crayon bleu, mon trouble s'accentuait […].

---

7   Pour faciliter la lecture, la transcription du texte n'intègre pas les ratures et « les bandes de papier quadrillé qui font penser à du taffetas anglais ».

> J'aurais dû le conserver comme document de l'époque, ce manuscrit tout
> balafré qu'on me rendit. Le censeur – était-ce mon officier ou quelque adjoint
> obscur ? – avait supprimé, sans un semblant de raison, des réflexions de soldats,
> des faits insignifiants et jusqu'à d'innocents jurons. [...] Trois chapitres surtout
> étaient éprouvés : *la Boule de Gui*, *Permissionnaires* et *Mourir pour la Patrie*[8].

L'emprunt au manuscrit inédit de 1928 est encore plus net dans le
récit « La Gloire à quatre pattes » publié dans le chapitre intitulé, à juste
titre, « Feuilles retrouvées ». Les feuillets numérotés 5 à 8 du brouillon
rapportent la provocation de Dorgelès demandant la Légion d'honneur
pour un âne après que la Croix de guerre a été attribuée à un chien :

> Figurez-vous qu'un officier supérieur bien intentionné avait eu l'idée biscornue
> de faire décerner la Croix de guerre au chien de son régiment, le 10ᵉ colonial si
> je me souviens bien. En 1928 cela fait hausser les épaules et l'on se demande
> comment le général qualifié responsable ne mit pas aux arrêts l'auteur de
> cette bouffonnerie mais, en ce temps béni, on s'accorda à trouver cela très bien,
> et la plupart des journaux consacrèrent des articles émus à cette cérémonie
> patriotique. Alors, peut-être vexé dans ma dignité de « cabot », je m'étais
> fâché. Pas tout rouge, bien entendu ; Je n'allais pas prendre l'État-major au
> collet. Mais, sur le ton badin, je faisais remarquer que les chiens n'étaient pas
> les seules bêtes à faire leur devoir sur le front, que des chevaux d'artillerie
> et des mulets de traits régimentaires étaient tués tous les jours à leur poste,
> que des pigeons disparaissaient quotidiennement en franchissant les lignes
> et que c'était qu'on risquait de mécontenter gravement tous ces courageux
> auxiliaires en récompensant uniquement « l'ami de l'homme ». Soucieux de
> réparer cette injustice, je signalais respectueusement au Haut-Commandement
> la conduite héroïque d'un petit âne civil d'Hermonville (Marne) qui, entraîné
> par les Allemands en retraite, avait refusé de les suivre, et qui frappé à coups
> de crosse, ensanglanté par la pointe des baïonnettes, s'était maintenu sur ses
> positions, malgré les efforts répétés d'un ennemi supérieur en nombre. « On
> a donné la croix de guerre au chien des coloniaux, c'est très bien, disais-je en
> terminant. Mais alors, je réclame, aussi la Légion d'Honneur pour mon âne. »

En 1949, il enrichit ce texte pour donner naissance au récit de trois
pages « La Gloire à quatre pattes » dont le corps est une simple réécriture de ces feuillets inédits de 1928 :

> « On aura tout vu », grognent parfois les copains. Ils ont raison : tout et le
> reste. Ainsi je viens de lire dans le journal – en quels termes émus ! – qu'on
> a décerné la croix de guerre à un chien ; le nommé Lion du 10ᵉ Colonial.

---

8   Roland Dorgelès, *op. cit.*, p. 35-36.

J'aurais aimé connaître également pour le transmettre à la postérité, le nom du Colonel qui rédigea la citation, malheureusement on ne le donnait pas.

Je mentirais en assurant que cette mesure a soulevé l'enthousiasme des autres « cabots » – ceux qui portent comme moi deux galons de laine bleue sur la manche – et des « poilus » à deux pattes qui ont, pour la plupart, risqué vingt fois leur peau sans obtenir le moindre bout de ruban, mais mon dessein n'est pas de critiquer le commandement.

Je m'étonnerai simplement, avec les formes extérieures du plus profond respect, les talons joints et le regard à quinze pas, que cette marque de faveur ne soit pas étendue à d'autres animaux tout aussi méritants, comme les chevaux du train de combat et les mulets de la mitraille. […]

Donnant l'exemple j'attirerai l'attention sur la courageuse attitude d'un âne nommé Gamin, attaché aux travaux du moulin de Cauroy, près Hermonville, Marne.

En septembre 1914, l'ennemi battant en retraite emmena tous les animaux de trait de la région, afin de les employer à des usages militaires. Seul de la région ce vaillant solipède refusa de les suivre. Les Prussiens tirèrent sur la longe : il résista. On le frappa à coups de botte, puis de crosse : il tint bon. Arcbouté au sol natal, il bravait ces barbares, décochant de terribles ruades à ceux qui le lardaient de leurs baïonnettes. Enfin, quand les clairons français sonnèrent au loin la charge, les ravisseurs s'enfuirent lâchement, abandonnant le petit brave ensanglanté, et nos troupes victorieuses pénétrant dans le village furent saluées par les braiements de Gamin qui – je suggère timidement ce texte de citation – « s'était maintenu blessé, à son poste, malgré l'acharnement d'un ennemi supérieur en nombre ».

On a donné la croix de guerre au chien Lion, c'est très bien. Mais, moi, je demande la Légion d'honneur pour mon âne[9].

Roland Dorgelès s'empare donc d'un manuscrit inédit, de « feuilles retrouvées » qu'il n'avait pas publiées à l'époque de leur rédaction. Il les retravaille tout en restant très proche de l'original (au point de conserver le même numéro de régiment, le 10e Colonial, de situer l'âne dans la même localité, Hermonville, et de reprendre la même chute et son rythme binaire) et, une fois les modifications apportées, livre un nouveau texte inédit.

DE LA MISSIVE PERSONNELLE À L'ŒUVRE PUBLIÉE

Les brouillons restés inédits ne sont pas le seul matériau brut que Roland Dorgelès mobilise pour un travail de réécriture : il réinvestit à différentes reprises sa propre correspondance et en intègre certains passages dans ses

---

9   Roland Dorgelès, *op. cit.*, p. 83-85.

œuvres littéraires. La comparaison des lettres envoyées durant la guerre par Dorgelès à sa mère d'une part et à sa compagne d'alors, Madeleine Borgeaud d'autre part, permet à Frédéric Rousseau de conclure dans la préface de la correspondance de guerre de l'écrivain, *Je t'écris de la tranchée* :

> [...] un certain nombre d'idées ou d'images développées dans la correspondance de guerre ont été transcrites dans le roman [...] indéniablement, les lettres envoyées aux proches ont préparé le livre et il semble bien qu'avec les notes accumulées sur des petits blocs, les lettres conservées par la mère ont constitué une partie non négligeable de la documentation du romancier[10].

Frédéric Rousseau détaille ensuite une comparaison éclairante entre dix extraits significatifs de lettres et les passages des *Croix de bois* qui leur correspondent.

La reprise d'éléments de la correspondance n'est cependant pas cantonnée à la période de la Grande Guerre. Ainsi les Bibliothèques d'Amiens Métropole conservent un mot de l'écrivain, datant des années 1920, envoyé à une dénommée « Mademoiselle Jacques Christophe » :

> Le but, mademoiselle, mais cela ne compte pas.
> Charles Baudelaire a répondu pour moi. « ... les vrais voyageurs sont ceux-là seuls qui partent
> ... pour partir[11] ».

Admirateur de Baudelaire[12] et certainement heureux de sa formule, Roland Dorgelès reprendra le matériau de cette missive dans l'un des courts récits du recueil *Entre le ciel et l'eau* :

> Ils s'embarquent donc presque contraints, leur frénésie tombée et moins impatients d'atteindre le but à mesure qu'ils en approchent.
> Pourtant, ils recommenceront. Le voyage n'est pas un goût, c'est une maladie. Après la période d'incubation, il faut que la fièvre suive son cours. Baudelaire connaissait bien leur mal :
> « Mais les vrais voyageurs sont ceux-là seuls qui partent
> Pour partir[13] ... ».

---

10 Frédéric Rousseau, « De l'expérience du feu à l'écriture de la guerre », dans *Roland Dorgelès, Je t'écris de la tranchée*, Paris, Albin Michel, 2003, p. 58.

11 Bibliothèques d'Amiens Métropole, Ms 2732 C [Jacques Christophe] / 1.

12 Sur la place de Baudelaire dans l'œuvre de Dorgelès voir également : Alexandre Leducq, « Dorgelès. Honorer les morts, réparer les survivants », *Quadrilobe*, n° 6, 2019, p. 117-118.

13 Roland Dorgelès, *Entre le ciel et l'eau*, Paris, Les Éditions G. Crès et Cie, 1930, p. 148.

L'auteur s'inspire également des lettres écrites dans des circonstances plus dramatiques, et de même que les *Croix de bois* se sont nourries de la correspondance envoyée à sa mère et à Madeleine, les échanges épistolaires de l'Occupation ont servi de matériau au romanesque. Dans une lettre adressée à un « cher vieux[14] », datée du Dim[anche] 24 sept[embre] [1944], Roland Dorgelès précise :

> J'avais été obligé, à la fin mai, de déménager en 2 heures, à la suite d'une visite de la Milice et de la Gestapo qui surgirent chez moi, mitraillette braquée, nous firent faire du « haut les mains » et m'apprirent que ma maison au premier signe de trouble, serait attaquée. Bien qu'elle eût une petite tour, avec créneaux décoratifs, j'ai préféré ne pas soutenir le siège. Cela m'aurait rudement embêté de ne pas voir la Victoire[15].

L'image dut plaire au romancier qui la réutilise donc dans son récit sur l'Occupation, *Carte d'identité* :

> Le castel, en dépit de sa tour à créneaux, ne pouvait soutenir un siège, et tout l'armement consistait en quelques sabres moïs et une collection de flèches, même pas empoisonnées. Nous décidâmes donc de quitter le pays […][16]

Bien qu'elle s'éloigne quelque peu de la reprise du brouillon manuscrit qui donne naissance à l'œuvre, cette réécriture à partir de matériau brut, soit des feuillets retrouvés qu'on retravaille soit des phrases issues de la correspondance, reste assez traditionnelle. L'œuvre de Dorgelès se distingue davantage par un travail d'auto-réécriture de textes ayant déjà fait l'objet d'une publication.

---

14   Il est possible que ce destinataire soit l'écrivain et journaliste Gabriel Reuillard appelé « Cher Vieux Reuillard » dans une lettre de Dorgelès datée de 1949. Le contenu de la lettre qui demande « ce qui se passe dans le monde des lettres, de la radio, des arts » à Paris semble un argument supplémentaire pour faire de Reuillard le destinataire.
15   Bibliothèques d'Amiens Métropole Ms 2710 C / 17.
16   Roland Dorgelès, *Carte d'identité*, Paris, Omnibus, 2013, p. 937. [Albin Michel, 1945]. Pour faciliter la tâche du lecteur, la réédition des textes *Les Croix de bois*, *le Réveil des morts* et *Carte d'identité* parue chez Omnibus en 2013 a été privilégiée pour les renvois.

LES ÉCRIVAINS MORTS À LA GRANDE GUERRE :
LA RÉÉCRITURE OBSESSIONNELLE

Sollicité par l'Association des Écrivains Combattants pour rédiger la préface du tome III de *l'Anthologie des écrivains morts à la guerre 1914 – 1918*[17], Roland Dorgelès livre un texte de six pages, qu'il ne cessera de republier, soit dans un format proche soit sous une forme enrichie, dans différentes publications étalées sur près de trente ans. Cette réécriture perpétuelle traduit en fait l'obsession de l'auteur des *Croix de bois* : lutter contre l'oubli de ses compagnons écrivains morts au front.

« JE VOUDRAIS LES SAUVER DE L'OUBLI CES INFORTUNÉS[18] »

À défaut de parvenir à l'édification d'un monde meilleur, promesse faite entre soldats sur le front, Roland Dorgelès se donne pour mission « [...] de prolonger un peu la brève existence de ses compagnons trop tôt disparus[19] ». En effet, il identifie, dans ses discours et ses écrits, un mal plus cruel que la mort qui menace les combattants tués lors de la Grande Guerre : « l'Oubli » qualifié dans *Le Réveil des morts* de « mot terrible[20] ». Que ce soit volontaire ou qu'il faille y voir la persistance inconsciente d'un schéma de pensée hérité des tranchées[21], l'Oubli, personnifié par la majuscule, est présenté sous la plume de Dorgelès comme un ennemi dont il faut « défendre » et « sauver[22] » les camarades tombés au champ d'honneur.

---

17 Association des Écrivains Combattants, *Anthologie des écrivains morts à la Guerre 1914-1918, Tome troisième*, Amiens, Bibliothèque du hérisson, Edgar Malfère, 1925.

18 Roland Dorgelès, *Bleu Horizon, op. cit.*, p. 193.

19 Roland Dorgelès, Texte dactylographié avec corrections manuscrites, feuillet paginé 60, Bibliothèques d'Amiens Métropole, Ms 2560 C / 20.

20 Roland Dorgelès, *Le Réveil des morts*, Paris, Omnibus, 2013 (Albin Michel, 1923), p. 421.

21 Dans son discours pour les dix ans de l'Association des Écrivains Combattants, Roland Dorgelès confie « employer un jargon guerrier dont nous nous [les écrivains combattants] débarrasserons malaisément. »

22 Nous avons relevé chez Dorgelès trois occurrences du mot « défendre » associé à l'oubli : la première dans *Le Réveil des morts*, (*op. cit.*, p. 485), la deuxième dans la conférence donnée pour les Annales : « nous ne les défendrons plus longtemps contre l'oubli » tandis que la dernière occurrence est rapportée par Claude Catherine Ragache dans son ouvrage, *Roland Dorgelès, Combattant, Journaliste, Écrivain*, à la page 180 : « Il ne faut pas les oublier. Dire

Il faut distinguer deux périodes dans la lutte contre l'oubli entreprise par l'ancien caporal du 39ᵉ R.I. qui correspondent chacune à la défense d'une mémoire spécifique.

« [...] ne pas raconter ma guerre, mais la guerre. »

Dans le chapitre « En marge des Croix de bois » qui ouvre le recueil *Bleu Horizon*, Roland Dorgelès explicite son intention lors de la rédaction du livre :

> Pas un instant je n'ai songé à tenir le journal de mon régiment. J'avais une ambition plus haute : ne pas raconter *ma* guerre, mais *la* guerre. Renoncer aux dates, effacer le nom des secteurs, oublier le numéro des armées, et tirer de moi-même de prétendus souvenirs si nourris de vérité que chaque combattant s'écrierait : « Ce sont aussi les miens[23] » .

Ainsi, dans les trois romans inspirés du premier conflit mondial qu'il publie de 1919 à 1923, Roland Dorgelès entend bâtir un récit s'approchant au maximum d'une réalité type ou d'une vérité absolue. En s'efforçant de « raconter *la* guerre », il entretient la mémoire de l'ensemble des combattants et travaille à pérenniser le souvenir de la Grande Guerre dans ce qu'elle a d'universel. Cette démarche empêche donc tout hommage personnel à des camarades réels.

« Mes morts, mes pauvres morts[24] »

La publication du *Réveil des morts* en 1923, suivie en 1925 de la rédaction de la préface au tome III de l'*Anthologie des écrivains morts à la Guerre*, marque chez Dorgelès une rupture dans la manière de rendre hommage aux soldats tués au front.

En effet, *Le Réveil des morts* est le dernier roman qu'il consacre entièrement[25] à la Grande Guerre, et plus précisément à la reconstruction

---

seulement leur nom, c'est les défendre, c'est les sauver. » Le terme « sauver » associé à l'oubli apparaît donc dans la même citation rapportée par Claude Catherine Ragache et dans *Bleu Horizon* : « Je voudrais les sauver de l'oubli ces infortunés, comme on relevait un blessé entre les lignes pour l'aider à se traîner jusqu'au poste de secours » (*op. cit.*, p. 193).

23   Roland Dorgelès, *Bleu Horizon, op. cit.*, p. 22.

24   Roland Dorgelès, *Les Croix de bois*, Paris, Omnibus, 2013 (Albin Michel, 1919), p. 216.

25   La Grande Guerre reste en effet présente dans de nombreux romans de Dorgelès ultérieurs à 1925 tel *Partir*, dont le héros Jacques Largy est un ancien poilu en cavale après le

dans une région « aplatie[26] » de l'Oise. Or, en même temps que la forme romanesque, Roland Dorgelès abandonne son « ambition plus haute » : raconter *la* guerre. Comme un symbole et un passage de témoin, c'est le héros de ce dernier roman guerrier, Jacques le Vaudoyer, ancien combattant obsédé par le souvenir de ses camarades tués au combat[27], qui expose ce qui sera désormais la philosophie de Dorgelès : « Il ne voulait en oublier aucun. Rien qu'en disant leur nom, il croyait les défendre, les arracher à l'horrible néant[28]. » À partir de 1925, le but poursuivi par l'auteur des *Croix de bois* n'est en effet plus d'écrire des œuvres qui rendent compte de l'essence même du conflit mondial en mettant en scène des personnages de papier ; il entend désormais « prolonger un peu la brève existence de ses compagnons trop tôt disparus » en, comme le préconise Jacques le Vaudoyer, « citant tant de noms aujourd'hui à peu près oubliés[29] ». Les personnages Sulphart, Demachy, Broucke, Bréval, Lousteau et Delbos cèdent la place aux « Dalleré, Jordens, Franconi, Bonneff, Dispan, Godin, mes camarades [...][30] ».

Roland Dorgelès attribue ainsi une valeur performative à la parole : dire, ou écrire pour qu'il soit lu, le nom des compagnons tués aux combats permet de leur conserver une existence et de les tirer du « néant ». L'acte de répétition apparaît alors comme le corolaire logique de cette valeur performative : plus le nom des disparus est répété, plus ces derniers ont des chances d'être sauvés de l'oubli. S'il exhorte les anciens soldats à se livrer à cette répétition salvatrice par le discours et à « dire seulement leur nom, [car] c'est les défendre, c'est les sauver » (et il ajoute : « Camarades

meurtre de son oncle qui a dilapidé son héritage pendant qu'il combattait sur le front ; elle figure néanmoins en arrière-plan et n'est plus le sujet principal des œuvres. Sur la permanence de la Grande Guerre dans les œuvres de Dorgelès, voir : Alexandre, Leducq, « Dorgelès. Honorer les morts, réparer les survivants », *art. cité*, p 121.

26 Les régions dites aplaties sont les régions dont presque tout le bâti a disparu suite aux combats et aux bombardements incessants. Voir Philippe Nivet, « Les reconstructions après la Première Guerre mondiale » dans *11 novembre 1918 : amère Victoire*, Académie des sciences, belles-lettres et arts de Rouen, 2019, p. 91-109 (actes du colloque du 10 novembre 2018).

27 Concernant la proximité entre les personnages de Jacques Le Vaudoyer et de Roland Dorgelès lui-même, voir : Alexandre Leducq, « Dorgelès. Honorer les morts, réparer les survivants », art. cité, p. 122, note 77.

28 Roland Dorgelès, *Le Réveil des morts, op. cit.*, p. 485.

29 Bibliothèques d'Amiens Métropole, Ms 2560 C.

30 Roland Dorgelès, « Préface », dans *Anthologie des écrivains morts à la Guerre 1914-1918, Tome troisième*, Amiens, Bibliothèque du hérisson, Edgar Malfère, 1925, p. XI.

de régiment, quand vous vous retrouvez, parlez des morts, parlez-en
librement »)[31], Dorgelès l'applique par écrit. Ainsi il n'écrit finalement
qu'un seul texte pour servir la mémoire de ses compagnons morts au
feu, mais ce texte n'est jamais clos et l'ancien caporal n'a de cesse de
le retoucher, le réécrire, l'enrichir et le republier dès que l'occasion se
présente. De 1925 à 1956 nous avons dénombré six versions de ce texte
hommage.

– La préface de l'Anthologie des écrivains combattants : le déclic
mémoriel ?

Dorgelès livre la première version du texte pour la préface du troisième tome de *l'Anthologie des écrivains morts à la Guerre 1914-1918*. Dans
un nombre de pages limité (seulement six) en raison de l'exercice, il
aborde déjà toutes les idées qui seront par la suite développées dans les
versions ultérieures.

Les thèmes de la jeunesse et du génie sacrifiés prennent une place
prépondérante puisqu'ils sont développés dans trois paragraphes distincts :

> Quels rêves alliez-vous réaliser, quelles œuvres vous promettiez déjà !... Mais
> la guerre a passé, fauchant votre printemps, et vous n'aviez donné encore que
> des espoirs, rien révélé, que les prémices de vos talents naissants[32].

> Nous aurons beau choisir le meilleur de votre léger bagage, faire entrevoir
> d'une seule citation, quels merveilleux destins ont péri avec vous, nous
> seuls pouvons vous admirer vraiment, nous qui avons vécu à vos côtés et pu
> approfondir vos âmes inspirées, nous qui savons quels dons magnifiques vous
> animaient, nous qui avions recueilli de vos bouches l'ébauche des grandes
> œuvres projetées[33].

Enfin le passage estimé soit le plus représentatif soit le plus fort
puisqu'il est repris dans trois des versions ultérieures (contre deux seulement pour les deux extraits précédents) :

> Combien de rêves magnifiques recouvres-tu de ton dur linceul, terre insatiable
> du front ! Ce ne sont pas seulement des ossements, des loques d'uniformes,

---

31 Claude-Catherine Ragache, *Roland Dorgelès : combattant, journaliste, écrivain*, Paris,
    Economica, 2015. p. 180.
32 Roland Dorgelès, préface de l'*Anthologie des écrivains morts à la Guerre 1914-1918*, *op. cit.*,
    p. XI.
33 *Ibid.*, p. XII.

des godillots durcis qu'on a jeté à la fosse commune : c'est le mystérieux
avenir de toute une jeunesse.

Qui sait dans quelle tranchée est peut-être tombé l'enfant de génie qui
aurait bouleversé le monde ? Son nom figure-t-il seulement dans cette
ANTHOLOGIE ? A-t-on gardé parmi les siens mieux que le souvenir d'un
gamin taciturne ? Un seul être avait-il soupçonné les richesses qu'il portait en
lui ? … Oui, savons-nous quelles sublimes espérances la guerre a massacrées[34] ?

La deuxième idée développée est directement liée à la notion de jeunesse
sacrifiée. En effet, bien qu'intégré à l'*Anthologie des écrivains morts à la
Guerre 1914-1918*, le texte de Dorgelès défend une philosophie mémorielle
différente de celle du recueil[35]. Alors que le ministre de l'Instruction
Publique et des Beaux-Arts, Léon Bérard, se félicitait que, dans cette
somme, un hommage égal soit rendu à « […] tous ceux qui avaient déjà
honoré les lettres françaises et ceux qui commençaient à peine, hélas, à
suivre la voie de leurs aînés, tous sans distinctions, quelles que soient
leurs opinions, leurs croyances[36] », au contraire l'auteur des *Croix de bois*
entend donner la priorité aux auteurs morts sans avoir eu le temps de
laisser une œuvre qui rende compte de leur talent :

> Beaucoup de vos aînés avaient accompli déjà l'essentiel de leur tâche, – Charles
> Péguy, Louis Codet, Psichari, Emile Despax, Nolly, Müller, noms glorieux et
> chers –, mais vous, qui n'aviez pas encore trente ans, alliez quitter le monde sans y
> laisser de trace, et c'est moins à eux que je pense ; moins sur eux que je pleure, que
> sur vous, soldats de mon âge, amis de ma jeunesse, dont les noms, pour survivre,
> n'ont souvent que quelques pages dispersées, quelques notes, quelques vers[37].

Cette distinction entre d'une part les disparus connus et reconnus et
d'autre part les disparus n'ayant laissé que « quelques pages dispersées »
est fondamentale pour celui qui, consacré en 1919 pour son premier
roman, n'aurait laissé aucune œuvre s'il était mort au front. Le paragraphe cité est donc repris dans deux des quatre versions ultérieures.

---

34 *Ibid.*
35 Concernant la divergence de philosophie entre la politique mémorielle défendue par
    l'*Anthologie des écrivains morts à la Guerre 1914-1918* et celle de Dorgelès voir : Alexandre
    Leducq, « Roland Dorgelès : sauver de l'oubli, ces infortunés », dans *Festival Résonances
    Auteur/Lecteur*, 2020 p. 48-51.
36 Léon Bérard, *Anthologie des écrivains morts à la Guerre 1914-1918*, Tome I, Edgar Malfère,
    Amiens, 1924, Introduction, p. VIII.
37 Roland Dorgelès, préface de l'*Anthologie des écrivains morts à la Guerre 1914-1918*, *op. cit.*,
    p. XI-XII.

Le troisième motif concerne ce qu'on pourrait nommer une carto-graphie des écrivains combattants morts au front. Roland Dorgelès, pour valoriser leur rôle, insiste sur la présence et le sacrifice d'écrivains combattants à chaque grande bataille :

> Puis d'autres noms encore. La liste noire s'allongeait toujours. Drouot à Lorette, Jean Marc Bernard à Carency, Henri Chervet en Champagne, Maxence Legrand à l'Hartmantzwiller, Pierre Corrard en Argonne, Paul Lintier en Lorraine... il n'y a pas une offensive où ne reste attaché le souvenir d'un écrivain soldat[38].

Ce sujet est le seul à apparaître dans les cinq versions du texte pour lesquelles nous avons effectué une comparaison.

En dernier lieu, l'auteur évoque le caractère aléatoire de la « Fatalité », les destins interchangeables des morts et des vivants et, en conséquence, les obligations des derniers envers les premiers :

> Pieusement, pour que votre mémoire demeure, nous avons accompli la tâche fraternelle, comme vous l'auriez fait vous-même, si la Fatalité, à votre place nous avait désignés[39]...

Ces quatre thèmes et les paragraphes qui leur correspondent se retrouvent dans la majorité des versions ultérieures du texte.

– L'année 1929 : deux versions pour deux anniversaires ?

« L'instant est donc venu de sceller la dalle funéraire, c'est donc la dernière fois que nous parlerons d'eux[40] », la préface au troisième tome de l'*Anthologie des écrivains morts à la Guerre 1914-1918* est présentée dès les premières lignes du texte comme une épitaphe définitive. Elle semble au contraire jouer le rôle de déclic. L'année 1929, date d'un double anniversaire, fournit en effet l'occasion de délivrer deux nouvelles versions du texte.

* Un discours pour les dix ans
  de l'Association des Écrivains Combattants

Roland Dorgelès, nommé à la tête de l'Association des Écrivains Combattants (AEC), prend en charge le discours pour célébrer les dix

---

38 *Ibid.*, p. XII.
39 *Ibid.*, p. XVI.
40 *Ibid.*, p. XI.

ans de l'association. Se pliant à un exercice aussi contraint que celui d'une préface, il livre un texte court[41] qui, au milieu de remarques générales sur l'association, développe à nouveau la plupart des éléments présents dans la préface de *l'Anthologie* de 1925, parfois avec les mêmes mots.

Le thème de la dette des survivants envers les morts est, quant à lui, accentué dans cette version pourtant plus brève. En effet, Roland Dorgelès introduit deux vers du poète Sylvain Royé, une prière aux rescapés de se souvenir de ceux qui ne sont pas revenus, qu'il intégrera dans deux des trois variantes ultérieures, preuve de la place prépondérante que prend ce sujet dans l'esprit de l'écrivain :

> Et ainsi qu'un couplet il me monte alors du fond du cœur, cette Prière des tranchées que murmurait Sylvain Royé dans la boue de Verdun où il allait mourir :
> D'autres heures naîtront, plus belles et meilleures.
> La Victoire luira sur le dernier combat.
> Seigneur, faites que ceux qui connaîtront ces heures
> Se souviennent de ceux qui ne reviendront pas.

La question de la reprise au sein de ce discours de la dichotomie entre écrivains morts célèbres et écrivains morts inconnus est plus délicate. Roland Dorgelès ne parlant pas en son nom propre mais en tant que responsable de l'Association des écrivains combattants, il ne peut se permettre d'émettre une opinion allant à l'encontre de la philosophie générale de l'association. Ainsi il n'énonce pas clairement sa volonté de mettre en lumière en priorité les écrivains demeurés inconnus. Pourtant l'analyse du brouillon manuscrit fait apparaître cette distinction sous la plume de Dorgelès. En effet, alors qu'il avait initialement prévu de citer Péguy et Fournier dans la litanie des poètes tombés aux combats, les deux noms sont finalement biffés au profit de Montesquiou et Royé. À défaut d'énoncer la préférence à accorder aux inconnus comme il l'a fait dans la version de 1925, l'ancien caporal l'applique donc dans son discours.

41 Nous n'avons pas trouvé de version publiée de ce texte. Manuscrit vendu à la vente ADER du 20 juin 2019. Collection particulière. Feuillet 14 du manuscrit reproduit dans Alexandre Leducq, « Roland Dorgelès : sauver de l'oubli, ces infortunés », dans *Festival Résonances Auteur/Lecteur*, 2020 p. 50.

* Une conférence pour les dix ans du Goncourt
attribué à À *l'ombre des jeunes filles en fleurs*

Roland Dorgelès s'est peu exprimé sur son échec au Goncourt de 1919. Pourtant, l'attribution du prestigieux prix littéraire à À *l'ombre des jeunes filles en fleurs* devant les *Croix de bois* semble justifier les craintes de l'écrivain quant à une société française désireuse d'oublier la Grande Guerre. Davantage qu'un camouflet personnel, le Goncourt 1919 a pu être vécu comme une injustice faite à la mémoire des soldats morts au front[42]. Il ne semble donc pas anodin que Dorgelès rende hommage aux écrivains combattants morts à la guerre 1914-1918 dans une conférence, « Leurs chefs-d'œuvre : Les Poètes de la Guerre », donnée le 20 mars 1929 soit dix ans après cet échec au Goncourt.

Affranchi des contraintes liées à la production de textes courts (préface et discours inaugural d'un banquet) et parlant en son propre nom, Dorgelès livre une version plus étoffée de son hommage aux écrivains combattants morts à la Grande Guerre, qui paraît le 20 novembre 1929 dans le numéro 23 du journal de l'université des Annales, *Conferencia*. Il y reprend les quatre thèmes développés dans les versions précédentes avec des formulations très proches, mais pour la première fois il a la possibilité de mener à bien son projet : prendre ses distances avec la volonté d'un hommage exhaustif défendu par l'Association des Écrivains Combattants et, au contraire, mettre en lumière quelques-uns de la « centaine de jeunes écrivains que la guerre nous a pris avant que leur talent ait eu le temps d'éclore[43] ». Déjà présente dans la préface de *l'Anthologie*, la distinction entre les morts « illustres » et les inconnus est affirmée dès les premières lignes :

> [...] et quand je me retourne vers ce passé tout hérissé de croix, ce n'est pas aux plus illustres que je songe d'abord, mais aux soldats de mon âge, aux amis de ma jeunesse, à ceux qui n'ont pour survivre, que quelques pages décousues, quelques poèmes inachevés. Les aînés qui devaient tomber à leurs côtés sur le champ de bataille, les Péguy, les Codet, les Muller, les Pergaud, les Psichari, étaient déjà célèbres ; ils laissaient une œuvre et avaient l'orgueilleuse consolation de se dire qu'ils ne disparaîtraient pas tout entiers ; tandis qu'eux ne laissaient que des promesses, des ambitions, des désirs. Tout dans le cœur[44]...

---

42   Concernant le Goncourt 1919 et la mémoire des morts de la Grande Guerre, voir : Alexandre Leducq, « Dorgelès. Honorer les morts, réparer les survivants », *op. cit.*, p. 117.
43   Roland Dorgelès, « Les Poètes de la Guerre », *Conferencia n° 23*, novembre 1929, p. 523.
44   *Ibid.*

Preuve de l'importance que Dorgelès y attache, cette distinction, évoquée dans un seul paragraphe dans *l'Anthologie* et sous forme de repentir dans le brouillon manuscrit du discours pour les dix ans de l'AEC, est formulée à deux reprises supplémentaires lors de la conférence de 1929 :

> Puisque j'ai entrepris de vous parler d'abord des poètes les moins connus, des jeunes, des malchanceux qui disparurent avant d'avoir donné l'œuvre définitive où s'inscrirait leur nom [...][45].

Puis presque en conclusion du texte :

> Qu'on me pardonne si je me suis attardé sur des tombes moins fameuses. Mais, les inconnus plus que d'autres ont besoin d'être aimés[46].

Bien qu'il reprenne, presque mot pour mot, le paragraphe de la préface de *l'Anthologie sur la jeunesse et le génie sacrifiée* :

> Nous aurons beau choisir le meilleur de leur léger bagage, faire entrevoir d'une citation, quels merveilleux desseins ont péri avec eux, nous ne les défendrons plus longtemps contre l'oubli. Ils sont partis trop tôt[47].

Roland Dorgelès se livre pourtant dans ce texte à cet exercice qu'il présente comme dérisoire. Introduisant tout d'abord la vie de onze écrivains sous une forme plus vivante et moins formelle que les notices publiées dans *l'Anthologie des écrivains morts à la Guerre 1914-1918*, il prend le soin d'accompagner ces éléments biographiques d'extraits des œuvres publiées par ces disparus. Animé certainement par le désir de ressusciter le temps de la conférence le maximum de camarades possible, Dorgelès égrène ensuite, sans donner aucun détail sur leur vie ni livrer aucun de leurs textes, le nom de neuf autres écrivains combattants morts à la Grande Guerre.

Malgré son projet initial, réaffirmé deux fois, l'auteur des *Croix de bois*, ne peut s'empêcher de citer, parmi les onze auteurs bénéficiant d'une présentation, Guillaume Apollinaire, « sans doute la perte la plus cruelle pour les écrivains de notre génération[48] » et Charles Péguy qu'il « n'est pas permis d'oublier[49] ».

---

45 *Ibid.*, p. 527.
46 *Ibid.*, p. 530.
47 Roland Dorgelès, « Les Poètes de la Guerre », art. cité, p. 524.
48 *Ibid.*, p. 528.
49 *Ibid.*, p. 530.

– Au lendemain de la Seconde Guerre mondiale :
deux versions de l'hommage pour une lutte mémorielle ?

Durant toute la décennie 1930, Roland Dorgelès ne livre aucune nouvelle version de son texte d'hommage aux écrivains combattants morts à la Grande Guerre. Les témoignages de sa fidélité à la mémoire des disparus demeurent mais prennent des formes plus discrètes comme le patronyme du héros du *Château des brouillards*, Gérard, choisi à dessein pour « ranimer une ombre[50] », ou la comparaison dans *Retour au front*, recueil de ses écrits publiés par Gringoire sur la « drôle de guerre », entre les jeunes soldats de 1940 et ses « camarades qui ne sont pas revenus et gardent dans nos mémoires leur visage de vingt ans[51] ».

La fin de la Seconde Guerre mondiale ouvre chez Roland Dorgelès une période de productions littéraires marquées par la nostalgie. Il multiplie ainsi les ouvrages consacrés au Montmartre de la première décennie du XXᵉ siècle dont *Au beau temps de la Butte*[52] où édite *Portraits sans retouche*, recueil des biographies des grands hommes disparus qui l'ont inspiré. Cette nostalgie le conduit naturellement à évoquer également ses camarades tombés au feu. Il livre ainsi deux nouvelles versions de l'hommage aux écrivains combattants morts durant la Grande Guerre.

Sans le théoriser de manière formelle, Roland Dorgelès explicite la genèse de ces deux nouvelles réécritures. Soucieux dès 1919 dans la conclusion des *Croix de bois* que le temps n'emporte le souvenir de ses compagnons de tranchées, il craint en 1945 que le culte des morts de la Seconde Guerre mondiale ne se fasse au détriment de ceux de 1914-1918 et conclut que

[c]e serait en effet une hypocrisie de dire qu'on pense encore aux morts de la première guerre : ceux de la suivante les ont poussés devant eux, comme un

---

50 Roland Dorgelès, *Bleu Horizon, op. cit.*, p. 177. Cette ombre est celle de de Jules-Gérard Jordens mort au Bois des Buttes et dont Dorgelès assumera par ailleurs la biographie dans le tome IV de l'*Anthologie des écrivains morts à la Guerre 1914-1918*, p. 413-415. Sur les différentes manières utilisées par Dorgelès pour raviver le souvenir des morts voir : Alexandre Leducq, « Dorgelès. Honorer les morts, réparer les survivants », art. cité, p. 123-126.

51 Roland Dorgelès, *La Drôle de guerre*, Paris, Omnibus, 2013 (Albin Michel, 1957) p. 609.

52 Notre article étudie en détail trois cas de réécriture chez Dorgelès mais ne pouvait se permettre d'être exhaustif. Une étude pourrait être pareillement menée pour les écrits montmartrois avec une comparaison entre les titres *Montmartre mon pays* / *Une histoire qui finit drôlement* / *Quand j'étais montmartrois* / *L'Esprit montmartrois avant la guerre* / *Bouquet de bohême* / *Au beau temps de la Butte* / *Portraits sans retouche* et *Promenades montmartroises*.

troupeau hagard, et ceux-ci sombreront à leur tour dans la fosse sans fond lorsqu'une mère ou une épouse ne sera plus là pour prononcer leur nom[53].

Les deux nouvelles versions de son hommage s'inscrivent donc très certainement dans une logique de concurrence mémorielle.

* Gabriel-Tristan Franconi et Guillaume Apollinaire dans *Bouquet de Bohême*

Deux ans après la fin de la Seconde Guerre mondiale, la publication de *Bouquet de Bohême* permet à Roland Dorgelès de réunir ses deux préoccupations majeures. Durant les trois cents premières pages, il se livre à la nostalgie et raconte son Montmartre d'avant la Grande Guerre, sa Butte avant que « les étrangers et les nouveaux riches s'y [installent] en maîtres, [que] les Américains la [mitraillent] à coup de dollars » et qu'« au lieu d'un village [il retrouve] un lieu de plaisir[54] ». La conclusion de l'ouvrage et ses quinze dernières pages sont l'occasion d'évoquer une nouvelle fois les écrivains combattant morts à la Grande Guerre.

Près de vingt ans après la parution du texte de la conférence donnée pour les Annales, Dorgelès retravaille ainsi son hommage et l'adapte au sujet montmartrois. Cette focalisation sur Montmartre explique que la version parue dans *Bouquet de Bohême* soit parmi les cinq que nous avons recensées celle qui se distingue le plus. Ainsi des quatre thèmes (et des paragraphes qui leur correspondent) que nous avons identifiés, un seul y est repris : la cartographie des écrivains-combattant morts à la Grande Guerre, expurgée cependant, comme dans le texte de la revue *Conferencia*, des noms des disparus. Aucun de ceux cités en effet dans la préface de l'*Anthologie* ou dans le discours pour les 10 ans de l'AEC n'était montmartrois :

> Chaque offensive nous enlevait un ami. Les Éparges, Lorette, L'Hartmantzwiller, le Chemin-des-Dames, Verdun ; pour d'autres des noms de victoires, pour nous des noms de cimetières[55].

Étonnamment, les thèmes de la jeunesse sacrifiée, de la distinction entre les écrivains morts reconnus et ceux morts inconnus, et de la fatalité aveugle de la destinée sont évacués dans cette réécriture.

---

53 Roland Dorgelès, *Bleu Horizon, op. cit.* p. 150-151.
54 Bibliothèques d'Amiens Métropole, Ms 2560 C / 20, feuillets numérotés 72 et 73.
55 Roland Dorgelès, *Bouquet de Bohême*, Albin Michel, 1989 (Albin Michel, 1947), p. 339.

La comparaison entre les différentes versions de l'hommage aux écrivains combattants morts à la Grande Guerre met en lumière une plus grande proximité entre la réécriture présente dans *Bouquet de Bohême* et le texte originel, celui de la préface du tome III de l'*Anthologie*. Roland Dorgelès y reprend en effet une narration plus traditionnelle, abandonnant notamment la reprise d'extraits d'œuvres des écrivains décédés au profit d'éléments biographiques classiques. En outre les disparus évoqués sont, pour beaucoup, ceux déjà présents dans l'*Anthologie*, notamment Richard de Burge, André Godin ou les frères Bonneff. En concluant *Bouquet de Bohême* par une nouvelle mouture du texte d'hommage, l'auteur des *Croix de bois* a voulu compléter le texte donné dans *Conferencia* et ressusciter en les nommant huit nouveaux camarades[56] absents de cette précédente version. Deux portraits relient cependant la version de 1929 et celle de 1947 : ceux de Gabriel-Tristan Franconi et de Guillaume Apollinaire.

Roland Dorgelès reprend en effet presque dans les même termes la présentation de Franconi. Au-delà de la bravoure et des actes d'héroïsme de ce jeune écrivain prometteur, l'intérêt particulier que lui porte l'auteur des *Croix de bois* nous apparaît avant tout tenir à une anecdote aussi macabre que marquante : lors d'une séance de « table tournante » à laquelle les deux hommes avaient participé avant la guerre, il avait été prédit à Franconi qu'il mourrait « Tête tranchée ». Il est probable que la nouvelle de sa décapitation par un obus ait dû laisser à Dorgelès un souvenir durable expliquant la reprise de ce souvenir.

À l'inverse, le portrait d'Apollinaire dressé dans *Bouquet de Bohême* est inédit et, parmi les six écrivains cités, il est le seul dont des extraits de poèmes soient repris[57]. L'admiration portée au poète d'origine polonaise a conduit l'écrivain à vouloir assurer aux œuvres de ce dernier une audience maximum et donc à rompre avec sa pratique de reprise de textes déjà publiés au profit de l'écriture d'un paragraphe original[58].

---

56 Outre Richard de Burgue, André Godin et les frères Bonneff déjà présents dans la préface de l'*Anthologie*, Dorgelès évoque également Drouart. Traitant de Montmartre, il en profite pour élargir son travail de mémoire à l'ensemble des artistes morts au front et non aux seuls écrivains. Les noms du peintre Doucet, de l'humoriste Ricardo Florés et du comédien Ollin sont ainsi cités tandis que le sort du sculpteur Léon John Wasley fait l'objet d'un développement plus long.

57 Les poèmes d'Apollinaire cités sont en outre différents du poème repris dans le texte de la revue *Conferencia*.

58 Si dans la réécriture de l'hommage aux écrivains morts à la Grande Guerre dans *Bleu Horizon*, le portrait d'Apollinaire reprend l'intégralité du texte la conférence publiée dans

* *Bleu Horizon, Pages de la Grande Guerre* :
la version de synthèse

Deux ans après la parution de *Bouquet de Bohême*, Roland Dorgelès adresse une lettre, datée du 6 août 1949, à l'écrivain et journaliste Gabriel Reuillard. Il l'informe avoir « non sans peine, [...] réuni soixante-dix photos de guerre épatantes, pour illustrer, avec autant de dessins, [s] on livre BLEU HORIZON » et se réjouit qu'« ainsi le nom de [leurs] camarades morts [soient] lus encore une fois[59] ».

De fait, comme l'indique le sous-titre de l'ouvrage, « Pages de la Grande Guerre », *Bleu Horizon*, qui paraît chez Albin Michel en 1949, est un recueil de six textes, indépendants les uns des autres et concernant le premier conflit mondial, dont le chapitre « Des morts vous parlent ». Les quatre premières pages reprennent la narration classique de la préface du tome III de l'*Anthologie* et de *Bouquet de Bohême* égrenant anecdotes et brefs éléments biographiques de Richard de Burgue, des frères Bonneff, de Jean Lévêque et de nombreux autres passés sous silence dans le texte de la revue *Conferencia*. Les soixante pages suivantes en revanche calquent l'organisation de la version de *Conferencia* : une rapide notice biographique suivie d'extraits des œuvres. Elles reprennent en grande partie le texte édité en novembre 1929 et l'enrichissent, soit en développant les notices biographiques des soldats déjà représentés (comme Jean-Marc Bernard ou Paul Drouot), soit par l'introduction de nouveaux écrivains (à l'image de Lucien Rolmer ou Maurice Dalleré)[60]. Cette dernière version est donc la plus riche, mentionnant le nom de trente-cinq écrivains, accompagné pour vingt-et-un d'entre eux d'extraits de leurs rares récits.

Conferencia et notamment le poème « Les Saisons », Dorgelès prend soin de l'enrichir substantiellement, citant davantage d'éléments biographiques et publiant notamment en sus le poème « Oiseau chante » et un calligramme absent de la revue de 1929.

59   Bibliothèques d'Amiens Métropole, Ms 2710 C / 34. Lettre reproduite dans Alexandre Leducq, « Dorgelès. Honorer les morts, réparer les survivants », art. cité, p. 124.

60   Dans sa lettre à Reuillard, Dorgelès insiste sur le soin apporté à se procurer des illustrations pour ce nouvel ouvrage. De fait, si le chapitre « Des morts vous parlent » reprend presque la totalité du texte paru dans *Conferencia*, en revanche les images qui l'illustrent sont, à l'exception du médaillon représentant Alan Seeger, toutes inédites. Une partie des photographies utilisées pour la publication avec des annotations manuscrites de Dorgelès à l'encre violette est aujourd'hui conservée par les Bibliothèques d'Amiens Métropole sous la cote Ms 2549 C. Il est possible d'en consulter une numérisation sur la bibliothèque numérique des Hauts-de-France : L'Armarium.

Les quatre thèmes identifiés et les paragraphes qui leur sont associés sont évidemment présents dans cette réécriture, qui est la plus complète. Concernant la distinction entre les disparus connus et ceux n'ayant laissé que « quelques pages dispersées », Dorgelès réécrit un passage fort semblable à ceux des précédentes versions :

> Certains de leurs aînés, qui les encadrent ici, avaient eu le temps d'accomplir leur tâche : Charles Péguy, Ernest Psichari, Emile Driant, Robert d'Hulières, Léon de Montesquiou, Louis Codet ; d'autres, bien que plus jeunes, avaient eu le bonheur d'écrire dès leur début un livre qui les sauverait – *Le Grand Meaulnes* emporte le tendre Alain Fournier, Apollinaire surgit ironique, des fumées d'*Alcools*, Charles Muller sourit entre les pages des *À la manière de*, Louis Pergaud traque ses bêtes *de Goupil à Margot* – tandis qu'eux n'avaient rien pour défier l'oubli, et sans la piété des Écrivains Combattants qui érigèrent ces stèles ils seraient à jamais rayés du monde[61].

Mais, pour la première fois, à la suite de cette énumération, Roland Dorgelès explicite également les raisons le conduisant à apporter un soin particulier aux jeunes écrivains morts sans avoir laissé d'œuvres derrière eux : « Les yeux levés sur cette plaque, je songe que si le sort m'avait pareillement désigné, je me trouverais perdu parmi les plus obscurs, c'est peut-être pourquoi je m'afflige d'abord sur eux[62]. »

Sous-entendu dans les textes de 1923 et 1929, le rôle moteur du phénomène d'identification dans la farouche volonté de sauver de l'oubli les jeunes camarades méconnus est ainsi clairement énoncé dans la version de 1949.

– Un tombeau pour finir

En 1925, Roland Dorgelès débute la préface du troisième tome de l'*Anthologie des écrivains morts à la Guerre 1914-1918* par cette phrase « L'instant est donc venu de sceller la dalle funéraire, c'est donc la dernière fois que nous parlerons d'eux... » ; ce n'est finalement que trente années plus tard, et après quatre variations de son texte, qu'il scellera cette dalle avec la publication en 1954 du *Tombeau des poètes 1914-1918*.

Dans cet ouvrage de luxe, illustré de cinquante bois signés par Jacques Beltrand, destiné aux bibliophiles, Dorgelès reprend le texte

---

61 Roland Dorgelès, *Bleu horizon, op. cit.*, p. 155.
62 *Ibid.*, p. 156.

du chapitre « Des morts vous parlent ». Suivant la même démarche qu'il avait appliquée lors de la réécriture de « Des morts vous parlent » à partir de l'article paru dans *Conferencia*, il enrichit à nouveau le texte en allongeant la notice biographique de certains auteurs présents dès l'origine et en intégrant la notice de nouveaux écrivains dans le corps du récit, à l'image de celle de Jean Arbrousset.

En revanche, en rupture avec les principes qui le guidaient jusqu'alors, il débute ce nouveau livre par une cinquantaine de pages dédiées à Charles Péguy (qu'il ne cite qu'en conclusion dans les versions précédentes) et Alain-Fournier. Il est probable que fort du constat fait, une dizaine d'années plus tard, dans un entretien avec Jacques Meyer que « la Grande [Guerre], est déjà bien loin, [qu'e]lle s'enfonce dans l'histoire et [qu'a]ux yeux des adolescents d'aujourd'hui [1968] nous [les anciens combattants de 1914] sommes des survivants de la guerre de Cent ans[63] », Dorgelès ressent le besoin d'honorer la mémoire même des plus illustres, désormais également menacés par l'oubli.

Cette publication sera la dernière variante de l'hommage aux écrivains morts au front, et, avec le *Tombeau des poètes 1914-1918*, Roland Dorgelès « ferme la tombe » de ses camarades.

LA RÉÉCRITURE, DORGELÈS ET SA MÉTHODE DE TRAVAIL :
LES ENSEIGNEMENTS DE L'EXEMPLAIRE DU *TOMBEAU DES POÈTES*
DES BIBLIOTHÈQUES D'AMIENS MÉTROPOLE

L'exemplaire du *Tombeau des poètes* conservé par les Bibliothèques d'Amiens Métropole sous la cote RES 776 D est riche en enseignements, notamment sur la méthode de travail de Roland Dorgelès.

La dédicace manuscrite de l'auteur, datée de janvier 1955, réaffirme tout d'abord le projet poursuivi inlassablement à travers les différentes variantes de l'hommage aux écrivains morts à la Grande Guerre : « ce tombeau où reposent de jeunes morts que j'ai tenté de faire revivre ».

Le post-scriptum, sous forme de parenthèse, renseigne sur une pratique de Dorgelès : « J'y joins quelques pages manuscrites que vous aurez grand mal à déchiffrer. » De fait, il semble que l'écrivain avait pour habitude d'offrir à ses amis les brouillons de ses œuvres, et si les Bibliothèques d'Amiens Métropole ont pu acquérir en vente aux enchères

---

63   Bibliothèques d'Amiens Métropole, Ms 2563 C.

des manuscrits complets de certains livres, tels le scénario de *La Butte Montmartre*[64] ou *La Caravane sans chameaux*[65], les brouillons manuscrits d'autres œuvres, tel *Partir*, dont les Bibliothèques d'Amiens Métropole conservent un exemplaire truffé de quatre feuillets manuscrits[66], ont manifestement été dispersés, rendant l'étude génétique de ces romans fort ardue[67].

Les « quelques pages manuscrites » sont au nombre de quatre, numérotées 197 / 197 bis / 197 ter et 197 quater et sont un témoignage précieux quant à la méthode de travail de Roland Dorgelès lors de la réécriture d'un texte déjà édité. En effet, alors que le *Tombeau des poètes* est une variante très proche du chapitre « Des morts vous parlent » publié dans *Bleu Horizon*, on constate que l'auteur ne retravaille pas son écrit à partir d'une version imprimée qu'il annoterait et amenderait mais, au contraire, en réécrit l'intégralité à la main sans même recopier la version précédente. En outre, loin des brouillons nets qu'on pourrait imaginer pour une version retravaillée d'un texte déjà publié, les quatre feuillets portent « la trace [de] mutilations, avec des phrases qui résument [et] de grands traits qui ressoudent[68] », comme le manuscrit autographe d'une œuvre totalement inédite.

UNE RÉÉCRITURE OBSESSIONNELLE ET VISCÉRALE

Avec la rédaction de la préface au troisième tome de *l'Anthologie des écrivains combattants morts à la guerre 1914-1918*, Roland Dorgelès débute, sans en avoir conscience, un vaste travail de réécriture qui s'étalera finalement sur trente ans et donnera naissance à cinq nouvelles versions du texte d'hommage à ses camarades disparus au front. Portant sur un thème auquel l'auteur est viscéralement attaché, ces réécritures sont très certainement dictées par l'affect et paraissent à des dates symboliques :

---

64 Bibliothèques d'Amiens Métropole, Ms 2545 B.
65 Bibliothèques d'Amiens Métropole, Ms 2550 B.
66 Bibliothèques d'Amiens Métropole, Ms 2597 B.
67 L'exemplaire du roman *Tout est à vendre* enrichi d'un envoi autographe de Dorgelès à Betty Strauss, qui fut sa fidèle secrétaire, conservé par les Bibliothèques d'Amiens Métropole sous la cote RES 1337 B est également truffé de sept feuillets autographes du manuscrit original. Il est fort probable que la présence de ces feuillets dans l'exemplaire de Betty Strauss résulte de cette habitude généreuse de Dorgelès.
68 Roland Dorgelès, *Bleu Horizon, op. cit.*, p. 33-34.

– à l'occasion du dixième anniversaire de l'armistice, qui est en même temps celui de la fondation de l'association des écrivains combattants, pour le discours et le texte paru dans *Conferencia*,
– à la Libération, quand les morts de la Seconde Guerre mondiale risquent de pousser ceux de la première un peu plus dans l'oubli pour *Bouquet de bohême* et *Bleu Horizon*.

La version de 1956 parue sous le titre *le Tombeau des poètes 1914-1918* est certainement pensée par Dorgelès, alors septuagénaire, comme une dernière occasion de faire lire encore une fois le nom de ses camarades. Bien qu'il ne l'ait jamais théorisée, nul doute que Roland Dorgelès aurait assumé cette auto-réécriture[69] qui servait un des buts qu'il avait fixés au « rabiot d'existence » que la Grande Guerre lui avait accordé : répéter le nom de ses camarades pour qu'ils ne meurent pas encore.

La réécriture des récits de voyages procède en revanche d'une tout autre logique.

ROUTE DES TROPIQUES :
LA RÉÉCRITURE OPPORTUNISTE

SEPT RÉCITS POUR HUIT LIVRES

Le succès des *Croix de bois*, et les retombées financières qui l'accompagnent, permettent à Roland Dorgelès d'entreprendre, à partir des années 1920, plusieurs grands périples qui l'amènent à visiter l'Indochine en 1923 (à la faveur de son voyage de noces avec Hania Routchine), la Syrie en 1927 et le Maroc en 1937[70].

Tout comme la vie des tranchées fut une source d'inspiration pour rédiger, entre autres ouvrages, *Les Croix de bois* et *le Cabaret de la Belle*

---

69 Merci à Yannick Hoffert qui m'a, à juste titre, soufflé d'utiliser le terme d'auto-réécriture pour les variantes de l'hommage aux écrivains morts à la Grande Guerre et de réserver celui d'auto-plagiat pour la publication de *Route des Tropiques*.
70 Pour une vision synthétique des voyages « exotiques » de Roland Dorgelès, voir : Françoise Py, *Roland Dorgelès de Montmartre à l'Académie Goncourt*, Paris, Bibliothèque nationale, 1978, Chapitre VI « Voyages littéraires », p. 137-167.

Femme[71], ces différentes expéditions lointaines fournissent à Dorgelès le principal matériau pour ses publications des décennies 1920 et 1930. Il précise ainsi lui-même dans son troisième récit de voyage intitulé *La Caravane sans chameaux* : « Je puis dire que mes derniers livres sont nés sous le pavillon blanc et rouge des Messageries Maritimes. Ces couleurs leur furent propices[72]. » S'il est indéniable que le récit de voyages a été le genre littéraire le plus prisé par Roland Dorgelès pour ses écrits entre 1925 et la parution de la première œuvre issue de cette veine, *Sur la route mandarine*, et 1944 avec la parution de *Route des Tropiques*, dernier recueil d'aventures maritimes, préciser le nombre exact de ces récits dans l'œuvre de l'auteur picard apparaît plus compliqué.

L'examen de la page consacrée à Roland Dorgelès sur Data BnF[73] conduirait à dénombrer huit récits de voyages : *Sur la route mandarine* (1925), *Partir* (1926), *La Caravane sans chameaux* (1928), *Entre le ciel et l'eau* (1930), *Chez les beautés aux dents limées* (1930), *Le Dernier Moussem* (1938), *Sous le casque blanc* (1941), *Route des Tropiques* (1944)[74]. Néanmoins ces huit titres ne correspondent qu'à sept récits différents. En effet avec *Route des Tropiques* en 1944, Albin Michel ne publie pas un inédit mais la compilation de trois textes antérieurs que Dorgelès a en partie réorganisés et réécrits : *Chez les beautés aux dents limées*, *Le Dernier Moussem* et *Entre le ciel et l'eau* (selon l'ordre dans lequel ils apparaissent dans *Route des Tropiques*).

---

71   D'après une lettre adressée à sa mère, en date du 5 novembre 1914, sa demande pour rejoindre le front aurait été motivée par la volonté d'amasser du matériau pour son livre : « Tu comprends, je voulais absolument voir la guerre, car comment écrire mon livre sans cela. J'ai vu des choses épatantes qui me permettront d'écrire quelque chose de neuf. […] » Lettre transcrite dans *Roland Dorgelès, Je t'écris de la tranchée, Correspondance de guerre, 1914-1917, op. cit.*, p. 93-96.

72   Roland, Dorgelès, *La Caravane sans chameaux*, Paris, Albin Michel, 1928, p. 11, note 1.

73   [En ligne] : https://data.bnf.fr/ark:/12148/cb11900436z, consulté le 18/01/2020.

74   Nous entendons par « récits de voyages », les œuvres de Dorgelès traitant d'un ailleurs exotique, à l'exemple des écrits de Pierre Loti dont l'auteur des *Croix de bois* se réclame. Nous excluons donc les deux ouvrages *Vive la liberté !* et *Frontières, menaces sur l'Europe*, qui, bien qu'écrits à la suite d'un voyage de Dorgelès dans les différents régimes autoritaires européens en 1936, relèvent davantage de réflexions politiques. Les commissaires de l'exposition Dorgelès, présentée en 1978 à la Bibliothèque nationale ont opéré le même choix séparant les « Voyages littéraires » objets de la sixième section de l'exposition et la « Défense des libertés » traitée dans la huitième section.

STRUCTURE DE ROUTE DES TROPIQUES

Un travail important de réécriture *de* Chez les beautés aux dents limées

Le recueil paru chez Albin Michel en 1944 est composé de trois grands chapitres qui renvoient chacun à l'un des trois titres précédemment cités. Le premier chapitre intitulé « Un parisien chez les sauvages » est une reprise de *Chez les beautés aux dents limées*. Des trois textes repris, c'est celui auquel Dorgelès a apporté le plus de modifications.

– Enrichissement du récit

Profitant de cette nouvelle publication, l'auteur enrichit, de manière significative, son récit, composé de quatre chapitres dans sa version de 1930[75] contre un seul en 1944 mais qui se divise en six sous-chapitres[76]. Cet important ajout de matière – en l'absence de numérisation des deux textes et la typographie différant d'une publication à l'autre, il est difficile de quantifier avec précision l'importance de cet ajout ; nous avancerons cependant l'estimation d'une augmentation du texte d'un tiers – vient corriger certaines faiblesses de *Chez les beautés aux dents limées*. Commande des laboratoires Martinet, qui l'éditent à des fins publicitaires, ce livre prend la forme d'une suite légère d'anecdotes issues du voyage effectué par Dorgelès au Darlac (province alors rattachée administrativement à l'Annam, faisant aujourd'hui partie du Viêt-Nam) ; l'écrivain y transporte son lecteur sans introduction ni description préalable, privant ainsi le récit de décors. Le premier sous-chapitre de *Route des Tropiques*, « L'homme qui voulut sauver une race » (presque totalement inédit par rapport au texte de *Chez les beautés aux dents limées*), comble cette lacune. Comme il l'annonce clairement, « Avant de poursuivre, il faut que vous sachiez où je vous conduis[77] », Roland Dorgelès en préambule de son récit, à la manière d'une scène d'exposition au théâtre :

---

75 « La leçon du Bidoué » / « En marge d'Atala » / « L'explorateur qui cherchait des chansons » / « Le Tombeau de la race Moï ».

76 « L'homme qui voulut sauver une race » / « Beautés aux dents limées » / « Ce qu'on apprend dans un album » / « Réponse tardive à l'Académie de Dijon » / « L'Explorateur qui cherche des chansons » / « Tombeau de la race moï ».

77 Roland Dorgelès, *Route des Tropiques*, Paris, Albin Michel, 1944, p. 13.

– situe le lieu dans lequel se déroule l'action : « C'est dans une des
régions les moins fréquentées de l'Indochine, sur ces hauts pla-
teaux boisés qui prolongent vers l'ouest la chaîne annamitique, à
mi-chemin de la mer et du Mékong[78]. »
– présente sous un angle ethnographique la population dont il sera
question :

> Il n'y a pas longtemps que les ethnographes se sont mis d'accord sur les
> origines de cette race oubliée. [...] Il est maintenant établi que ces peuplades
> malayo-polynésiennes, refoulées au cours des âges par les envahisseurs (notam-
> ment par les Chams eux-mêmes disparus) sont les derniers vestiges de la race
> autochtone [...][79].

– et relate les dernières révoltes ayant secoué la contrée.

À l'image du cadre du récit, la description des personnages principaux
est également retravaillée et très nettement étoffée. Figure centrale des
deux premiers chapitres de *Chez les beautés aux dents limées*[80], Léopold
Sabatier n'est pourtant présenté que par touches rapides, ce qui ne permet
pas au lecteur de s'en faire une représentation précise. Son apparition sert
avant tout de prétexte à l'introduction du « code civil » des indigènes,
le Bidoué dans le développement du récit : « Le Bidoué, patiemment
reconstitué par Léopold Sabatier, résident de France à Banmethuot,
mérite de demeurer comme un monument de justice naturelle[81]. »

À l'inverse dans la version de 1944, Léopold Sabatier prend une
réelle consistance au point d'inspirer le titre du premier sous-chapitre
« l'homme qui voulait sauver une race ». L'introduction de son personnage
est soignée, et, loin de servir de prétexte, elle semble, au contraire, être
la finalité du long développement précédent sur l'histoire du Darlac :

> Enfin, à la veille de la Grande Guerre, un sixième résident avait été nommé
> à Banmethuot, Léopold Sabatier, et quand je débarquai en Indochine, en
> 1923, il occupait le poste depuis bientôt dix ans, fermement décidé à s'y
> maintenir longtemps[82].

---

78 *Ibid.*, p. 13.
79 *Ibid.*, p. 14.
80 « La leçon du Bidoué » et « En marge d'Atala ».
81 Roland Dorgelès, *Chez les beautés aux dents limées*, Paris, Laboratoires Martinet, 1930,
    p. 19.
82 Roland Dorgelès, *Route des Tropiques, op. cit.*, p. 17. Cette phrase permet en outre de dater
    l'action de 1923. Dans *Chez les beautés aux dents limées* la première indication temporelle

Sans disparaître, les anecdotes pittoresques qui forment l'essentiel du propos des deux premiers chapitres de *Chez les beautés aux dents limées*[83] passent désormais au second plan, derrière la volonté témoignée par Sabatier de « sauver la race Moï » et de la revivifier, devenue le sujet principal des quatre premiers sous-chapitres de *Route des Tropiques*[84]. Le récit de voyage exotique de 1930 se transforme en un texte quasi hagiographique rapportant, tout au long des cent premières pages de l'ouvrage, la vie de Sabatier et les actions bienfaitrices qu'il a menées pour le Darlac à l'image des infrastructures dont il dote la région (« Sans subvention particulière, il avait fondé un hôpital, ouvert des ateliers d'apprentissage, monté une usine électrique, construit un collège[85] ») ou des efforts consentis pour instruire les « sauvages » : « Après des journées de labeur écrasant, il prenait place au tableau noir et apprenait le calcul à des sauvages effarés [...][86] ».

À la différence de Léopold Sabatier, le second colon dont les actions servent de matériau au roman de Dorgelès, Henri Maitre se voit consacrer dès *Chez les beautés aux dents limées* un chapitre, le troisième intitulé « L'explorateur qui cherchait des chansons », qui devient dans *Route des Tropiques* le cinquième sous-chapitre : « L'Explorateur qui cherche des chansons ». Bien que l'écrivain lui consacre un développement beaucoup plus important dans la version réécrite de 1944[87], la raison avancée pour

---

n'intervient qu'incidemment à la page 88 : « En 1924, parcourant le pays moï, j'ai appris que Pétralong vivait toujours, honoré comme un chef et craint comme un bandit. »

83   « La leçon du Bidoué » et « En marge d'Atala ».

84   L'homme qui voulut sauver une race / Beautés aux dents limées / Ce qu'on apprend dans un album et Réponse tardive à l'Académie de Dijon.

85   Roland Dorgelès, *Route des Tropiques, op. cit.*, p. 25.

86   *Ibid.* Roland Dorgelès dans les quatre premiers sous-chapitres de *Route des Tropiques* donne de nombreux autres exemples du dévouement de Sabatier qui nous amène à une comparaison avec une hagiographie : son exemplarité pendant l'épisode de grippe espagnole durant lequel « il s'était débrouillé seul. [...] n'ayant que sa présence pour guérir » (p. 21), son implication totale : « Quand se reposait-il ? Jamais... Dormant peu, ne mangeant guère » (p. 41), et un esprit de sacrifice prêt au martyr pour sauver les Moïs : « Autre humiliation, le Sadet [chef indigène] exigea que le Français vînt seul et sans arme. [...] Et il [Sabatier] franchit l'enceinte de son pas résolu. Le village grouillait d'une foule hostile. Partout pointaient des lances. N'était-ce pas un guet-apens ? [...] Mais reculer, pas question ! Il parla au sorcier, sut le convaincre [...] » (*op. cit.*, p. 43).

87   En effet dans *Route des Tropiques* Dorgelès livre dans un exposé de deux pages sur ses remords « d'avoir autrefois consacré un long chapitre aux ruines d'Angkor [dans *Sur la route mandarine*] sans réserver seulement une ligne à Henri Mouhot » (p. 93), l'inventeur français du site et conclut : « J'ai été injuste envers lui, je ne le serai pas avec Henri Maître. Il

faire de Maitre un des protagonistes du récit demeure inchangée entre les deux ouvrages : il importe de corriger les oublis d'une postérité injuste et donc de rappeler les mérites d'Henri Maitre. L'aversion que ressent Dorgelès contre l'oubli n'est donc pas exclusivement réservée à ses camarades morts au front. L'écrivain entend autant qu'il le peut corriger les injustices commises par la postérité.

Néanmoins, l'image du colonial diffère grandement suivant la publication. Contraint par la brièveté du récit dans *Chez les beautés aux dents limées*, Roland Dorgelès y dresse un portrait très schématique de Maitre et désire mettre avant tout en relief l'amour de son héros pour les chansons traditionnelles des Moïs. Mais, en mettant l'accent sur cette passion, sans décrire aucune autre occupation du jeune fonctionnaire, l'écrivain donne finalement naissance à un personnage léger, plus occupé à satisfaire son violon d'Ingres qu'à remplir les obligations liées à ses fonctions :

> Sans doute, il accomplissait aussi consciencieusement qu'un autre sa tâche de fonctionnaire explorateur, traçant des routes, rendant la justice, traquant les marchands d'esclaves et levant l'impôt, mais ce qui l'attirait toujours plus loin dans ses randonnées, c'était la joie de recueillir de la bouche des anciens les fables merveilleuses que se transmettent, depuis le fond des âges, des générations de chasseurs et de pâtres qu'aucune civilisation n'a gâtés[88].

Un paragraphe maladroit, destiné certainement, dans l'esprit du romancier, à ajouter une touche d'authenticité dans la narration, présente Maitre dans la position de corrompu :

> Connaissant son faible, des chefs astucieux convoquaient les conteurs les plus habiles, ceux qui savent l'histoire du partage du monde, quand les Nék'dam, sortant du trou du hérisson, frappèrent le sol du pied, pour en prendre possession, et lorsqu'il avait noté une belle légende, Maitre ne chicanait plus sur les jours de corvée.

Pour la publication de *Route des Tropiques*, Dorgelès retravaille profondément son texte afin de donner une image très différente de Maître. Il

---

n'est pas permis, quand on parle des Moïs, de taire ce nom-là. » (p. 96). La motivation est beaucoup plus lapidaire dans *Chez les beautés aux dents limées* qui évacue toute référence à Mouhot, à Angkor et à la rédaction de *Sur la route mandarine* : « Il y a pourtant certains noms qui mériteraient de n'être pas oubliés. C'est pourquoi je veux raconter la mort de Maitre. » (p. 67).

88 Roland Dorgelès, *Chez les beautés aux dents limées*, op. cit., p. 72.

prend soin de rédiger vingt pages inédites qui, en introduction, louent les qualités de l'explorateur. Sourd aux tentations, il s'adonne à l'étude :

> À Shanghai, ville de lucre et de plaisir, les garçons de son âge se laissaient facilement tenter ; lui, au contraire, se mit au travail, apprit le chinois, pour commencer, puis bientôt le russe, comme il devait plus tard apprendre, en se jouant, le cambodgien et le rhadé[89].

Il se montre héroïque dans l'effort : « La fièvre le saisit, et lui coupe les jambes : il marche toujours, butant dans les racines, pataugeant dans la vase[90]. » Il fait preuve d'une grande finesse diplomatique :

> Devant ces provocations d'autres useraient de représailles, tireraient sur les suspects, incendieraient les villages déserts. Lui se contente de faire capturer les fuyards pour les charger de cadeaux, et ce sont eux, alors, qui lui amènent le chef repentant[91].

et se montre juste et frugal : « Dans les villages où il fait halte, il ne réquisitionne que le strict nécessaire : du riz pour ses hommes, du fourrage pour les éléphants. Et pour lui des chansons[92]. »

Dorgelès en outre ne se contente pas de ces ajouts laudatifs, mais réécrit les passages délicats pour en donner une version flatteuse pour Maitre : ainsi le paragraphe qui pourrait laisser conclure à une corruption de l'explorateur français devient

> Des chefs astucieux, connaissant son faible, réunissaient pour lui leurs meilleurs aèdes. Même – « pour toi seul ô frère aîné ! » – ils lui faisaient en secret, chanter des *kut*, ces rapsodies sacrées qu'entonnent les vieillards en mémoire des aïeux[93].

Dans la version de 1944 ce n'est donc pas l'officier qui se rend coupable et sacrifie des jours de corvées contre des chansons, ce sont les chefs autochtones qui trahissent la tradition et livrent des chants sacrés sans contrepartie. De même, alors que dans *Chez les beautés aux dents limées* la collecte de chansons n'est jamais présentée autrement que comme une simple pratique hédoniste, elle prend, dans *Route des Tropiques* une valeur politique :

---

89 Roland Dorgelès, *Route des Tropiques, op. cit.*, p. 97.
90 *Ibid.*, p. 99.
91 *Ibid.*
92 *Ibid.*, p. 102.
93 *Ibid.*, p. 103.

Mais cela m'en apprend plus que de questionner les chefs ! protestait-il. Celui qui chante ne vous trompe pas. Voulez-vous savoir ce qu'on pense de nous sur le Srépok ? Pas besoin d'enquête : un refrain nous l'apprendra[94].

Le travail de réécriture entrepris par Dorgelès est donc l'occasion de modifier profondément l'image de son héros : le poète inconséquent de *Chez les beautés aux dents limées* se transforme en officier colonial modèle dans *Route des Tropiques*.

– Réorganisation du récit

La nouvelle publication est ainsi l'occasion pour Roland Dorgelès d'enrichir son texte, mais également de le réorganiser. Les anecdotes qui composent les deux premiers chapitres de *Chez les beautés aux dents limées* semblent s'enchaîner au fil de la plume de l'auteur sans suivre de logique précise. Au contraire, les sous-chapitres de *Route des Tropiques* sont très structurés. Dans le premier sous-chapitre notamment, « L'homme qui voulait sauver une race », après avoir décrit, comme nous l'avons vu, le cadre du récit et présenté le principal protagoniste en la personne de Léopold Sabatier, Roland Dorgelès organise sa narration et prend soin de marquer les différentes étapes. Il introduit l'origine de la péripétie (son voyage au Darlac) : « Leur discussions me donnaient envie d'y aller voir[95] » ; annonce un premier temps dans la narration : « J'y étais, à l'heure dite, et ce fut ma première surprise [...] » ; puis un second temps : « La deuxième surprise m'attendait là-haut, sur la fin du jour [...] » ; avant de conclure au moyen d'une ellipse temporelle : « Depuis vingt ans ont passé [...][96] ». De même, pour corriger l'impression de feuilleton aux anecdotes qui se suivent sans justification, il introduit dans le sous-chapitre « Ce qu'on apprend dans un album » un fil rouge qui lie les souvenirs entre eux : le feuilletage d'un album de photographies dont chacune devient prétexte à réminiscence. Enfin, dans la version de 1944, l'écrivain met en place une dramatisation des évènements : tandis que dans le chapitre « La leçon du Bidoué » de *Chez les beautés aux dents limées*, l'ordre des différents procès des indigènes semble indifférent, dans le quatrième sous-chapitre de *Route des Tropiques*, « Réponse tardive à

---

94 *Ibid.*
95 *Ibid.*, p. 18.
96 *Ibid.*, p. 18, 22 et 28 pour ces trois dernières citations.

l'Académie de Dijon », le procès le plus important, celui portant sur le népotisme, prend place à la fin du récit et se voit mis en valeur par Sabatier lui-même : « Très important, me dit Sabatier, abandonnant lui-même ses paperasses[97]. »

Le Dernier Moussem *et* Entre le ciel et l'eau *: de l'auto-plagiat ?*

La deuxième partie de *Route des Tropiques*, « Soliloque marocain », reprend avec une très grande fidélité l'ouvrage de 1938, *Le Dernier Moussem*, dont elle épouse la structure avec quatre sous-chapitres qui correspondent exactement aux chapitres de l'œuvre originelle : « Le soleil qui tue », « Surprises de Fès », « Le dernier moussem » et « Sous la main de Fathma[98] ».

La troisième partie enfin sous le titre « Entre le ciel et l'eau » regroupe de nombreuses microfictions déjà publiées en 1930 sous le même titre dans une édition limitée à mille exemplaires au sein de la collection « Maîtres et jeunes d'aujourd'hui[99] ». Le texte de la première version est légèrement réorganisé : Roland Dorgelès écarte en effet huit nouvelles parmi les vingt-huit qui composaient le premier volume et, alors qu'elles étaient toutes présentées de manière indépendante, il regroupe les vingt nouvelles conservées en trois sous-chapitres : « Noté sur le pont », « La mort de l'Athos » et « Tropiques » ; à l'intérieur de ces trois ensembles les nouvelles suivent cependant le même ordre que celui du premier recueil.

À l'inverse du chapitre « Un parisien chez les sauvages », le contenu de ces deux parties diffère peu de celui des œuvres originales dont elles sont issues. L'examen attentif des rares modifications semble dévoiler une volonté de policer à la marge le texte.

Certains éléments susceptibles de heurter la sensibilité des lecteurs ne sont en effet pas repris ; ainsi Roland Dorgelès n'édulcore pas totalement son discours dans *Route des Tropiques* puisqu'il conserve la description

---

97 *Ibid.*, p. 80.

98 La principale modification apportée par Dorgelès aura donc été de regrouper l'ensemble des chapitres sous un titre original « Soliloque marocain » plutôt que de faire du titre du troisième chapitre « Le dernier moussem » le titre éponyme du roman.

99 Pour être complet, il faut noter que, sans prendre la forme d'un titre, l'expression « entre le ciel et l'eau » apparaît déjà sous la plume de Dorgelès en 1925 dans le roman *Sur la route mandarine* : « Seul entre le ciel et l'eau, je songeais [...] » (p. 63) et sous une forme légèrement modifiée en 1928 dans *La Caravane sans chameaux* : « Cris sur le môle, cris sur les barques, cris déchirants dans le ciel et sur l'eau » (p. 12).

d'une colonne d'autochtones en proie à la famine cherchant des terres plus fertiles : « Un de ces douars d'affamés qui, depuis trois mois, refluent du Sud, poussant devant eux leurs moutons et leurs chèvres, traînant des vieillards chancelants et des femmes squelettiques[100] », mais il juge certainement son effet suffisamment pathétique pour ne pas reprendre la proposition relative qui concluait le passage dans « Le dernier moussem » : « [...] et des femmes squelettiques, qui portent leurs enfants sur leur dos, si bien qu'en cours de chemin elles ne les voient pas mourir[101]. » C'est peut-être également le souci d'un respect de la décence des mœurs qui amène Dorgelès à amputer le récit de *Route des Tropiques* de la description du « quartier réservé » de Singapour présente dans le recueil *Entre le ciel et l'eau*[102].

Enfin, l'écrivain expurge la première version du *Dernier Moussem*, d'un nombre non négligeable de réflexions d'ordre politique qui auraient pu alimenter une polémique. Tout comme la colonne d'indigents ne disparaît pas dans la seconde version du texte, le Moristane, asile d'aliénés, est toujours traité dans *Route des Tropiques* de « bagne, [...] géhenne. Un lieu d'abjection et de torture [...][103] », mais Dorgelès fait disparaître le jugement péremptoire « dont l'existence seule déshonore un pays ».

ROUTE DES TROPIQUES : UNE RÉÉCRITURE OPPORTUNISTE

À l'origine, le spectre de Léopold Sabatier à Montsaunès

Les motivations ayant conduit Roland Dorgelès à rédiger le recueil *Route des Tropiques* ne devraient pas faire l'objet d'investigations poussées puisque l'auteur les explicite lui-même dans son ouvrage à la page 24 :

> J'ai brièvement, conté, dans *La Route Mandarine*, mon séjour chez les Moïs, rapporté quelques traits de leurs mœurs primitives, transcrit certaines lois, fredonné des chansons, mais devant alors parler de l'Indochine entière, j'abrégeai mon récit, et je comprends aujourd'hui que le meilleur restait à dire.

---

100 Roland Dorgelès, *Route des Tropiques*, op. cit., p. 152.
101 Roland Dorgelès, *Le dernier Moussem*, Paris, Laboratoires Deglaude, 1938, p. 4.
102 Au-delà de la décence du propos, les récits de voyage de Roland Dorgelès n'étant pas des œuvres de pure fiction mais, comme il l'annonce lui-même, inspirés de ses propres pérégrinations, il est également fort probable que l'auteur ait voulu, pour préserver sa propre image, « gommer » sa visite dans les lupanars de Singapour.
103 Roland Dorgelès, *Route des Tropiques*, op. cit., p. 180.

On ne peut cependant pas donner foi à cette déclaration de l'auteur puisque la publication en 1930 de *Chez les beautés aux dents limées* entièrement consacré aux Moïs avait déjà pour but de corriger les lacunes de « *La Route Mandarine* » et de « dire le meilleur » sur ce peuple. Dorgelès avance d'ailleurs la même justification à la rédaction de *Chez les beautés aux dents limées* :

> J'ai raconté, dans *La Route Mandarine*, mon séjour chez les Moïs et j'ai exprimé la pitié que m'inspirait cette race, mais devant parler de l'Indochine entière, je n'ai pas pu m'étendre comme je l'eusse souhaité et je me suis contenté de décrire certaines scènes plus frappantes, de transcrire quelques lois et quelques chansons, pour tenter de faire aimer ces pauvres êtres que les Annamites ont toujours exploités et que nos Administrateurs ne parviendront pas à sauver.
>   J'aurais cependant voulu me tourner une dernière fois vers eux : je leur dois de si beaux souvenirs[104] !

Pourtant il semble possible de retracer la genèse officieuse du recueil *Route des Tropiques*. Il est fortement probable que la première partie « un parisien chez les sauvages », qui occupe à elle seule la moitié de l'ouvrage, ait été le noyau central du projet. En effet, à partir de novembre 1942, Roland Dorgelès trouve refuge avec sa femme Hania Routchine en zone libre dans le village de Montsaunès dans la demeure qui fut celle de Léopold Sabatier dans les années qui ont précédé son décès. L'auteur décrit cet épisode dans une œuvre qui n'appartient pas au corpus de ses récits de voyage mais à ses romans de guerre, *Carte d'identité* :

> Ce même mois de l'occupation totale [novembre 1942], j'étais donc venu me fixer à Montsaunès, village situé sur la hauteur, à un quart d'heure de Salies. Le souvenir d'un ami colonial qui repose au cimetière m'avait attiré là. Je pensais que l'exil me serait moins pénible dans cette demeure où il avait vécu [...][105].

Une rapide description de l'intérieur de « cette demeure » lève tout doute sur l'identité de cet « ami colonial » : « Le castel, en dépit de sa tour à créneaux, ne pouvait soutenir un siège, et tout l'armement consistait en quelques sabres moïs et une collection de flèches, même pas empoisonnées[106]. » Il est dès lors assez logique de conclure qu'évoluer

---

104 Roland Dorgelès, *Chez les beautés aux dents limées, op. cit.*, p. 15-16.
105 Roland Dorgelès, *Carte d'identité, op. cit.*, p. 926.
106 *Ibid.*, p. 937.

durant deux ans dans les meubles et parmi les objets personnels de Sabatier, qu'il décrit à plusieurs reprises dans *Route des Tropiques*[107], ait inspiré à Dorgelès l'idée de reprendre et compléter le récit colonial sur son voyage chez les Moïs, *Chez les beautés aux dents limées*[108]. L'origine de cette réécriture explique ainsi en partie l'importance accrue de Léopold Sabatier dans *Route des Tropiques*.

Roland Dorgelès, de l'Académie Goncourt, auteur des éditions Albin Michel

Le rassemblement au sein de *Route des Tropiques* de cette nouvelle version de *Chez les beautés aux dents limées*, du *Dernier Moussem*, devenu « Soliloque marocain », et de vingt des vingt-huit nouvelles d'*Entre le ciel et l'eau*, trois ensembles qui n'ont en commun que leur exotisme aux yeux d'un Français, relève de la part de Dorgelès ou de son éditeur Albin Michel (voire des deux) de l'opportunisme. Trois textes déjà publiés par Dorgelès chez d'autres éditeurs, avec une finalité publicitaire et à un faible tirage, sont présentés sous un titre inédit et rejoignent ainsi le catalogue des éditions Albin Michel. Le caractère commercial de cette opération apparaît évident quand on compare la liste des œuvres de l'écrivain présentées au début ou à la fin des romans : jusqu'à la parution de *Route des Tropiques* en 1944, les trois titres *Chez les beautés aux dents limées*, le *Dernier Moussem* et *Entre le ciel et l'eau* sont mentionnés sous la rubrique « Chez d'autres éditeurs » notamment dans le catalogue en troisième page de *Frontières* ou de *Retour au front* ; ils disparaissent en revanche dans les romans ultérieurs à 1944, comme *Bouquet de Bohême* ou *Drôle de guerre*, de la liste des publications disponibles à la vente. Les références faites à *Sur la route mandarine*[109] par Dorgelès dans *Route*

---

107 Ces passages sont au nombre de trois : « Depuis, vingt ans ont passé, et par les singulières conjectures de la défaite, c'est sur la table même de Léopold Sabatier que je réunis ces notes, à deux pas du petit cimetière où il prend son premier repos » (p. 28) / « J'ai découvert, dans la bibliothèque de Sabatier, un lourd album de photos, relié en toile noire, que je ne me lasse pas de feuilleter » (p. 54) / « Alors, il s'astreignit à étudier le Code pénal, le Code civil, la Procédure, l'Instruction criminelle, dans ces petits volumes de la collection Dalloz que j'ai retrouvés, vingt ans plus tard, sur son bureau. » (p. 76).

108 D'autant plus que l'écrivain vient alors de publier en 1941 un autre recueil de nouvelles coloniales, consacré pour sa part aux colonies africaines de la France : *Sous le Casque Blanc*.

109 Outre la motivation, citée au paragraphe précédent, prétendument à l'origine de la publication de *Route des Tropiques* qui mentionne « *La Route Mandarine* » p. 24, deux

des Tropiques alors que l'existence préalable de *Chez les beautés aux dents limées*, du *Dernier Moussem*, et d'*Entre le ciel et l'eau* est occultée participe de la même logique, à savoir taire les trois publications « honteuses » publicitaires[110] et s'inscrire au contraire dans la lignée officielle des publications faites chez Albin Michel. Roland Dorgelès est définitivement un auteur Albin Michel.

Une importante inflexion du jugement
sur la colonisation à la faveur de la réécriture

– « Le meilleur et le pire »

La réécriture de *Chez les beautés aux dents limées*, du *Dernier Moussem*, et d'*Entre le ciel et l'eau* qui donne naissance au recueil *Route des Tropiques* résulte donc d'une démarche opportuniste et non de considérations d'ordre politique. Néanmoins, bien que Dorgelès se déclare apolitique, il ne fait pas l'économie dans ses récits de voyage d'une analyse de la question coloniale. Or, durant les quatorze années qui séparent la parution de *Chez les beautés aux dents limées* en 1930 de celle de *Route des Tropiques* en 1944, l'opinion de l'écrivain au sujet des colonies évolue, ce qui se traduit par des modifications dans le texte de la nouvelle publication.

Le jugement que porte Dorgelès sur la colonisation est assez nuancé. En théorie, il épouse presque parfaitement les principes exposés par Rudyard Kipling dans son poème de 1899, « Fardeau de l'homme blanc » : l'Européen représente un degré supérieur du développement de la civilisation ; il est donc de son devoir d'apporter le progrès aux populations indigènes moins « avancées[111] ». Ainsi dès *Chez les beautés aux*

---

notes de bas de page renvoient au premier récit de voyage de Dorgelès aux pages 44 et 93.

110 Roland Dorgelès qui dénonce le pouvoir de l'argent dans un très grand nombre de ses œuvres a donc paradoxalement livré dans la décennie 1930 plusieurs textes pour des grands groupes pharmaceutiques comme les laboratoires Martinet (*Chez les beautés aux dents limées*) ou les laboratoires Deglaude (*Le Dernier Moussem*) ou encore plus étonnant pour un constructeur automobile, également manufacturier d'armes : Hotchkiss (*Ma grosse bête et les petits lapins*). Au-delà de l'opportunité qui lui est offerte d'augmenter à peu de frais son catalogue de publication d'un titre chez Albin Michel, on peut supposer que l'auteur des *Croix de bois* est donc plutôt favorable à ce que ces publications devant servir de publicité à de grandes entreprises tombent dans l'oubli au profit d'une version reprise par son éditeur traditionnel.

111 Plusieurs extraits dans les récits de voyage de Dorgelès révèlent que l'écrivain ne considère pas qu'il existe une différence de nature entre les différents peuples mais des degrés de

dents limées, il pourfend le mythe du bon sauvage à travers un dialogue artificiel avec Rousseau :

> Ce n'est pas parce que le présent est incapable de réaliser notre idéal de justice, que nous devons nous réfugier dans le passé. L'âge d'or n'est qu'une invention de poète, et le favorisé que je suis est mal venu quand il descend d'auto ou débouche son thermos, de réclamer pour autrui les bienfaits de la sauvagerie[112].

Le colonialisme idéalisé de Dorgelès est incarné par les explorateurs tels Henri Maître, Odend'hal et évidemment Léopold Sabatier qui ne « veulent d'autres armes qu'une lancette à vaccin [...] » et « qui s'en iront [...] avec leur mire et leur niveau, leurs boîtes d'ampoules et leurs comprimés pour jouer leur chance dans la brousse » (p. 67).

Cette vision théorique ne résiste cependant pas aux observations que peut faire Dorgelès sur place lors de son voyage en 1923. Loin de donner une vision manichéenne de la présence française, il fait part dès le récit de 1930 de ses réticences face à la politique coloniale menée. Très critique durant toute sa vie vis-à-vis de la toute-puissance de l'argent[113], l'écrivain déplore que les recommandations de Léopold Sabatier, qui milite pour une intégration progressive des populations indigènes, soient négligées

---

développement différents : les Moïs seraient l'équivalent des ancêtres des Occidentaux à même d'atteindre à terme le même stade d'évolution. Il précise ainsi dans *Chez les beautés aux dents limées* : « Exploits guerriers, drames d'amour, ces récits ne varient guère : on croirait retrouver, à mille ans de distance et adaptées à d'autres mœurs, nos antiques chansons de geste. Mais, cette fois, on ne les exhume pas de la poussière des archives, on ne les a pas déchiffrées à la loupe, on n'a pas à se garder des interpolateurs, ni à comparer les versions de copistes ignorants. C'est à l'arbre même qu'on les cueille, on découvre un filon qui vient du bout du monde, on boit le poème à sa source » (p. 72). Et dans *Routes des Tropiques* : « Enfin, le monticule prit forme, et j'eus sous les yeux le tumulus des anciens. Sans doute pour me rappeler que j'étais revenu aux premiers âges du monde... » (p. 147). Un travail sur le jugement du colonialisme chez Dorgelès reste à mener en s'appuyant sur la lecture des différents récits de voyage mais également sur ses nombreuses notes de travail conservées dans les Bibliothèques d'Amiens Métropole sous la cote Ms 2551 C.

112 Roland Dorgelès, *Chez les beautés aux dents limées*, *op. cit.*, p. 41.

113 Jacques Meyer dans un texte intitulé « Il y a cent ans naissait Roland Dorgelès » rappelle ainsi : « Comme un testament implicite qui maudirait le pouvoir assis sur l'argent, paraissent successivement de 1956 à 1971, *Tout est à vendre*, *À bas l'argent*, *Lettre ouverte à un milliardaire* et enfin, dernière pochade de l'éternel journaliste, qui allie, chez son héros, pauvreté des moyens avec aristocratie d'allure, *le Marquis de la Dèche*. » [en ligne : https://www.revuedesdeuxmondes.fr/wp-content/uploads/2016/11/9c5431bf6672e905b 049d4e0040a3cf6.pdf], consulté le 16/04/2020.

au profit d'une exploitation rapide et immédiate des terres, mettant en danger les autochtones. Il se déclare ainsi

> accablé lorsqu'[il] voi[t] la civilisation représentée par ce qu'elle a de moins noble, l'appât du gain, s'emparer d'une région vierge, où l'on appliquera d'excellents règlements pour préserver le gibier et rien d'efficace pour défendre les hommes[114].

La conclusion du récit *Chez les beautés aux dents limées* est une parfaite traduction du sentiment mitigé de Roland Dorgelès sur la colonisation : « Cependant, tout près de nous, aux frontières du Darlac, la civilisation attendait pour s'infiltrer, avec ses concessions, ses plantations, ses débits d'alcools, ses hôpitaux, ses écoles, ses comptoirs. Le meilleur et le pire[115]. »

– « La France casquée de raison[116] » (Ernest Psichari)

La virulente diatribe contre le « capitalisme colonial » ne disparaît pas en 1944 avec la publication de *Route des tropiques*. Le sous-chapitre « Un parisien chez les sauvages » reprend l'intégralité des critiques émises dans la version du texte de 1930, les réorganise et les concentre à la fin du récit, ce qui leur donne une visibilité accrue. Aux yeux de Dorgelès, le protectorat français à l'œuvre au Maroc présente les mêmes défauts que l'administration de l'Indochine ; la dénonciation que fait *Le Dernier Moussem* des conditions de détention au sein de l'asile d'aliénés est reprise par son équivalent « Soliloque marocain » :

> À toutes leurs protestations, les dignitaires des Habous, soutenus par le Maghzen, ont opposé un refus brutal. Religion, tradition : cela les regarde. Et le Protectorat français qui lève les troupes, décuple les impôts, capte les oueds, n'a pas cette fois osé imposer sa loi.
> À quoi bon s'attirer des ennuis pour vingt-cinq malheureux qui geignent dans ces cages ? Personne ne le saura[117]…

Pourtant, le discours de Dorgelès sur la question coloniale connaît une évolution importante dans les années 1930-1940. Les propos critiques des premiers récits *Sur la route mandarine* (1925) et *Chez les beautés aux*

114 Roland Dorgelès, *Chez les beautés aux dents limées*, *op. cit.*, p. 48.
115 *Ibid.*, p. 109.
116 Expression d'Ernest Psichari employée par Dorgelès à la page 18 de *Route des tropiques*.
117 Roland Dorgelès, *Route des Tropiques*, *op. cit.*, p. 181.

dents limées (1930) s'estompent dans *Le Dernier Moussem* (1936) avant de disparaître totalement dans *Sous le casque blanc* (1941), panégyrique sans réserve de l'action coloniale de la France en Afrique. Les mêmes « singulières conjectures de la défaite » de 1939 qui ont conduit Dorgelès à se réfugier dans le petit castel de Sabatier à Montsaunès, sont certainement à l'origine de cette modification du discours. Patriote convaincu, l'ancien capitaine du 39ᵉ RI est traumatisé par l'humiliation de la campagne de France en juin 1940. L'Empire colonial demeure une des dernières sources de fierté pour la France : il n'est donc plus question d'émettre la moindre critique à son sujet.

Ainsi, bien que son point de vue ait changé depuis les années 1930, Dorgelès fait le choix de ne pas profiter de la publication de *Route des Tropiques*, pour faire un aggiornamento sur la question coloniale et de ne pas dénaturer totalement le propos des deux premières versions du texte. Mais s'il conserve la lourde charge contre la politique colonialiste à l'œuvre en Indochine dans les pages 139 à 145, qui reflète l'opinion du voyageur qu'il était en 1925, il ajoute trois pages inédites dans le sous-chapitre IV « Réponse tardive à l'Académie de Dijon », pages 87 à 90, ode à la colonisation, représentation fidèle de l'idée coloniale de Dorgelès en 1944, à savoir :

> Les peuplades attardées attendent après nous pour commencer à vivre. [...] Le primitif n'est jamais heureux, il ne peut pas l'être parce qu'il a perpétuellement peur. Peur de ses semblables, peur des bêtes, peur des éléments. Peur aussi du mystère, contre quoi il n'a d'autres armes que des conjurations. Le blanc qui survient le délivre. Ainsi, de la mer au Mékong, des centaines de milliers d'êtres ne tremblent plus pour leur vie : ils le doivent à une poignée d'inconnus qui se sont sacrifiés à petits coups de privations, de fièvres, de fatigues, pour pacifier les hauts-plateaux[118].

Il existe donc une contradiction interne au recueil *Route des Tropiques* entre un discours de soutien sans faille de l'œuvre coloniale au sous-chapitre IV « réponse à l'Académie de Dijon » et une condamnation sévère au sous-chapitre VI « Tombeau de la race moï ». Cette contradiction s'éclaire à la lecture de la double signature présente à la fin de la partie : « Banméthuot 1924 / Montsaunès 1943 » : la critique est issue des souvenirs écrits à Banméthuot en 1924, le soutien sans faille, qui

---

118 *Ibid.*, p. 88.

s'inscrit logiquement dans la lignée de *Sous le casque blanc* (1941), doit être rattaché à la réécriture à Montsaunès en 1943.

Le procédé de réécriture est au centre de l'œuvre de Roland Dorgelès. Malgré l'anecdote rapportée dans *Bleu Horizon* sur l'écriture automatique sous le bombardement qui aurait livré un manuscrit de premier jet sans aucune retouche, les brouillons de l'écrivain répondent parfaitement à l'affirmation de Roland Barthes : « la littérature, c'est la rature. » Dès l'acte créatif, l'écrivain rature, retouche, réécrit et donne naissance à un document ressemblant à, pour reprendre ses mots, « du taffetas anglais collé à une estafilade ».

Habitué à retravailler ses textes dès l'origine du processus d'écriture, Roland Dorgelès poursuit par la suite ce travail de réécriture. Tout d'abord de manière assez classique en remodelant du matériau brut inédit comme les « feuilles retrouvées » du manuscrit « Un chien, un âne, un censeur et moi », ou des éléments de correspondance privée appelée à nourrir les romans. Cette réécriture sera exceptionnellement opportuniste, quand l'auteur des *Croix de bois*, reniant les préceptes de son maître Courteline, qui arguait qu'« on n'annonce pas comme roman inédit une nouvelle retapée[119] », présente sous *Route des Tropiques*, un auto-plagiat avec la reprise de trois nouvelles précédemment publiées chez d'autres éditeurs que son éditeur traditionnel Albin Michel. Elle est de circonstance quand les évènements historiques bouleversent l'histoire et qu'une première écriture devient donc obsolète : la campagne de France et le grand exode de 1940 rendent en grande partie caduques les réflexions des récits de *Retour au front* (paru en 1940) et justifient la réécriture de l'ouvrage qui donne naissance à *La drôle de guerre* (paru en 1956[120]).

Si les réécritures chez Roland Dorgelès sont de natures diverses, innervent toute son œuvre et correspondent à sa manière de travailler, la réécriture obsessionnelle est, à n'en point douter, la principale. Bien

---

119 De manière ironique, ce propos de Courteline est rapporté par Dorgelès lui-même dans : Roland Dorgelès, *Portraits sans retouche*, Paris, Albin Michel, 1952, p. 26.

120 Il ne nous a pas été possible de traiter toutes les formes de réécriture présentes chez Dorgelès dans le cadre de cet article. Nous avons fait le choix de ne pas étudier la « réécriture de circonstance » en partie abordée dans la réédition des textes de guerre de Dorgelès aux éditions Omnibus : *D'une guerre à l'autre*. Une étude approfondie reste cependant à faire de même que la comparaison entre *Carte d'identité* qui paraît dès la fin de la Seconde Guerre mondiale et sa réécriture, *Vacances forcées*, bien ultérieure puisqu'éditée en 1956.

plus qu'une méthode de travail, elle révèle un élément central de la psychologie de l'écrivain. Obsédé par le temps qui passe, et surtout par son corollaire, l'oubli, Roland Dorgelès n'aura de cesse de lutter. La réécriture incessante à intervalles réguliers d'un texte qui apparaît comme ne devant jamais être clos traduit la volonté profonde de Dorgelès : ne pas oublier le Montmartre d'avant 1914, et contrairement aux lignes introductives de la préface au troisième tome de l'*Anthologie*, ne jamais « sceller la dalle » sur les « camarades qui ne sont pas revenus et gardent dans nos mémoires leur visage de vingt ans ».

Tous mes remerciements à Marion Paupert, Yannick Hoffert et Philippe Pons, pour leur apport décisif à la qualité de cet article.

Alexandre LEDUCQ
Conservateur des Bibliothèques
En charge des manuscrits
et imprimés anciens
aux Beaux-Arts de Paris

L'ŒUVRE

DORGELÈS EN GUERRES

Roland Dorgelès en écrivain sous l'uniforme n'a guère été honoré pendant les commémorations du centenaire de la Grande Guerre. Peu présent dans la longue liste des éditions critiques, des inédits tirés des archives ou des greniers, des colloques et des travaux universitaires, sans appui régional qui aurait activé le souvenir, sans champ d'honneur devenu lieu de mémoire comme pour Péguy à Villeroy[1], il est resté minoré sinon oublié, sauf au détour de l'épisode parisien de 1919, dont on a supposé qu'il pouvait nous parler encore aujourd'hui : ses *Croix de bois* n'ont ressurgi qu'à propos du Goncourt manqué, ensevelies sous les *Jeunes filles en fleurs* de Proust et le tapage qui a suivi, bien relaté au demeurant par Thierry Laget[2]. En fait, nul n'a songé à disputer en sa faveur, pas plus que pour Barbusse, Céline, Cendrars, Duhamel, Giono, Kessel et tant d'autres, la souveraineté historique et mémorielle dont on crédite l'écrivain-combattant le plus consensuel et qui pour cela est sorti vainqueur de la commémoration : Maurice Genevoix et *Ceux de 14*, qu'en novembre 2020 la Nation reconnaissante conduira au Panthéon[3].

Cette relative désaffection rend plus précieux encore les textes rassemblés dans ce numéro, dont les appels à la recherche, on l'espère, seront prolongés. Je suis heureux, pour ma part, d'y apporter quelques

---

1   Voir Jean-Pierre Rioux, *La mort du lieutenant Péguy. 5 septembre 1914*, Paris, Tallandier, 2014 et « Charles Péguy en pantalon rouge » dans Jean-Nicolas Corvisier et Romain Vignet (dir.), *La Grande Guerre des écrivains*, Paris, Classiques Garnier, 2015, p. 35-48. Sur un oublié du front des Vosges mais qu'on vient de retrouver, voir mon introduction à Maurice Bedel, *Journal de guerre (1914-1918)*, Paris, Tallandier, 2013, p. 15-24.

2   Thierry Laget, *Proust, prix Goncourt. Une émeute littéraire*, Paris, Gallimard, 2019.

3   Voir Aurélie Luneau et Jacques Tassin, *Maurice Genevoix. Biographie*, suivi de *Notes des temps humiliés*, Paris, Flammarion, 2019 et Michel Bernard, *Pour Genevoix*, Paris, La Table Ronde, « La petite vermillon », 2019 ; Maurice Genevoix, *Ceux de 14*, préface par Michel Bernard, dossier par Florent Deludet, Paris, GF Flammarion, 2018 et *Trente mille jours*, Paris, La Table Ronde, « La petite vermillon », 2019.

remarques que j'avais faites en 2013 dans ma réédition pour le grand public de six livres de Dorgelès portant sur les deux guerres mondiales[4].

LE FARCEUR

À propos de Roland Lécavelé devenu Dorgelès, tout détail biographique est bon à prendre. Rien de plus facile, par exemple, que de suivre avant 1914 le jeune homme de bonne famille devenu un touche-à-tout basé à Montmartre, habitué du Lapin Agile, du Bateau ivre, du Chat noir et de la rue Lepic du *Crainquebille* d'Anatole France, mais « boulevardier » aussi et piéton de Paris à d'autres heures. Ami de Poulbot et d'Utrillo, fidèle à Courteline et à Tristan Bernard, expert en canulars et en festivités arrosées, ne détestant pas l'argot du titi, poète et dramaturge d'occasion, candidat à l'amour fou mais coureur de filles perdues, il aurait pu tomber dans la dissipation stérile en hantant les brasseries et les caboulots. Néanmoins le journalisme l'a sauvé de la dèche, l'a rendu curieux de tout et a aguerri sa plume. Au *Journal* et à *Messidor* dès 1908 puis à *Comœdia*, *Le Rire* ou *L'Homme libre*, le blagueur désinvolte a appris à tourner le « papier » haut en couleurs, il a fait les « chiens écrasés », couru les commissariats de quartier et la « zone » au-delà des fortifs, connu des apaches et des souteneurs, relaté avec gourmandise des faits divers crapuleux et bâclé des « grandes enquêtes » aussi sommaires que pittoresques.

Mais, mystère, à cette gourmandise si parisienne et si individualiste, Dorgelès, pourtant réformé en 1907, a opposé comme d'instinct, au choc de l'événement, avec des milliers et des milliers d'autres, son engagement volontaire de fantassin en août 14. « Par devoir », dit-il à Lou, son grand amour tumultueux. Oui, ajoute-t-il, « devoir n'est pas un si vilain mot, va, et je suis fier de pouvoir d'écrire sans rougir ». Sans rougir certes, mais de quoi ? À l'heure du départ, il découvre qu'il n'y pas d'enthousiasme guerrier chez ses camarades, mais plutôt « une

---

4   Roland Dorgelès, *D'une guerre à l'autre*, introduction de Jean-Pierre Rioux, Paris, Omnibus, 2013. Le volume contient *Les Croix de bois* (1919), *Le Réveil des morts* (1923), *Le Cabaret de la Belle Femme* (1928), *Retour au front* (1940) *Carte d'identité* (1945) et *La Drôle de guerre* (1957). Je reprends ici quelques points de l'introduction et je renvoie au volume pour des références plus précises.

angoisse virilement refoulée, une résolutôn grave et dure ». Et, pour sa part, un « saut dans l'inconnu » le séduisait plutôt[5]. Mais il est bien loin d'un Péguy plus claironnant qui est parti, lui, « soldat de la République, pour le désarmement général, pour la dernière des guerres ».

En quelques semaines, au 39e RI, il va « changer de peau » en partageant la peur et le courage sur le front de l'Aisne et de la Champagne. Il s'y leste de simple fraternité, lui le Parigot loustic, avec les Normands de son escouade qu'il croyait lourdauds et qu'il décrira dans *Les Croix de bois* en reprenant les notes quotidiennes de son carnet griffonné et des échos de ses lettres à sa mère, à Lou et aux amis. Tranchées, marmitages, assauts inutiles, bataille furieuse en juin 1915 du côté de Neuville-Saint-Vaast, au nord d'Arras, où son bataillon est massacré aux trois-quarts, deux blessures, une citation à l'ordre du régiment et la Croix de guerre : « J'en suis sorti vivant, c'est ma seule victoire [...] Qu'on puisse résister à tout cela, c'est incroyable et la bonne humeur persiste. »

Quand Lou, sans doute, a activé des amitiés parisiennes bien placées au ministère, il a repris souffle comme apprenti aviateur et vague inspecteur de bases aériennes à partir de l'automne 1915. Là, près de Dijon, semi-planqué et ne parvenant pas devenir un héros du ciel, il va rassembler ses souvenirs et ses notes, passer contrat pour un livre avec Albin Michel et réactiver ses collaborations de presse, y compris au tout nouveau *Canard enchaîné*. Dans ses tripes, son cœur et sa tête, il porte une conclusion rageuse et qui saigne, affreusement évidente pour lui dès janvier 1915 dans la tranchée et, cette fois, redevenue digne du libertaire d'avant le drame : la guerre, « je vous jure que c'est une farce. On la feuillette avec des doigts rouges, c'est tout ». Le farceur et la farce, fin de l'acte 1.

L'IMPRÉCATEUR

De 1919 à 1939, sa biographie d'écrivain reconnu et heureux, de reporter de presse populaire révèle plutôt un Dorgelès toujours indigné et dénonciateur mais qui perd sa gouaille au spectacle du monde

---

5   Voir Roland Dorgelès, *Bleu horizon. Pages de la Grande Guerre*, Paris, Albin Michel, 1949, p. 12.

d'après-guerre. Pendant cet acte 2, le pessimisme l'envahit, il se pose en solitaire, toutes griffes dehors, dénonciateur d'un monde qu'il n'entend ni améliorer ni subvertir. Il se contente de dénoncer les foules démocratisées et les démagogues qui les manipulent, il fustige le parlementarisme et, en 1936, le « ministère des masses » du Front populaire. Il récuse même à l'occasion le suffrage universel, ce « triomphe de toutes les chienlits » déclare-t-il dans *Candide* le 1er mars 1928.

Ses deux premières œuvres d'après-guerre, *Saint Magloire* en 1922 et *Le Réveil des morts* l'année suivante, deux livres « *où la guerre saigne encore* », ouvrent le dossier d'accusation et montrent sa détresse civique. Le héros de *Saint Magloire*, Magloire Dubourg, un saint homme de retour d'Afrique pour « rallumer la France », se heurte aux appétits et aux égoïsmes d'une société en désarroi. Le faiseur de miracles pour foules inquiètes est bien vite trahi et rejeté par sa famille disloquée, par la presse vénale, les députés grotesques, les juges guillotineurs, les « salauds d'électeurs », les anciens combattants ligués à tout hasard, les grévistes et les émeutiers, avant d'être renié par les braves gens et même par son Église. Le saint devenu pestiféré reprend donc le bateau, fuyant dans l'indifférence générale une Europe et une France désaccordées de l'Espérance évangélique, livrées à la médiocrité et au Mal.

Le *Réveil des morts* est de la même veine grinçante et accablée. Les soldats déterrés du côté de Soissons sont des revenants. Dans ce livre injustement méconnu, voici le cortège des Chinois et les Kabyles des basses besognes mortuaires, les bistrots aux catins avides, les habiles en tous genres, les détrousseurs et les transporteurs clandestins des restes de combattants, les architectes à fric, les entrepreneurs, les édiles, les experts et les bureaucrates tripoteurs qui font leur beurre sur les cadavres et dans la reconstruction des villages détruits : tous charognards et mer-cantis, aventuriers jouant aux cow-boys, faux-monnayeurs de la victoire, profiteurs de tous poils. Car tous, la guerre finie, « ont vite repris leur faux nez » et rameuté leurs bas instincts.

« On ne savait pas, avant la guerre, ce que cachait le cœur des êtres », mais l'après-guerre le dévoile à la première victime de cette turpitude, le naïf architecte Jacques de Vaudoyer installé à Crécy, village dévasté quelque part entre Aisne et Somme et qu'il voulait retremper physique-ment et moralement. Cet homme de bonne volonté doit prendre congé, désespéré. Le malheur galope puisque chaque profiteur n'a pas compris

« qu'il avait son mort, un mort à qui il devait des comptes, un mort dont il ne pourrait supporter l'affreux regard s'il sortait soudain de son trou pour demander : qu'as-tu fait ? ». Et chaque mort se réveille, accusateur :

> On leur avait promis que ce serait la dernière guerre. Mensonges !... Que les peuples opprimés seraient libres. Mensonges !... Que les voleurs rendraient gorge, que les dirigeants incapables et leurs chefs sans pitié seraient punis. Mensonges, mensonges ! [...] Alors, vous n'avez rien changé, nous sommes morts pour rien ?

La question hante Dorgelès et entretient sa rage dénonciatrice : nous, les survivants, avons-nous changé ? Et changerons-nous jamais ce pays ?

Si bien qu'il ne s'est pas contenté de préfacer une *Anthologie des écrivains morts à la guerre* en 1926, de s'activer à l'Association des Écrivains Combattants dont il devint le président en 1929, de dévoiler des plaques, de progresser dans l'Ordre de la Légion d'honneur ou de suivre le tournage du film que Raymond Bernard a tiré des *Croix de bois* en 1931 : il s'est ouvert au spectacle des convulsions du monde nouveau en multipliant les reportages dans la grande presse[6], en proposant des scénarios au cinéma, en acceptant force conférences à l'étranger, en montrant sa passion pour l'aviation, l'auto et la TSF. En cherchant le repos et sans le trouver.

C'est pourquoi il est parti dès 1924 à la découverte des horizons coloniaux d'une France qui célèbre alors son Empire pour préserver sa puissance et son rayonnement. De *Sur la route mandarine* (1925) qui reprend ses articles du *Journal*, à *La Route des tropiques* (1944), en passant par *Partir* (1926), *La Caravane sans chameaux* (1928) et *Sous le casque blanc* (1941), il ne déteste pas l'exaltation impériale, il est toujours à mi-chemin entre Claude Farrère et Albert Londres, il récuse les rêves à la Loti, il salue la modernité (« l'auto a tué l'éléphant ») et soupèse la force de la revendication nationale. Mais il dénonce là aussi les exploiteurs, les trafiquants, les premiers touristes inconscients et, plus encore, les coloniaux pleins de mépris pour les cultures autochtones. Et il le dit : « Je ne cesserai pas d'exprimer ma colère et mon dégoût chaque fois que je verrai des coquins tirer leur gain de la souffrance des autres. »

---

6   Dorgelès homme de presse n'a pas été étudié. Il a signé à *Comœdia*, à *Ciné Magazine* et à *L'Homme libre*, il a été à la rédaction en chef de *L'Image* de 1932 à 1935 et à la direction, avec Pierre Benoît, de *Noir et Blanc* en 1934. On le retrouve grand reporter à *L'Intransigeant* en 1936. Il n'a jamais signé dans la presse de gauche mais il a collaboré à *Gringoire*, d'ultra-droite.

Il a observé de la même façon, en Rouletabille parfois amusé mais toujours inquiet et amer, la montée des périls en Europe après l'accession d'Hitler au pouvoir en 1933. En juin 1937, au retour d'un long périple en URSS, en Allemagne, en Autriche, en Hongrie et en Italie pour *L'Intransigeant*, il rassemble ses reportages dans *Vive la liberté* : le livre est un plaidoyer pour la concorde entre des nations menacées par les dictatures à propension plus qu'autoritaires – il écrit, un des premiers, « to-ta-li-tai-re » et il parle de « camps d'extermination » – par la guerre civile et le retour de la guerre tout court. Le monde nouveau des bruits de bottes est une « immense caserne claquante d'étendards ». L'Union soviétique de Staline « le régime le plus inique, le plus cruel et le plus dégradant » et il s'agira de « vaincre le bolchevisme ». L'Allemagne « un peuple au port d'armes ». L'Italie fasciste un « purgatoire du bourgeois », une « nation nourrie de lauriers » où « Mussolini a toujours raison », où ce Duce ancien socialiste entretiendra même un jour, à Rome au Palais de Venise, l'auteur des *Croix de bois* de son anticapitalisme, de son corporatisme salvateur et de sa mission civilisatrice en Éthiopie !

Dorgelès a récidivé dans l'indignation en publiant en avril 1938, à l'heure de la Tchécoslovaquie avalée et à la veille des capitulations de Munich, un bref récit de ses derniers voyages, *Frontières. Menaces sur l'Europe*. Il y philosophe sans conviction :

> La grande faiblesse des traités de paix, c'est d'être toujours conçus comme si les canons devaient rester braqués pour en assurer l'exécution. Mais le temps vient vite où les fils des vaincus et les vaincus eux-mêmes refusent d'obéir et où les vainqueurs n'ont plus l'énergie ou la force d'imposer leur sentence.

Bilan ? « Les grandes nations sont enfermées dans l'Europe comme dans une cage : ou elles s'accorderont, ou elles se dévoreront. Le reste est bavardage. »

Dès lors, il fustige plus que jamais tous ceux qui entendent diviser davantage la France, ce havre où il fait un retour le cœur serré après chaque voyage. L'ancien combattant plaide pour l'union et la discipline nationale, pour que le pays reste digne du courage de ses Poilus :

> Sans union nous allons droit à la faillite, à l'émeute, à la guerre. Et ensuite à la dictature. Inévitablement. C'était le devoir des chefs de la proclamer, au lieu de s'épuiser dans des discussions stériles. [...] Paix d'abord ! Politique après.

LE DÉSAFFECTÉ

Il n'y aura pas de paix, et c'est l'annonce d'un acte 3 pour Dorgelès. En septembre 1939, non mobilisable à 54 ans, il s'est retrouvé embarqué par le commissariat à l'Information sous l'uniforme (il y a ajouté crânement le béret basque de l'homme fort) de correspondant de guerre et il s'est chargé de donner chaque semaine dans *Gringoire* des nouvelles du front, ou du moins celles que la censure approuvait. Il l'a fait avec sa verve habituelle jusqu'en avril 1940. Il a même publié ses reportages, en pleine débâcle de mai, sous le titre de *Retour au Front* et il les reprendra en 1957, augmentés de réflexions sur la défaite, sous le titre de *La Drôle de guerre* : c'est une méditation aussi courte que désenchantée sur la catastrophe nationale, puisque, rumine-t-il sans aller plus loin, « il ne fallait pas être vaincu » et que « la défaite a causé notre décadence, le nier serait vain, et malgré la revanche de la Libération, nous en mâcherons longtemps les fruits amers ».

On le crédite, au passage, d'avoir inventé l'expression « drôle de guerre » dans un premier article de *Gringoire* d'octobre 1939 et un deuxième de mars 1940, et les historiens aujourd'hui ne lui concèdent que du bout des lèvres cette paternité. Qu'importe : la notoriété de Dorgelès a fait sur-le-champ celle de « drôle de guerre » et l'écrivain après 1945 s'en trouvera fort aise. Sa plume de reporter sous visa officiel a fait le reste, pour tresser la guirlande de l'attente pendant ces huit mois d'atermoiements. Les condamnés à la « guerre algébrique » dans les casemates de la ligne Maginot, les patrouilleurs nocturnes des coups de main, les hommes en vacances forcées qui font de la luge, les états-majors où « l'exactitude s'évaporait dans la paperasse », sans oublier les rengaines de Tino Rossi : les scènes sont bien croquées et on ne les oublie pas. On peut décerner le même satisfecit à son kaléidoscope de la débandade sur les routes de la défaite, avec Stukas en piqué et fuyards à la ramasse. Mais le correspondant de guerre corseté n'est plus ni un soldat qui défend sa peau ni un témoin tout à fait libre : Dorgelès a perdu l'intimité avec le combat qui avait densifié ses récits de 14-18.

Il l'a admis dans ses chapitres de confession intitulés « Ce que je dus taire à l'époque » et il a cru devancer ainsi les critiques de *La Drôle de guerre* qui n'ont pas manqué en 1957. Émile Henriot a eu beau dire dans *Le Monde* du 6 novembre qu'« on y retrouve le bon et brave Dorgelès comme on l'aime encore, caporal ou sergent gueulard et patriote, ému et jovial, irrité justement de toute lâcheté et de toute sottise », rien n'y a fait : les mots « ingénuité », « conformisme » et « banalité », « clichés » et « rodomontades » ont fleuri et *Le Canard enchaîné* a fermé le ban : « Ce livre mirlitonnesque et cucul la dragée [...] suggère un volatile à crête pendante, un coq vieilli, déplumé et enroué qui cocorise à faux en grattant son fumier ».

Et il est vrai que le coq s'est enroué à vouloir filer inutilement la comparaison entre la Courte et la Grande Guerre. Certes, Dorgelès ne va pas jusqu'à prétendre que les poilus de Verdun, eux, n'auraient pas laissé les Panzers atteindre la mer en sept jours, mais il a conclu inconsidérément que « plus j'approche ces cadets, plus je les trouve semblables à nous », y compris quand ils « se retrempent dans la gaîté ». Si bien qu'il a été contraint de faire amende honorable en 1957. Oui, « la bizarrerie des hommes et des événements » dans cette nouvelle guerre conclue « dans la déraison » et « l'aberration », lui a révélé que dans la tourmente il n'avait su que rester fidèle à ses anciens. Désemparé et constatant que cette guerre se dérobait à ses modes de penser, il a prolongé sans trop y croire la méditation amorcée dans les années 1930 et qui nourrit les dernières pages du livre : le « Boche », au fond, sera toujours de la « race orgueilleuse et brutale qui, de tout temps, a mis la Force au-dessus du Droit », 1939 a « rouvert une ancienne blessure » et depuis 1918 c'est la vieille France qui périclite. Ce fut éclatant en l'an 40, gémit-il, quand « vaincre, on ne pouvait plus et mourir, on ne voulait plus ».

Il a néanmoins retrouvé son « Boche » sanguinaire et assassin, « gesticulant et vociférant », parachevé en « hitlérien » de la Gestapo et de la SS, dans *Carte d'identité*, une plaquette publiée en janvier 1945 où il a décrit les embuscades et les règlements compte de l'été 1944, sur fond de débarquement en Normandie et d'action militaire et civique des maquis, à Montsaunès et alentours, ces coins de Haute-Garonne où il s'est réfugié et a fait de son mieux pour accueillir et aider tous ceux qui frappèrent à sa porte, Juifs et clandestins compris. Là encore, on sent encore et toujours l'ennemi héréditaire, et c'est pourquoi Dorgelès n'applaudira pas à la réconciliation franco-allemande et à l'Europe nouvelle dans les années 1950.

Mais son récit est de circonstance et il a voulu aussi être un passeport patriotique pour un écrivain en survie, désorienté et attentiste depuis 1940, inquiété à la Libération pour avoir été un maréchaliste de raison – entrevue de Montoire comprise mais sans approuver le statut des Juifs, puis en refusant toute participation à la Révolution nationale et ses bonnes œuvres – par respect du vainqueur de Verdun ; pour avoir cru trop longtemps à l'épée de Gaulle et au bouclier Pétain ; pour n'avoir refusé sa prose qu'en septembre 1941 à un *Gringoire* devenu ouvertement « collabo » et plus antisémite que jamais ; d'avoir continué à magnifier l'Empire d'antan à l'heure de la France libre et du discours de Brazzaville ; et, gloire littéraire et présidence du jury du prix Goncourt aidant, pour n'avoir pas évité les mondanités et les rencontres avec les militaires et les journalistes de la Propagande nazie dans Paris occupé. C'était plus que suffisant pour qu'il songeât à lester son dossier des années noires d'une confession bien enlevée. Il a d'ailleurs plaidé avec succès, car il ne fut pas davantage inquiété par les épurateurs.

Il a fait mieux en réussissant *in fine* une œuvre singulière, *Vacances forcées*, son ultime évocation des heures noires, publié en 1959 en hommage à son ami Raoul Dufy réfugié chez lui à Montsaunès. Car il y donne enfin plus poétiquement dans l'aquarelle délicate, la tendresse humaine, le regard embué et le sourire salvateur. Mais sa *Carte d'identité*, au contraire, est restée pathétique par sa reconnaissance, enfin, du tragique à l'état brut. À ce titre, elle a clos le cycle ouvert par les *Croix de bois*, en dévoilant un Dorgelès à jamais désaffecté[7].

En suivant le farceur, l'imprécateur et le désaffecté pendant ces trois actes de sa vie, on en revient toujours à son écriture du défilé final devant les croix des camarades morts dont le sacrifice a hanté le pays jusqu'à Libération, au terme de ce que le général de Gaulle nommera la « *guerre de trente ans* ». Dorgelès, au fond, n'a jamais cessé de réécrire *Les Croix de bois*, de raviver leur flamme et de mesurer à leur aune le monde d'après 1918.

En 1929, une plaquette de *Souvenirs sur les Croix de bois*, en 1949, une nouvelle brassée de souvenirs dans *Bleu horizon* ont confirmé cet entêtement du soldat-journaliste de 1915 qui « griffonnait sans arrêt »

---

7   Une étude de Dorgelès face à la guerre froide et aux guerres d'Indochine et d'Algérie après 1945 permettrait peut-être de relancer le propos.

et qui, depuis, n'a pas cessé de sortir son carnet, de signer des lettres et d'alimenter les rédactions amies, puisque « tout devait me servir un jour, nos tristesses et nos joies ». Et il a tenu à souligner en ces termes la logique si humaine de son inscription par écriture dans un monde hélas toujours aussi guerrier :

> Quand je peinais dans les boyaux, un rondin sur l'épaule, quand je piochais, quand j'enfonçais les pieux, je n'étais pas un manœuvre abruti par sa tâche : je suivais aveuglément mon destin d'écrivain. J'apprenais à souffrir, à témoigner au nom de ceux qui ont tant souffert. [...] Ce qu'il fallait, c'était se pétrir le cœur, s'assimiler la guerre jusque dans ses poisons. Et de deux êtres ne faire qu'un, l'écrivain et le soldat.

Puis, « quand l'heure est venue d'écrire, j'ai laissé au sommeil ceux qui devaient dormir, et, remettant sac au dos, je suis parti seul avec un régiment de fantômes[8] ».

Jean-Pierre RIOUX
Historien, ancien Inspecteur
Général d'Histoire,
Cofondateur de *Vingtième siècle
Revue d'Histoire*

---

8   Roland Dorgelès, *Bleu horizon. Pages de la Grande Guerre, op. cit.*, p. 25.

DORGELÈS ET MONTMARTRE

MONTMARTRE,
JEUNESSE ET GENÈSE D'UNE ŒUVRE

À Montmartre, au coin de la rue des Saules et de la rue Saint-Vincent, le square Roland Dorgelès porte cette sobre inscription : « Au carrefour de la bohème et des Croix de bois. » Sans doute faudrait-il évoquer aussi d'autres aspects de l'écrivain, comme le voyageur fasciné par l'Extrême-Orient, mais il est vrai que la postérité a conservé de Dorgelès deux figures principales : l'écrivain de la Grande Guerre et l'écrivain de Montmartre, Montmartre qu'il fréquenta assidûment dans sa jeunesse et auquel il a consacré une bonne demi-douzaine d'ouvrages tout au long de sa carrière, ce qui en fait un des témoins privilégiés, avec André Salmon, Francis Carco ou encore Pierre Mac Orlan dont il fut proche.

« Les registres de l'État Civil prétendent que je suis né à Amiens, ce n'est pas vrai. C'est ici que j'ai vu le jour[1]. » Cette affirmation réitérée : « Je suis né à Montmartre », suggère à l'évidence une forme de reniement de la naissance officielle. Comme Mac Orlan, Dorgelès a peu parlé de son enfance, sur laquelle il ne nous a guère laissé de témoignages. Il y a chez les deux écrivains, sinon une rupture, du moins une distance sensible avec l'univers familial : « …je suis sûr que si l'on fouillait dans [mon cœur] c'est le nom de Montmartre qu'on y pourrait lire. Il y est creusé, comme sur une écorce, et, loin de s'effacer, il grandit avec l'arbre[2]. » La faille est sans doute plus profonde chez Mac Orlan, séparé de ses parents et plus ou moins en rupture avec son oncle-tuteur, mais chez ces deux jeunes gens qui commencent à fréquenter Montmartre vers l'âge de 18 ans, le milieu qu'ils découvrent apparait un peu comme une famille de substitution où germe la promesse d'une nouvelle vie, et notamment d'une vie artistique ou littéraire. Frédé, notamment, le

---

1   Roland Dorgelès, *Promenades montmartroises*, Paris, Éd. Jacques Vialetay, 1960, p. 6.
2   Roland Dorgelès, *L'esprit montmartrois avant la guerre*, 2ᵉ série, Dorgelès, Mac Orlan, Hugues Delorme, ill. de Dignimont, Laboratoire Carlier, Joinville le pont, 1939, p. 2-3.

patron du célèbre *Lapin agile*, a bien les caractères d'une figure paternelle, maître d'un espace familier où l'on se sent chez soi, rassuré et protégé. C'est bien le sentiment qu'éprouve le héros du *Quai des Brumes*, inspiré des souvenirs personnels de l'auteur. Sinon familiale, l'atmosphère fut toujours amicale : « Combien je préfère à ce monde épuisé d'esthètes, les amis du *Lapin* » écrit quant à lui Francis Carco[3].

Ainsi le Montmartre du début du siècle apparait-il à la fois comme la jeunesse et la genèse d'une œuvre, celle de Dorgelès bien sûr, mais aussi celle de Mac Orlan, qu'il peut être intéressant de lui comparer si l'on veut saisir à la fois l'unité d'un milieu et la singularité des imaginaires qui en font une matière littéraire. Car si ces deux écrivains n'ont évidemment pas inventé la légende de Montmartre, ils ont contribué, chacun à sa manière, à l'infléchir significativement.

Pourquoi et comment un microcosme artistique et littéraire devient-il le réceptacle d'une véritable mythologie ? Telle est la question à laquelle nous essaierons d'apporter ici un éclairage, en nous focalisant plus particulièrement sur quelques lieux privilégiés[4].

LE *LAPIN AGILE* OU LE CABARET DE LA PREMIÈRE CHANCE

La légende de Montmartre se nourrit de ce que Mac Orlan appellerait une géographie sentimentale. L'un de ses hauts lieux est évidemment le *Lapin agile*, souvent évoqué par Dorgelès : « Ce nom revient souvent dans les récits des écrivains du début de ce siècle ; c'est que nous avons laissé là nos meilleurs souvenirs. Lui n'a pas trop changé[5]. » Mac Orlan, lui, construit son *décor sentimental* à partir de quelques points de repère qu'il érige en véritables symboles. « Le coin de la rue des Saules » sonne ainsi comme un refrain dans le long poème narratif *Simone de Montmartre*,

---

3   Roland Dorgelès, *Les Veillées du Lapin agile*, L'Édition française illustrée, 1919, préface de Francis Carco.
4   « …ces lieux sacrés, le Lapin, le Château, le Bateau… » écrit Micheline Dupray dans *Roland Dorgelès : un siècle de vie littéraire française*, Paris, Presses de la Renaissance, 1986, p. 52.
5   Roland Dorgelès, *Promenades montmartroises*, *op. cit.*, p. 113.

paru en 1924[6]. On le retrouve dans des chansons (« Le Pont du Nord » (p. 252), « Chanson du ciel de la rue des Saules » (p. 96)) ; il apparaît aussi dans *Montmartre* (p. 36), *Villes* (p. 67) et, bien sûr, dans *Le Quai des brumes* (p. 283). Or c'est là, au coin de la rue des Saules, que se trouve le fameux *Lapin agile*.

Pour comprendre ce qui fait de ce cabaret un lieu central et emblématique, il importe de s'arrêter un instant sur son histoire, une histoire dont nos deux écrivains sont justement parmi les meilleurs chroniqueurs.

Le Montmartre du début du siècle n'est pas une invention des artistes modernes. Sa fortune littéraire s'inscrit dans une assez longue histoire. Quoi qu'en dise Mac Orlan, Montmartre et son *Lapin agile* sont le prolongement indirect de ce qui s'était développé dans les décennies précédentes, notamment au *Chat noir*, que l'on peut considérer comme l'un des tout premiers cabarets littéraires. Aristide Bruant, entre autres, fréquenta *Le Chat noir* – auquel il consacra une chanson célèbre – et, à la place du premier établissement de ce nom, fonda ensuite un autre cabaret, *Le Mirliton*. Selon Dorgelès lui-même[7], ce fut Jules Jouy, habitué du *Chat noir*, qui, dès 1880, introduisit au *Lapin agile* Aristide Bruant, lequel le fréquenta assez régulièrement avant de le racheter plus tard pour éviter sa démolition. D'autres artistes, comme Maurice Rollinat, passèrent également d'un cabaret à l'autre. Tout en rappelant lui aussi la filiation avec « Le Chat noir », Carco, dans sa préface aux *Veillées du Lapin agile*, remonte plus loin encore, rattachant les poètes de Montmartre (comme Jean Toulet) aux petits poètes des XVIe et XVIIe. Tout cela a pu contribuer à faire du *Lapin agile* une chance pour les jeunes talents qui montent à Paris.

C'est à l'extrême fin du XIXe siècle, sans doute en décembre 1899[8], que le jeune Pierre Dumarchey, futur Mac Orlan, vient pour la première fois à Montmartre, après une année d'études passablement bâclées à l'École Normale de Rouen, sans doute à l'instigation de son oncle, inspecteur

---

6   Pierre Mac Orlan, *Œuvres complètes*, Édito-service, Genève, 1970, *Poésies complètes*, p. 35, 36-47. Toutes nos références aux œuvres de Pierre Mac Orlan renvoient à cette édition.
7   Roland Dorgelès, *Bouquet de Bohème* (1947), Paris, Bibliothèque Albin Michel, 1989, p. 20.
8   La date reste incertaine, l'auteur incriminant volontiers sa mémoire défaillante. On peut lire ainsi dans deux articles différents : « En 1898, au mois de décembre... » (*Masques sur mesure* I, p. 295), et « C'était dans l'année 1899, vers la fin. » (*Masques sur mesure* II, p. 95). Cette dernière date est probablement la bonne.

d'académie. Bernard Baritaud précise que certains de ses parents, plus ou moins proches, résidaient alors à Paris[9]. S'il ne s'est jamais clairement exprimé sur les raisons et les circonstances de sa décision, on sait qu'il nourrissait une grande admiration pour Aristide Bruant, dont il avait reçu un mot encourageant après l'envoi de quelques vers ; on sait aussi qu'un de ses camarades du lycée d'Orléans, Gaston Couté, était déjà à Montmartre, un lieu dont par ailleurs la réputation n'était plus à faire. Il n'en fallait pas plus sans doute pour séduire l'imagination d'un jeune homme habité par la fibre artistique : « Pendant quelques semaines [...] je me promenais silencieusement à travers cette organisation sociale que j'avais créée dans l'oisiveté des heures d'étude, les yeux fixés sur les taches d'encre d'un couvercle de pupitre » (*Villes*, p. 14). Il ajoute : « En 1900 je ne connaissais personne à Paris. Mon idéal, autant que je peux le préciser aujourd'hui, consistait surtout à tâcher de vivre dans une atmosphère que j'avais tant bien que mal réalisée en imagination... » (*Villes*, p. 18).

Habitant dans un premier temps rue de l'Abreuvoir, Mac Orlan va fréquenter assez naturellement le *Lapin agile*, qui n'est pas encore ce qu'il deviendra quelques années plus tard :

> Le *Lapin* à cette époque n'était pas du tout un cabaret d'artistes. C'était une guinguette de quartier où les commerçants du voisinage venaient écouter les chansons avec leur famille. C'était à la fois familial et un peu canaille, mais d'une canaillerie qui s'adoucissait au contact des gens du quartier...
> (*Villes*, p. 46)

Dans ses souvenirs, l'écrivain marque une distance assez nette avec les cabarets célèbres de l'époque, suggérant par-là que son Montmartre à lui est d'une autre nature, plus personnelle et plus sincère : « Ce n'est pas *Le Chat noir* et ses dérivés qui ont laissé de Montmartre cette impression qui put longtemps agir sur de jeunes destinées. Cette extraordinaire atmosphère de camaraderie, de négligence et de liberté fut créée par les commerçants... » (*Villes*, p. 47) Et, tout comme Dorgelès, Mac Orlan insiste sur l'esprit de solidarité qui unit les commerçants et les artistes :

> Pour bien lire ces pages il faut savoir que la vie était facile dans ce Montmartre dont le bruit n'est pas encore éteint. Des commerçants dominés par les forces

---

9   Bernard Baritaud, « Je voulais peindre », *Lectures de Mac Orlan* n° 3, Société des lecteurs de Pierre Mac Orlan, 2015, p. 12.

secrètes des rues et du ciel montmartrois gardaient la part de Dieu pour ceux qui contribuaient aux gais mystères du XVIIIᵉ arrondissement. (*Montmartre*, p. 13)

Au fond, le *Lapin agile* garde quelque chose de provincial, tout à l'image de l'atmosphère qui l'entoure, celle d'un simple village, comme la plupart des textes de l'époque le rappellent avec insistance. C'est le cas notamment des premières pages de *Bouquet de bohème*, où Dorgelès s'attarde, non sans un peu de complaisance sans doute, sur autant de détails champêtres : les fermes, les puits, les poulaillers, les petits commerces...

L'atmosphère tend à se gâter assez rapidement lorsque les mauvais garçons commencent à prendre le pas sur les petits commerçants. Ils investissent aussi le *Zut*, cabaret tenu par Frédé, et dont une bagarre particulièrement violente sert de trame au *Quai des brumes*, où elle se trouve transposée de manière significative au *Lapin agile*. Se trouve là, parmi d'autres, Léon-Paul Fargue : « Parmi les assiégés se trouvait l'un de mes vieux amis, aujourd'hui un des plus grands poètes de notre génération, l'auteur de *Tancrède* » (*Villes*, p. 55).

C'est vers la même époque que Mac Orlan rencontre pour la première fois Apollinaire, qu'il entendra lire quelques vers au *Lapin agile*. Il a rapporté en plusieurs endroits cette scène, ouverture mémorable sur la poésie moderne[10]. Dorgelès, du reste, n'est pas étranger à cette rencontre puisque, si l'on en croit Micheline Dupray, c'est lui qui entraîna Apollinaire à Montmartre en 1902[11]. C'est vers cette date en effet qu'il devient un habitué de la butte, et ce léger décalage chronologique par rapport à son camarade Mac Orlan n'est pas sans signification. À cette date, le cabaret vient d'être racheté par Berthe Sebource[12], que rejoindra son compagnon Frédé, alias Frédéric Gérard (1860-1933). Chanteur et musicien occasionnel, celui-ci va s'efforcer de privilégier une clientèle artistique, non sans conflits avec une clientèle moins recommandable de voyous. Ces conflits pouvaient virer au tragique comme le prouve la

---

10   Là encore la date est hésitante : « Il y a quarante ans – c'était en 1901 ou 1902 – il neigeait tout autour du petit cabaret de Montmartre où j'attendais je ne sais qui, je ne sais quoi, mais certainement rien de favorable » (*Masques sur mesure*, III, p. 20). « La première fois que je vis Guillaume Apollinaire c'était environ l'année 1903 » (*Masques sur mesure*, III, p. 23).

11   Micheline Dupray, *op. cit.* p. 45.

12   Mac Orlan épousera plus tard sa fille Marguerite.

mort d'un des fils de Frédé, tué d'une balle à son comptoir vers 1910.
Dorgelès a fait un portrait de Frédé qui résume bien le personnage en
quelques lignes : « Frédéric Gérard, chanteur et potier d'art, guitariste
et marchand de poisson, qui pendant plus de trente ans vêtu en bandit
corse, coiffé d'un serre-tête rouge, semblant rendre la justice au seuil
de son auberge ou jouant de la flûte derrière son âne comme au retour
du marché, aura été le personnage le plus représentatif de la Butte »
(*Promenades montmartroises*, p. 6).

Quoi qu'il en soit le cabaret est fréquenté plus ou moins régulièrement par des écrivains (outre Mac Orlan et Dorgelès, il y aura parmi
eux André Salmon, Max Jacob, Francis Carco, plus occasionnellement
Apollinaire) des peintres et dessinateurs (Picasso, Vlaminck, Utrillo,
Dignimont…) et d'autres encore, comme le comédien Charles Dullin[13]…,
ce que Mac Orlan résume en ces termes :

> La période la plus prospère du *Lapin à Gill* s'épanouit aux environs de
> 1906-1907-1908. Une table d'hôte était servie chaque soir. La cuisine y était
> excellente. Autour de cette table se groupaient des artistes et des fantaisistes
> aisés qui se réunissaient assez régulièrement. (*Montmartre*, p. 43)

Bref, l'art et l'amitié semblent ne faire qu'un entre les murs du *Lapin
agile*, ce qui explique le ton nostalgique avec lequel Dorgelès évoque ce
moment de sa propre histoire.

Ce dernier, avec la farce bien connue de l'âne Boronali, apporta une des
contributions les plus notables à la légende du *Lapin agile* : « Ce cabaret
porte-bonheur a été le théâtre d'autres faits singuliers. Sur sa terrasse,
fait unique dans l'histoire des arts, on a vu un âne, un vrai, peindre un
tableau[14]. » Comme on le sait, Dorgelès réalisa sous constat d'huissier,
avec un pinceau attaché à la queue de l'âne de Frédé, le tableau « Et le
soleil s'endormit sur l'Adriatique », actuellement conservé à Milly-la-
Forêt. Pied de nez aux modernismes de l'art, ce canular apparait comme
le symbole d'un univers anticonformiste, celui d'une bande de joyeux
fêtards, irrespectueux des théories et des poses intellectuelles auxquelles

---

13 « Mac Orlan, au début du XXᵉ siècle, fréquente à Montmartre un milieu où la distinction
    entre les activités de création – l'écriture, la peinture – est assez floue : que l'on soit
    peintre ou écrivain, on est, avant tout, un artiste. Ou l'on croit en être un. Il en est ainsi
    de bien des familiers du *Lapin agile* : André Warnod, le sculpteur Wasley, Jules Depaquit,
    Georges Delaw… » *Lectures de Mac Orlan* n° 3, préface de Bernard Baritaud.
14 Roland Dorgelès, *Promenades montmartroises*, *op. cit.*, p. 118.

ils préfèrent la liberté individuelle et la simple joie de vivre. Dorgelès se plaît à rappeler également, parmi ses titres de gloire, l'exposition au Louvre d'une fausse statue antique. Ces manifestations d'un esprit potache furent sans doute plus symboliques que vraiment significatives, comme le note André Salmon évoquant « le Dorgelès qui inventerait la farce de Boronali, la farce de l'âne artiste-peintre, bouffonnerie à intention critique et dont, sans que Roland m'en veuille le moins du monde, j'ai eu maintes occasions d'écrire que cela fut sans signification[15] ». Apollinaire exprime à peu près le même avis sur « la farce dite de Boronali, qui ne mystifia personne[16] ». Il n'en reste pas moins que Dorgelès a su, avec habileté, exploiter littérairement ces hauts faits pour illustrer une vision pittoresque et réjouissante du *Lapin agile*, espace de liberté où les conventions, classiques ou modernes, étaient renvoyées à elles-mêmes et à leur prétention. Une chance, indéniablement, pour les jeunes artistes du nouveau siècle.

LE CHÂTEAU DES BROUILLARDS
ET LE ROMAN DE MONTMARTRE

Pour beaucoup d'écrivains qui ont connu la butte au début du siècle, l'évocation de Montmartre devient, sinon un passage obligé, du moins un topos dont les premières expressions se manifestent dès la fin de la guerre. Plusieurs livres méritent d'être cités dans ce registre, notamment les *Scènes de la vie de Montmartre* de Carco, paru en 1919, ou encore, la même année, le roman d'André Warnod, *Lili, modèle, roman de Montmartre* (éd française illustrée). Chez le même éditeur paraissent également *Les Veillées du Lapin agile, préfacées par Carco*, puis les *Histoire montmartroises racontées par des montmartrois*.

Le poème *Simone de Montmartre*, publié par Mac Orlan en 1924, évoque un Montmartre lourdement chargé de fantastique social ; l'atmosphère y est le plus souvent nocturne, trouble comme dans un aquarium

---

15 André Salmon, *Souvenirs sans fin*, deuxième époque, 1908-1920, Paris, Gallimard, 1956, p. 113.
16 Guillaume Apollinaire, *Le Flâneur des deux rives*, Paris, Éd. de la Sirène, 1918, p. 88.

— l'image revient à plusieurs reprises. Le crime et la prostitution sont modes de fonctionnement courants ; pas de peintres ni d'artistes dans ce poème narratif en cinq parties, mais un marin ivre qu'un amant jaloux assassine, et un couple qui se suicide dans une chambre d'hôtel. C'est déjà là le Montmartre tragique du *Quai des brumes*, décor privilégié pour un romanesque plutôt noir.

À cinq ans de distance, Mac Orlan et Dorgelès ont contribué à faire de Montmartre une matière romanesque mémorable, mais dans des registres sensiblement différents. La dimension autobiographique du *Quai des brumes*, paru en 1927, ne fait pas de doute : comme l'auteur, le personnage de Jean Rabe connaît l'épreuve de la misère ; comme lui, il a été correcteur d'imprimerie dans une ville de province ; comme lui, il revient d'un voyage en Italie. Le cadre est celui du *Lapin agile*, explicitement nommé, comme son patron Frédéric, même si la bagarre décrite nous renvoie en réalité au *Zut* plutôt qu'au *Lapin*. Mais surtout, Mac Orlan a su condenser et faire résonner ensemble dans une centaine de pages les quelques éléments qui font pour lui la réalité *sentimentale* de Montmartre : le jeune homme pauvre, l'artiste raté, le crime crapuleux, le triomphe de la prostituée... Loin du folklore des cabarets littéraires, ce qui est esquissé ici c'est un peu le destin d'une génération, tel que le résume un lieu singulier : un refuge presque campagnard pour de jeunes gens égarés, menacés à la fois par le crime qui rôde et par la guerre qui s'approche.

Comme *Le Quai des brumes, Le Château des brouillards*, publié par Dorgelès en 1932, commence sous la neige :

> L'hiver. Un bel hiver rude et cinglant, traversé de rafales qui vous tranchaient les joues. Des trottoirs jusqu'aux toits, Montmartre était couvert de neige, et comme, en ce temps-là, les autos ne s'y hasardaient guère, la Butte, sitôt la nuit tombée, se transformait en village, personne hors de chez soi et les volets fermés[17].

Comme chez Mac Orlan, la première scène se déroule au *Lapin agile*. La description en est toutefois bien différente. Beaucoup plus réaliste, elle cherche à restituer au plus juste l'atmosphère de l'époque. Tout y est : le Christ de Wasley, la fumée des pipes, les cris de la servante. Les personnages sont plus ou moins empruntés à la réalité, comme le poète

---

17   Roland Dorgelès, *Le Château des brouillards*, Paris, Albin Michel, 1932, p. 9.

libertaire Carolus Sauvage dont on pourrait trouver plus d'un modèle parmi les poètes de Montmartre, ou encore M. Gouttenoire, chroniqueur et collectionneur. Un motif comme celui des chrysanthèmes volés dans le cimetière et offert à Lucie[18] est directement tiré des souvenirs de l'auteur. Certains noms, comme celui du guitariste Pablo, peuvent aussi rappeler des personnalités célèbres. S'y ajoutent bien sûr des personnages plus nettement littéraires, comme le personnage principal, Paul-Gérard Clair (lequel partage avec Dorgelès l'honneur d'être enterré au cimetière Saint-Vincent), ou plus encore Lucie Rapin, qui, en dehors de ses activités révolutionnaires, exerce la profession de relieuse et qui constitue une figure hautement romanesque. Sa première apparition est à cet égard révélatrice :

> Et à l'instant précis où la bagarre allait se déchaîner, Lucie Rapin surgit entre les deux hommes. Si soudainement qu'on crut qu'elle allait s'écrouler sous une balle ou un coup de bouteille. Raide dans sa cape noire, elle ne s'en souciait pas[19].

Outre le *Lapin agile*, fidèle à lui-même, le « Château des Brouillards » fait partie des quelques lieux où l'on peut, aujourd'hui encore, trouver un souvenir du Montmartre de l'époque. Cette propriété bâtie au XVIIIᵉ siècle connut divers avatars. Dans son parc, aujourd'hui occupé par le square Suzanne-Buisson, on construisit des pavillons où habitèrent notamment Renoir ou Modigliani. Le bâtiment principal, bien que considérablement rénové, garde encore la silhouette massive qu'on peut voir sur les photographies de l'époque. Y logèrent aussi des anarchistes plus ou moins dangereux, et c'est cette humanité composite qui constitue la matière du roman de Dorgelès.

Le « Château » en question n'apparait qu'au cinquième chapitre (intitulé « 13, rue Girardon »). Comme pour le *Lapin agile*, la description en est assez exacte :

> On accédait à la propriété par une rampe pavée que barrait une grille et ce grand parc qui dominait la rue Girardon de plusieurs mètres avait l'air retranché derrière une contrescarpe. Les acacias, les vernis du Japon et les marronniers entremêlaient si bien leurs branches que les maisons disparaissaient dans la verdure ; à gauche, le château proprement dit, vieille demeure

---

18 *Ibid.*, p. 118-119.
19 *Ibid.*, p. 27.

du XVIIIe siècle, restée grande dame sous sa coiffe d'ardoises, à droite une
rangée de pavillons modestes qu'on louait par étages. Renoir avait eu là son
atelier, Léon Bloy son logement, et l'on contait que Gérard de Nerval aimait
y venir grappiller du raisin[20].

Précédé de cette légende, le lieu revêt un caractère plus romanesque
encore par la population qui l'habite :

> On a rencontré là des échappés de la Sorbonne et des chanteurs des cours,
> des poètes d'avant-garde et des élèves dentistes, des artistes d'avenir et des
> postulants à l'asile de nuit, et comme chacun a conservé de son passage un
> souvenir différent, selon qu'il a terminé sa course en haut ou en bas, on ne peut
> plus savoir, parmi toutes ces versions contradictoires, si le Rez-de-Chaussée
> de Lucie Rapin était un repaire ou un cénacle, une souricière de la police ou
> la villa d'Académus[21].

À cette diversité des personnages correspond une diversité dans
l'intrigue, où Dorgelès a mêlé une trame politico-policière autour de
faux monnayeurs anarchistes, les amours de Paul-Gérard Clair..., les
stratagèmes financiers de François de Grandpré... Une riche améri-
caine (Daisy Bell), une relieuse révolutionnaire, des anarchistes faux-
monnayeurs, un jeune poète en quête de bonne fortune : il y a là,
presque réunis, les ingrédients d'un roman-feuilleton. Et le Château
des Brouillards peut aussi se faire décor de romance pour les rencontres
de Paul-Gérard et Lucie :

> Elles étaient admirables ces nuits de neige et de glaçons, au Château de
> Brouillards. On eût dit, sous la lune, un verger féérique où les derniers flocons
> papillonnaient sans se poser. Un Noël pour enfants, avec des brindilles de
> sucre et des bourgeons fondants[22].

On voit qu'on est assez loin ici de la matière épurée du *Quai des brumes*.
Tout comme ce dernier néanmoins, *Le Château des brouillards* s'achève
après la guerre et après la disparition du héros, mort au combat. Le
narrateur intervient alors pour évoquer la mémoire du disparu et la
fidélité de Lucie, passée du statut de révolutionnaire à celui d'épouse
inconsolable, figure inverse peut-être de la Mado de Dorgelès, car c'est

---

20 *Ibid.*, p. 85.
21 *Ibid.*, p. 101.
22 *Ibid.*, p. 153.

bien sous le prénom de l'auteur que le narrateur disparaît à la fin du roman : « Adieu Roland, a-t-elle répondu[23]. »

Dans ce dernier chapitre, aux accents très mélancoliques, le « Château » apparaît comme un signe du temps évanoui :

> Si tu retournais au Château des Brouillards, tu ne t'y reconnaîtrais pas. La vieille demeure est épargnée, les pavillons aussi, mais on a déposé la grille, tracé des pelouses, blanchi les murs, et depuis le nivellement de la rue Girardon, la plaque d'émail bleue, qui servait de cible aux gosses, est enfouie à deux mètres sous terre, avec nos souvenirs[24].

Ce lieu, à l'image des quelques rues qui l'environnent se charge d'une valeur sentimentale exceptionnelle qui en fait évidemment le cadre privilégié d'un roman : « Ce qui m'étonne, c'est que tout cela ait pu tenir en si peu de place. Tant de joies et de drames, de détresse et d'espoir[25]. » Le Château apparait en effet comme une sorte de point focal où convergent toutes les lignes de forces du roman : la menace des anarchistes, l'amitié amoureuse de Lucie, les perspectives artistiques ouvertes par le feuilletoniste M. Gouttenoire.

Le caractère romanesque de Montmartre doit beaucoup à sa valeur sentimentale. Car pour des écrivains nés à la fin du XIXe siècle, l'évocation de la Butte est l'évocation d'un monde perdu, celui de la jeunesse, avec ses espoirs et son insouciance. Mais ce sentiment est accentué par la guerre, qui a mis fin brutalement à cette période heureuse et qui a signé la fin d'un monde, en infusant chez les combattants la certitude que plus rien ne serait comme avant. Car pour des hommes dont la jeunesse a été volée par la tragédie de l'histoire, écrire sur Montmartre c'est restituer ce qui leur a manqué. C'est rendre aux morts les fleurs qu'on leur a volées, pareilles à celles que les jeunes amants, allaient voler dans les cimetières pour les offrir à leurs amoureuses, comme le raconte Dorgelès. Ce sentiment d'une perte irrémédiable explique sans doute l'insistance de Dorgelès sur le caractère villageois du Montmartre du début du siècle : un village au cœur de Paris, telle est en effet l'image qui revient constamment sous la plume de l'écrivain, jusque dans son dernier roman[26] :

---

23 *Ibid.*, p. 313.
24 *Ibid.*, p. 288.
25 *Ibid.*, p. 289.
26 Roland Dorgelès, *Le Marquis de la dèche*, Paris, Albin Michel, 1971, p. 12.

Montmartre, à cette époque – peu avant la Grande Guerre – était le plus séduisant des villages. Rien n'y manquait. Ni la vieille église ni le cimetière paroissial, ni les poules de ferme, ni les bistrots à tonnelles, ni un puits à la margelle usée…

Dans sa préface aux *Veillées du Lapin agile*, Carco écrivait déjà en 1919 : « Où est ce temps ? Où sont nos souvenirs ? Et que sont devenus les derniers bohèmes… ? » Même ton chez Dorgelès : après la guerre Montmartre, devenu la proie des snobs et des spéculateurs de tous ordres, Montmartre n'est plus. Affirmation qui peut étonner pour des hommes qui n'ont alors guère plus d'une trentaine d'années. Mais la guerre, sans doute, les a mûris et vieillis. « C'est peu après la Grande Guerre que la Butte a perdu son caractère. Les spéculateurs à l'affût ont acheté à bas prix les jardinets et les bicoques de braves gens qui n'avaient plus le sou et le massacre a commencé[27]. »

Ce sentimentalisme romanesque finit par devenir une mode dont André Salmon ne manquera pas de souligner la convention, même s'il y sacrifie lui-même dans diverses pages :

> On en a tant raconté de ces histoires montmartroises ! Plusieurs de mes amis ont excellé dans le genre. André Warnod, qui, je crois, fut le premier puisqu'il commença dès avant 14 […] ; Roland Dorgelès, avec son *Château des brouillards* et son *Bouquet de bohème*, livre qui me devance en me mettant si largement en cause ; enfin Francis Carco, en je ne sais combien de bouquins[28] ?

Pour autant il ne partage ni la nostalgie sentimentale et lyrique de Dorgelès ou de Carco, ni la distance amère d'un Mac Orlan. Il se montrera même assez critique sur l'exploitation littéraire d'un lieu commun dans laquelle il voit plus de pose que de réelle invention :

> Les légendes séduisent. Il est malaisé de s'y opposer quand on ne peut jamais leur opposer que des fragments, des lambeaux de vérité, laborieusement recousus, la légende étant toujours faite d'un solide tissu.
>
> La légende veut que je sois un Montmartrois comme Mac Orlan venu sur la Butte pour s'y faire photographier en uniforme de lycéen ; Mac Orlan depuis trente ans retiré à Saint-Cyr-sur-Morin, bien que détestant la campagne, et qui ne laisse perdre aucune occasion de décrier Montmartre ; Montmartrois comme Roland Dorgelès, si content d'habiter rue Jean-Goujon, mais que, dès 1903, je trouvais assis au *Lapin agile* : Montmartrois comme Francis Carco qui, tout de suite, en 1910, tira du lieu le meilleur parti littéraire, bien qu'habitant du Quai aux Fleurs[29].

---

27   Roland Dorgelès, *Promenades montmartroises, op. cit.*, p. 7.
28   André Salmon, *op. cit.* p. 80.
29   *Ibid.*, p. 325.

LE BATEAU-LAVOIR :
DE LA MISÈRE À LA GLOIRE

Au début du vingtième siècle, les peintres sont établis à Montmartre depuis longtemps déjà. Renoir, entre autres, y eut son atelier dès 1875, rue Cortot, dans les bâtiments de l'actuel Musée de Montmartre. Un peu plus tard, dans un bâtiment proche, viendront s'installer notamment des artistes italiens et espagnols, qui attireront des personnalités aussi célèbres que Picasso ou Modigliani. Jeanine Warnod, fille de l'écrivain André Warnod, évoque en ces termes ce lieu devenu célèbre :

> Sur la place Émile-Goudeau, au 13 de la rue Ravignan, se dressait un bâtiment en bois appartenant en 1867 à un mécanicien serrurier nommé François-Sébastien Maillard. D'abord manufacture de pianos, le baraquement fut le 1ᵉʳ juillet 1889 divisé en ateliers sur les plans de l'architecte Paul Vasseur. [...]
> En 1893, Maufra recevait là Gauguin qu'il avait rencontré à Pont-Aven, et dans ce bâtiment surnommé alors « maison du Trappeur », Paul Fort créait son « Théâtre d'art », sans argent et avec des moyens de fortune, révélant des pièces symbolistes de Verlaine, Laforgue, Rémy de Gourmont et Maeterlinck[30].

La dénomination du lieu demeure fluctuante et incertaine, comme l'indique une autre historienne de l'art, Claire Le Thomas :

> Les ateliers du 13 de la rue Ravignan possédèrent plusieurs surnoms qui mettent en avant la spécificité architecturale de cet immeuble : « Maison du Trappeur » car entièrement en bois ; « Bateau-Lavoir » à cause du linge qui pendait aux fenêtres pour M. Jacob ; du craquement du bois qui faisait résonner le bâtiment de la même façon que les bateaux où les ménagères venaient laver leur linge dans la Seine selon André Salmon ; des matériaux (bois et verre) similaires à ceux des bateaux-lavoirs pour Kahnweiler ; « Village nègre » selon Mac Orlan pour son aspect hétéroclite[31].

---

30   Jeanine Warnod, dans *Guide des collections du Musée de Montmartre*, éd. Somogy, 2016 (cité sur le site du musée de Montmartre)

31   Claire Le Thomas, « Une "ethnographie" des avant-gardes montmartroises : réflexions sur les innovations techniques et matérielles cubistes », dans *Histoire de l'art et anthropologie*, Musée du Quai Branly, 2009. Disponible en ligne sur : https://journals.openedition.org/actesbranly/60

Contrairement à Mac Orlan, qui y a pourtant habité, Dorgelès a beaucoup évoqué le Bateau-Lavoir, détruit par un incendie en 1970. C'est là, par exemple, que se déroule une des scènes du *Château des brouillards*, si l'on en juge par l'anecdote d'un personnage que l'on voit sauter tranquillement du troisième étage … qui est en réalité le rez-de-chaussée sur la rue, conformément à la description assez éloquente qu'on pourra lire plus tard dans *Bouquet de Bohème* :

> Curieuse bicoque que ce Bateau-Lavoir où emménageait l'Espagnol [Picasso]. Branlante, obscure, sonore, tout en escaliers, en couloirs, en recoins, et si bizarrement construite à mi-côte, entre deux rues de guingois, qu'on habitait le rez-de-chaussée ou le grenier selon le côté où l'on se plaçait[32].

Ce Bateau-Lavoir est un autre haut-lieu de la légende de Montmartre, dont Roland Dorgelès, parmi d'autres, s'est fait le chroniqueur lyrique et pittoresque. Il illustre, dans une large mesure, la légende du jeune artiste insouciant et désargenté qui va se faire un nom et accéder à la gloire, si la mauvaise fortune n'a pas raison de lui avant. Dans la réalité, cette aventure débute vers 1903, précisément lorsque le futur écrivain commence à fréquenter le quartier. C'est à peu près à la même époque que Mac Orlan, après avoir travaillé quelque temps à Rouen, revient s'installer à Montmartre, où il avait déjà séjourné quelques années plus tôt. Vers la même époque, Picasso arrive à son tour à Paris, ce que l'on peut considérer comme un autre repère significatif. Il s'installe dans ce même Bateau-Lavoir, ou « village nègre » : « Picasso possédait un atelier, place Ravignan dans une étonnante et désormais célèbre bâtisse que l'on avait surnommé le "village nègre", probablement parce qu'elle était construite en bois » (*Masques sur mesures* II, 77).

D'autres fréquentations importantes, comme celles d'Apollinaire ou de Salmon, marqueront encore ces années, avant que les uns et les autres commencent à se disperser et que la guerre porte un coup d'arrêt définitif à cette aventure artistique, qui, au bout du compte, ne dura guère plus d'une décennie.

Le Bateau-Lavoir est donc un refuge pour des artistes pauvres[33] et le spectre de la misère se profile dans bien des pages de Mac Orlan et de

---

32 Roland Dorgelès, *Bouquet de Bohème*, *op. cit.*, p. 101.

33 Claire Le Thomas, dans l'article précédemment cité, évoque les conditions matérielles difficiles de la vie d'artiste à Montmartre.

Dorgelès, même s'ils n'en donnent pas exactement la même représentation. Le premier a vécu personnellement la pauvreté, dont la menace est restée longtemps pour lui comme un épouvantail. Il habita un temps dans un atelier du Bateau-Lavoir où il succéda à André Salmon, dans des conditions assez précaires :

> Pierre Mac Orlan attendait à la porte, auprès d'une voiture à bras, et en un clin d'œil il fut installé. Chose à peine concevable, il possédait encore moins de meubles que son prédécesseur. Néanmoins il était heureux de se mettre « dans ses bois ». Quel soulagement de ne plus voir ces sales gueules d'hôteliers, qui prennent plaisir à ôter votre clé du tableau quand on est en retard pour régler sa semaine[34].

Si l'on en croit Dorgelès, il finit par dormir sur des vieux journaux, ayant vendu ses rares meubles[35]. Cette expérience explique le jugement plutôt amer qu'il porte sur le Montmartre de l'époque, jugement qui, pour André Salmon, n'est pas exempt d'une certaine affectation :

> Depuis longtemps, Mac Orlan affecte l'attitude d'un homme résolu à se montrer content d'être libéré de la jeunesse, sous prétexte que la vie lui fut dure à Montmartre. Ça reste à voir. À Londres et à Rouen, rue des Charrettes, il fut pour le moins aussi pauvre qu'à Montmartre, et pourtant, voyez, il lui suffit d'empoigner son accordéon pour chanter nostalgiquement *La Fille de Londres* et celles de la rue des Charrettes, ses Adrienne et ses Sylvie retrouvées, reconnues dans des brumes à la Thomas de Quincey[36].

Mais ces années de misère sont aussi pour lui des années de rencontres littéraires déterminantes avec des personnalités de tout premier plan, auxquelles il ne manque pas de rendre hommage à l'occasion :

> Avec André Salmon et Guillaume Apollinaire que je connus à peu près à la même époque, L.-P. Fargue fut un des hommes qui, à son insu, me montra les portes qu'il fallait ouvrir et que l'on pouvait reconnaître au petit trait de lumière dorée qui les soulignait en les séparant du sol. (*Villes*, p. 55)

---

34 Roland Dorgelès, *Bouquet de Bohème, op. cit.*, p. 283.
35 Une archive INA, accessible en ligne, nous permet de suivre Blaise Cendrars visitant le Bateau-Lavoir en 1953. Il se souvient que Modigliani dormait lui aussi sur des piles de journaux.
36 André Salmon, *Souvenirs sans fin*, Deuxième époque, 1908-0920, Gallimard, 1956, p. 68.

Dorgelès, lui n'a pas été confronté aux mêmes difficultés, ayant, comme le note Micheline Dupray, « les poches mieux garnies grâce à ses parents[37] ». Mais il sait que, derrière son aspect pittoresque, le Bateau-Lavoir cache bien des tragédies, dont il nous rappelle le triste souvenir :

> Le premier qui, sur la Butte, décida de quitter le bal, fut un locataire du Bateau-Lavoir nommé Wiegels. Venu d'Allemagne pour étudier sur place l'œuvre des Impressionnistes, il s'était tout de suite lié à deux de ses voisins : Picasso et André Salmon [...][38].

Bien d'autres encore, comme Gaston Couté, ont connu une fin misérable, ou sont morts pour la France comme le héros du *Château des brouillards*[39].

Plus généralement, l'écrivain fait toujours preuve de compréhension et d'empathie pour tous ceux que la fortune n'a pas favorisés :

> Aucune génération je crois n'a compté autant de victimes que la nôtre : misère, renoncements, hôpitaux, suicides, et la guerre au bout pour couronner le bouquet ; cependant, quand entre camarades nous évoquons ces années bourrées de déceptions et d'avanies, de privations et de rupture, il s'en trouve toujours un pour murmurer : « C'était le bon temps[40] ».

Dans les souvenirs mélancoliques de Mac Orlan, la transformation physique de Montmartre semble à l'image du triste destin de ses habitants :

> La guerre, la fin de la guerre de 1914 et les premières années qui suivirent contribuèrent à des essais de transformation qui devaient aboutir en 1935 à des résultats désolants. Car Montmartre défiguré, si l'on peut dire, par des « Hostelleries » puériles et prétentieuses, devait connaître les regrets amers de son passé modeste, populaire et bon enfant. (*Montmartre*, p. 126-127)

Il n'en reste pas moins que c'est au Bateau-Lavoir que sont nées les œuvres les plus importantes de la peinture moderne et, plus généralement,

---

37 Micheline Dupray *Roland Dorgelès, op. cit.*, p. 33.
38 Roland Dorgelès, *Bouquet de Bohème, op. cit.*, p. 48. Wiegels est aussi le modèle du peintre suicidaire du *Quai des brumes*.
39 La dédicace du *Château de brouillards* est significative : « Aux camarades de mes vingt ans qui, le 2 août 1914, ont quitté la Butte en chantant et ne sont jamais revenus, je dédie ce livre. »
40 Roland Dorgelès, *L'Esprit montmartrois avant la guerre, op. cit.* p. 2.

Montmartre apparaît comme un passage obligé pour de nombreuses gloires littéraires et artistiques du vingtième siècle. Pour Dorgelès, c'est bien la chance de l'art nouveau qui se joue dans la salle du *Lapin* où se trouvent réunis les talents les plus prometteurs :

> [...] c'est là, les soirs d'été, et l'hiver dans la salle enfumée, que nous avons entrevu l'avenir. Près de la cheminée où couraient des rats blancs, Picasso et Apollinaire démantelaient la peinture ; Dullin, assis au pied du Christ, réformait le théâtre ; Max Jacob, arrêté sur le seuil, cherchait sa route dans les étoiles. Il n'y a pas un coin qui ne nous rappelle un fait émouvant. Toute notre génération a rêvé sa vie sous cet acacia[41].

Les représentations de Montmartre sont bien différentes chez Mac Orlan et chez Dorgelès. Elles aboutissent pourtant à la même mélancolie un peu désabusée. Pour Dorgelès, la gloire est toujours tardive et illusoire et ne saurait remplacer les rêves de la jeunesse :

> N'aurait-elle pas pu venir plus tôt ? Quand elle était jolie, quand il était solide : c'est ainsi que se font les mariages d'amour... Ils seront bien avancés, ceux de la Butte, de réussir dans vingt ans, après s'être serré le ventre durant toute leur jeunesse[42] !

Pour Mac Orlan, la littérature, qui est selon ses propres termes « un art sans joie », se nourrit nécessairement des drames, des ombres et des regrets, et la réussite n'en est que l'amer bénéfice. Les grandes œuvres conçues dans la misère du Bateau-Lavoir en gardent toujours, en dépit de leur succès ultérieur, l'innocence première et l'amertume définitive.

Chacun à sa façon, Pierre Mac Orlan et Roland Dorgelès ont renouvelé l'imagerie traditionnelle de Montmartre. Leur mérite est d'avoir su saisir un moment charnière de son histoire où les cabarets fantaisistes et les atmosphères populaires – les Bruant et les Poulbot – ont pour un temps laissé place aux grands noms de la modernité artistique et littéraire. Ils ont su aussi faire un romanesque original de ce qui n'était qu'un folklore sympathique. Marqués par le drame de la Grande guerre, ils ont été tous deux particulièrement sensibles à la parenthèse à la fois heureuse et éphémère qu'ils ont vécue dans les tout derniers

---

41   Roland Dorgelès, *Promenades montmartroises*, *op. cit.*, p. 112.
42   Roland Dorgelès, *Bouquet de Bohème*, *op. cit.*, p. 127.

feux de la Belle époque[43]. Avec eux, Montmartre cesse d'être un décor pour devenir un monde à part entière, un monde ambivalent, avec ses plaisirs et ses déboires, ses bonheurs et ses tragédies. C'est en cela qu'il constitue, pour des raisons historiques et sentimentales, la jeunesse et la genèse de leur œuvre respective, avec tout à la fois la découverte du métier d'écrivain et la construction d'un imaginaire personnel, plus ou moins consciemment cultivé et exploité.

Philippe BLONDEAU
Université de Picardie – Jules Verne
« Roman & Romanesque »,
CERCLL

---

43   « Il faut être parti de la Butte pour que votre cœur batte en disant "rue des Saules". »
     Roland Dorgelès, *Montmartre, mon pays*, 1928, p. 9.

DE MONTMARTRE AUX TRANCHÉES, L'HUMOUR DE GUERRE DE ROLAND DORGELÈS (1910-1930)

Tout n'avait pas été dit [...]. Soit par pitié pour les morts soit par respect de certaines traditions, la vérité parfois avait été quelque peu camouflée. Maintenant, avec le recul du temps, une liberté plus grande est permise. On peut critiquer, on peut ironiser, on peut même sourire. C'est pourquoi nous voyons surgir depuis quelques mois des livres de guerre qui ressemblent aux premiers par ce qu'ils comportent de douloureuse émotion, mais possèdent de plus une allure libre, frondeuse, souvent blagueuse ou vengeresse, par quoi ils sont, pour beaucoup de lecteurs ignorants de la vérité, une révélation. Tel est le cas de la dernière œuvre de Roland Dorgelès. Tout le monde a lu, je pense, *Les Croix de bois*. Le livre d'aujourd'hui, *Le Cabaret de la Belle Femme* en est la suite, le complément naturel. Il nous présente aussi une autre face du miroir[1].

Lorsqu'en février 1929, Roger Régis prend la plume pour recenser *Le Cabaret de la Belle Femme*, le livre de guerre se situe à l'aube de sa deuxième grande vague de parution, qui courra de 1929 à 1933. La recrudescence des tensions internationales, l'accession d'une nouvelle génération de témoins au champ littéraire (Giono, Céline, Drieu, Dabit), ou encore le succès européen du récit antimilitariste de Remarque (*À l'Ouest, rien de nouveau*, 1929), suscitent à l'endroit des témoignages combattants un regain d'intérêt occultant la lassitude que leur avaient témoignée lecteurs et éditeurs dès l'orée des années 1920. Nombre de commentateurs anticipent ou constatent alors une émancipation du genre romanesque vis-à-vis des contraintes éthiques d'authenticité, de sobriété ou de pudeur que ses ambitions testimoniales lui avaient imposées[2]. Et si certains redoutent sa propension nouvelle à divertir

---

1   Roger Régis, « Les Livres et la vie », dans « Les Dimanches de la femme », supplément de *La Mode du jour*, 3 février 1929.

2   « Grâce à une abondante littérature, aux films et aux narrateurs bénévoles, la vie des tranchées est devenue à ce point familière aux profanes, que tout se passe exactement

le lecteur par la libération fictionnelle des « souvenirs […] d'origine gaie » et des « aimables couillonneries » de loustics[3] tandis que d'autres applaudissent, à l'instar de Régis, sa capacité retrouvée à « sourire », à « blaguer » et à « fronder », tous s'accordent à voir dans la renaissance du roman de guerre qui s'amorce l'occasion d'une prise de distance d'ordre humoristique avec l'expérience combattante, prise de distance qu'auront permise l'achèvement des processus de deuil et l'œuvre du temps sur les mémoires collectives et individuelles. À la période de cette « douloureuse émotion » transcrite sans mélange par le roman devait se substituer celle de la libération romanesque, permettant à la souffrance combattante de se voir mâtinée d'un humour et d'une ironie jusqu'alors tenus à l'écart du témoignage. À des *Croix de bois* largement perçues dans les années 1920 comme le parangon des témoignages tragiques[4] et épiques sur 14 pourrait aussi succéder un recueil de nouvelles anecdotiques, légères et frappées au coin de l'humour.

La précocité, la logique apparente et la légitimité sociohistorique de cette appréhension du corpus en diachronie ont tout pour séduire le lecteur contemporain. Et il y a fort à parier que cette image des premiers écrits de guerre construite par les années 1930 aura contribué au peu de cas que fit la critique postérieure de l'humour qu'ils recelaient. Car si Régis a raison de souligner l'émergence romanesque récente d'une ironie vengeresse – et puissamment antimilitariste –, si Bofa signale à juste titre la libération subjective que connaît alors un roman débarrassé de sa trame rigoureusement guerrière, il paraît difficile de soutenir que le « sourire » ne fut pas l'apanage d'un grand nombre de récits publiés dès les premières années du conflit, à l'heure où la « culture de guerre[5] » s'était saisie du rire comme

---

comme si tout le monde avait fait la guerre. Débarrassé du souci de *révéler* quelque chose, le livre de guerre peut prendre aujourd'hui une forme très subjective, une signification plus individuelle. » Gus Bofa, « Les livres à lire… et les autres », *Le Crapouillot*, juin 1933, p. 10.

3   « Le plus dangereux pour l'avenir et pour la véracité des souvenirs c'est que ces images [catastrophiques] se confondent avec d'autres plus aimables qui sont le fait de la jeunesse. La plupart des hommes de ma génération firent la guerre entre vingt-cinq et trente ans. Ce détail, joint aux regrets traditionnels de l'homme mûr pour certaines anecdotes de sa jeunesse, mêle à des tueries dépourvues de signification un charme pervers et tenace […]. » Pierre Mac Orlan, « Guerre », *Le Crapouillot*, août 1928.

4   *L'Intransigeant* du 18 avril 1919 y voit, parmi tant d'autres, « un terrible livre, véridique, d'une sincérité éclatante, d'une âpreté parfois saisissante », qui montre « les plus épouvantables réalités de la guerre, ses misères les plus affreuses. »

5   Voir sur la notion Stéphane Audoin-Rouzeau et Annette Becker, *14-18, retrouver la guerre*, Paris, Gallimard, 2000, p. 145 *sqq.*

d'un outil primordial de représentation politique du conflit[6]. À observer le corpus de plus près, il apparaît même que certains parcours, bien loin de témoigner d'une libération progressive de l'humour, évoluèrent plutôt d'une appréhension du conflit très marquée par les codes humoristiques de la Belle Époque à un regard bien plus sombre, que justifiaient à la fois la perspective d'un nouvel embrasement européen et l'évolution d'horizons d'attente désormais plus pacifistes et saturés d'humour de guerre. Le cas de Roland Dorgelès paraît à cet égard exemplaire : à travers la contextualisation de ses récits et nouvelles de guerre, nous voudrions proposer quelques pistes pour mieux comprendre la place et les fonctions qu'y assume son humour. Car son rire si caractéristique, premier outil de médiatisation de son expérience guerrière, fut aussi l'une des clés du succès d'édition extraordinaire que connut *Les Croix de bois*, en contribuant, par exemple, à entretenir la grande ambiguïté de son discours politique.

MONTMARTRE À LA GUERRE : MÉDIATISER LES PREMIÈRES EXPÉRIENCES COMBATTANTES

Pour expliquer la place de l'humour dans les récits de guerre de Dorgelès, il convient de se replonger un instant, avec Francis Carco, dans le Montmartre d'avant-guerre. Les sociabilités humoristiques parisiennes, structurées par la fréquentation de quelques cabarets emblématiques et de la petite presse comique[7], y réunissent alors plusieurs futurs soldats, dessinateurs et romanciers de guerre autour d'un « Dorgelès aux cheveux longs », vivant « courageusement » de « besognes ingrates » et « d'articles dans les journaux[8] ». La petite presse humoristique, qui les rémunère, leur impose également ses codes esthétiques, qui seront pour beaucoup de ces dessinateurs et écrivains les premiers outils accessibles pour médiatiser, mettre en mots l'extraordinaire expérience traumatique qu'ils s'apprêtaient

---

6   Sur l'absence de réticences éthiques du champ littéraire face au rire romanesque de la Grande Guerre, voir notre article « En rire, malgré tout ? Éthique(s) d'un rire littéraire de la Grande Guerre », dans Anne-Sophie Donnarieix, Jochen Mecke et Pierre Schoentjes (dir.), *Esthétiques de la guerre, éthiques de la paix*, Paris, Classiques Garnier, à paraître.

7   Voir Alain Vaillant, *La Civilisation du rire*, Paris, CNRS éditions, 2016, p. 222 *sqq*.

8   Francis Carco, « Les Lettres », *Le Crapouillot*, 1er janvier 1920.

à vivre en première ligne comme simples soldats. Car ces journaux, au
même titre qu'une riche production romanesque et théâtrale, ont légitimé
depuis plusieurs décennies le recours à des outils humoristiques pour
dire la chose militaire. Plus encore que les récits antimilitaristes d'un
Descaves, la chanson troupière (Bach, Dranem, Ouvrard), le dessin de
presse (*Le Sapeur Camember*) et surtout les écrits de Courteline[9] auront
largement conditionné l'appréhension de la caserne[10] par cette génération
de jeunes auteurs, appelée à en reproduire dès avant-guerre les traits
esthétiques les plus marqués : brièveté, onomastique plaisante, goût du
dialogue conflictuel, péripéties conventionnelles (transgression des règles
suivie d'une punition, etc.), mise en scène d'une hiérarchie autoritaire et
bornée face à des conscrits candides ou des loustics matois, etc. L'image
de l'armée que renvoient les premiers textes médiatiques de Dorgelès
s'inscrit parfaitement dans cette tendance. Car malgré son activité dans
quelques grands titres de la Belle Époque, le jeune journaliste officie
alors dans *Le Rire, Fantasio*, ou *Le Sourire*, repris en main par son ami
Gus Bofa[11] en 1912. La présence dans ces journaux d'une thématique
militaire qu'appelle l'actualité permet aux humoristes d'y réinvestir une
veine courtelinienne en grande partie débarrassée de cette amertume que
le maître pouvait manifester vis-à-vis de l'armée. Pensons au numéro du
5 septembre 1912, « En avant, la réserve », où se déploient déjà nombre
de *topoï* qui structureront l'image d'Épinal du poilu : passion pour le vin,
débrouillardise, habileté pour tirer au flanc, grivoiserie, dégoût pour la
nourriture militaire et usage d'une langue populaire. Préfigurant notoi-
rement son personnage de Sulphart/Lousteau, fameux loustic parisien
« rouquin », Dorgelès y raconte par exemple comment un commandant,
désireux d'impressionner des dames par la magie de son télégraphe de
campagne, se trouve pris au dépourvu par le message qu'est alors en
train d'envoyer l'un de ses hommes de troupe :

---

9   Outre ses papiers personnels, divers textes publics témoignent de la vive admiration
     que lui vouait Dorgelès. Voir Roland Dorgelès, « Le jardin de Courteline », *Quand j'étais
     Montmartrois*, Paris, Albin Michel, 1938, ou « La canne de Courteline », mai 1946. Fonds
     Roland Dorgelès, Bibliothèques de la Métropole d'Amiens, cote Ms 2341³ D.
10   La défaite de 1870 avait occasionné le retour du service militaire. Voir l'excellent article
     d'Odile Roynette, « Le comique troupier au XIXᵉ siècle : une culture du rire », *Romantisme*,
     vol. 161, n° 3, 2013, p. 45-59.
11   Ce dernier crée la même année un magazine intitulé « La Petite semaine », inséré dans les
     pages du journal et où Dorgelès tiendra, sous son autre pseudonyme de Roland Catenoy,
     une place de choix.

Un crayon et un papier à la main, le commandant explique à ces dames du
château la beauté du procédé et pour la clarté de ses explications, note lettre
par lettre, le message que transmet en ce moment, le dos tourné à la route,
un Parigot rouquin, qui a l'air de mordre admirablement à cette télégraphie
sans fil. Le sergent suit anxieusement le sens de ces mouvements trop bien
exécutés, et les dames du château aussi, malheureusement, qui les déchiffrent
au fur et à mesure, par-dessus l'épaule du commandant : « o..n... b.o.i. r.
a.i. t b.i.e. n u.n. c. o.u. p., annonce le rouquin à son lointain camarade, l.e.
s. b.e. l. l.e. s p.o. u. l.e. s. s.o. n.t. p.o. u.r l.e. c. o.m. m.a. n.d. a. n.t. m. a.i.
s. c'e. s. t. p.a.s. l. u.i. q.u. i. l.e. s[12]... »

Ces codes humoristiques seront loin de disparaître lors de la mobilisation, qui suscite dans la presse de vastes campagnes humoristiques de
dénigrement de l'ennemi et de mise en valeur du poilu français. Dans le
cadre même des écrits de l'intime, l'humour s'offre alors à certains écrivains comme un moyen pragmatique de rassurer leurs correspondants,
un outil rassurant pour dépeindre leur expérience en s'appropriant les
codes de la « culture de guerre » et un subterfuge pour préserver au
front une identité d'humoriste largement mise à mal par le cours des
événements. La correspondance de Dorgelès avait logiquement illustré
la médiatisation précoce de sa plongée dans l'univers militaire par les
outils hérités de ses lectures et de ses pratiques journalistiques :

> Tu sais, je n'ai pas du tout, oh mais pas du tout, l'impression d'être soldat.
> Je crois assister, spectateur privilégié à la représentation unique d'une pièce
> inédite de Courteline. Par la fenêtre ouverte m'arrivent avec des appels de
> clairon, tous les bruits de la caserne : les copains qui sifflent, le sergent qui
> grogne, les hommes qui s'interpellent. Je regarde, je m'étonne, je m'amuse.
> [...] Ah ! on ne pense pas beaucoup à la guerre ici[13].

Mais de façon plus frappante, l'écrivain cherchera, une fois au front,
à maintenir tout ce qui faisait de lui un humoriste à la mode : sa correspondance avec des collègues (il songe à racheter *Le Sourire*), son identité
visuelle et spirituelle de bohème montmartrois que mettait en péril un
uniforme bleu horizon annonciateur de terribles souffrances[14], mais aussi

---

12 Roland Catenoy, « Manœuvres de réserve », *Le Sourire*, 5 septembre 1912.
13 Roland Dorgelès, *Je t'écris de la tranchée : correspondance de guerre, 1914-1917*, Paris, A. Michel,
    2003, p. 75. Lettre du 31 août 1914.
14 *Ibid.*, p. 297. Lettre du 19 juin 1915. « Mais le plus comique et ce qui surprend les quelques
    amis que j'ai ici, [...] c'est que je reste exactement le même sous la capote qu'en civil :

et surtout ses usages de lecture, à travers cette presse de divertissement (*Lectures pour tous, Fantasio, Le Rire*) que sa compagne Mado était chargée de lui envoyer régulièrement :

> Chaque nuit, leur artillerie nous bombarde. Et bien installés dans notre poste de mitrailleuses, dans la 1ʳᵉ tranchée, nous faisons du cacao en faisant des paris : ça va tomber ici, ça va tomber là... Oh! nous ne nous frappons pas. Reçu le *Rire*, merci. N'oublie pas de me l'envoyer chaque semaine[15].

L'importance du rire dans ses écrits épistolaires s'explique aussi par la nature adressée du support, qui justifiait que fussent masqués par le recours à l'humour bon nombre des épisodes de souffrance endurés au front. La mention récurrente du rire de ses camarades dans les lettres à sa mère, à laquelle il a longuement caché sa présence en première ligne, est à interpréter de cette manière : « Ici, nous nous amusons, nous nous portons bien » ; « Il fait un temps délicieux. [...] On s'amuse à la guerre[16] ». De la même façon, ses recours à l'humour visent à la divertir, à travers des saynètes de la vie au front ou des traits d'esprit inspirés par une expérience dont il n'entend représenter que les charmes anecdotiques. Logiquement, un procédé de diminution comme l'euphémisme trouve volontiers sa place dans cette esthétique de l'esquive et du travestissement comique, qui parvient à réduire les soldats ennemis à de simples malappris, et leurs bombardements à une inconfortable nuisance sonore :

> Les Allemands sont d'un sans-gêne abominable. Sous le curieux prétexte que la fête de l'empereur approche ils font chaque nuit un bruit du diable, déracinant les betteraves avec leurs obus et effraient les perdrix avec leur fusillade. Bref, impossible de dormir en paix[17].

Certaines boutades seront d'ailleurs réexploitées dans *Les Croix de bois*, à l'instar de l'image du narrateur observant en riant des obus (et en l'occurrence les leurs propres) tomber sur la tranchée des Allemands en occasionnant force dégâts[18].

---

enthousiaste et sceptique, lyrique et narquois, parisien jusqu'au bout des ongles, que je porte toujours longs même aux plus mauvais jours. »

15 *Ibid.*, p. 120.
16 *Ibid.*, p. 184 et 192. Lettres du 21 et du 30 janvier 1915.
17 *Ibid.*, p. 188. Lettre du 25 janvier 1915.
18 *Ibid.*, p. 175. Lettre du 9 janvier 1915 : « Ainsi, hier, en nous bombardant, les Allemands ont tiré un coup trop court, et l'obus est tombé devant leur tranchée. Gare aux têtes !! »

VERS UN ROMAN HUMORISTIQUE ?

L'esprit montmartrois et les codes de la littérature de caserne influenceront d'ailleurs largement la production romanesque guerrière de Dorgelès, en tirant vers l'humour la trame globalement réaliste de ses récits. S'il ne s'agit évidemment pas là de romans humoristiques, nombre de leurs procédés méritent d'être relevés pour mieux mesurer ce que ces textes doivent au parcours antérieur de leur auteur[19]. Signalons par exemple leur onomastique plaisante, qui voit évoluer aux côtés de Lousteau (loustic), l'adipeux Bouffioux, le roublard Vieublé, ou, parmi les personnages connotés négativement, Fouillard, le mauvais camarade, et Morache, lieutenant honni dont le nom pourrait correspondre à une contraction de « mort aux vaches » ou à un mot-valise formé sur « vache » et « moraille » (tenaille). Avec le capitaine Tarasse, le colonel Roufignac et le lieutenant Ricordeau, celui-ci appartient d'ailleurs à la vaste galerie des supérieurs bornés et prompts à punir qui peuplent traditionnellement la littérature de caserne. Autre trait caractéristique qu'emprunte Dorgelès : la structure diégétique qui voit un soldat transgresser les règles militaires pour amuser le public en s'exposant à des sanctions. Les exemples sont nombreux, de Sulphart visitant la villa du notaire précisément parce qu'on le lui a interdit, à Lousteau offrant la matière diégétique à toute une nouvelle du *Cabaret* par son refus catégorique de laisser couper sa tignasse rousse. Le loustic disparaît, accepte toutes les corvées pour échapper aux yeux du capitaine, se fait porter pâle, et finit par se raser la tête « comme on se fait la barbe » pour dénoncer les mauvais traitements qu'il subit. Peu amusé par ce « crâne indécent », « frais et rose comme un derrière d'enfant », le général, de passage, se fera livrer le récit « remanié » des déboires du rouquin avant de faire en sorte qu'il retrouve un visage présentable :

> – Il est de chez vous cet homme-là, capitaine ? Je regrette, je regrette beaucoup… Ce n'est pas un homme, c'est un guignol. Arrangez-vous comme vous l'entendrez, mais si je reviens ces jours-ci, je veux que cet homme-là ait des cheveux comme tout le monde. Lousteau en resta éberlué, se demandant comment on allait s'y prendre pour faire repousser ses cheveux en si

---

19   Cette question appelant sans doute une étude à part, nous ne visons pas ici à l'exhaustivité.

peu de temps. Le capitaine trouva pour lui : il décida que le soldat Lousteau (Eugène) ne sortirait pas de prison tant que ses cheveux n'auraient pas repris une longueur convenable[20].

Ces petits épisodes comiques, ces « bribes de comédie[21] » participent d'ailleurs d'une poétique globale de l'interférence humoristique probablement héritée à la fois de la brièveté des fictions médiatiques (contes, livraisons de romans-feuilletons) et de la place des épisodes comiques dans le matériau testimonial des lettres et carnets de guerre : au-delà des nouvelles du *Cabaret*, *Les Croix de bois* voit succéder aux chapitres et épisodes comiques les scènes les plus noires de l'horreur du front – et réciproquement –, dans une alternance contrastive permettant de divertir puis bouleverser un public qui n'aspirait pas uniquement à se documenter – comme l'avait déjà montré le succès de *Gaspard*. Pensons à l'épisode où Sulphart bombarde fièrement une tranchée ennemie d'objets saugrenus avec un vieux mortier de 1848, en se faisant insulter par un soldat devenu général dans les versions ultérieures de son récit : la scène sera suivie du terrible chapitre intitulé « Le Mont Calvaire », où les soldats protègent, inutilement et dans une angoisse incoercible, la position menacée par une sape allemande qui décimera leurs successeurs. L'alternance du rire et des larmes, trait poétique majeur de Dorgelès, permet l'identification du lecteur à la souffrance des soldats, mais aussi l'instauration d'une tension diégétique remplaçant ces intrigues qu'excluait la fidélité au cours de la guerre. L'humour assume ainsi une fonction structurante qui légitime l'éclatement du récit de guerre en épisodes assez indépendants : Dorgelès pourra publier dans la presse, après 1919, des récits courts mettant en scène Sulphart[22] ou faire paraître en 1928 trois chapitres inédits des *Croix de bois*. L'épisode où plusieurs soldats poussent l'exécrable cuisinier Bouffioux à intégrer les éléments les plus divers à la soupe qu'il est en train de confectionner (vin, chocolat, lard, biscuits…), probablement inspiré de la nouvelle de Courteline intitulée « La soupe », était d'ailleurs déjà apparu sous une

---

20 Roland Dorgelès, *Le Cabaret de la Belle Femme*, Paris, Albin Michel, 1928, p. 58-59.

21 « Certains romans […] et parmi eux, quelques œuvres célèbres, exploitent des éléments de comédie. […] Souvent négligée, la dimension humoristique est ainsi bien présente dans *Les croix de bois* de Roland Dorgelès. » Pierre Schoentjes, *Fictions de la Grande Guerre*, Paris, Classiques Garnier, 2009, p. 71.

22 Voir par exemple *L'Almanach du combattant* de l'année 1924.

forme davantage testimoniale dans un court texte de presse sur le cuisinier de sa compagnie :

> Fainéant comme un loir, le galapiat écoutait d'un air buté tous les conseils qu'on lui donnait et jetait pêle-mêle tous ses vivres dans la marmite en disant philosophiquement : « Tout fait ventre. » Maçon dans le civil, il préparait le rata comme on gâche du plâtre : à la truelle. Son succès c'était le riz à l'eau : une affiche n'en aurait pas voulu[23].

Cette capacité à alléger le cours de la diégèse à une échelle d'ensemble se double d'ailleurs d'un goût pour la blague et le trait d'esprit qui permet d'interrompre dans sa microstructure la narration de l'horreur. Pensons par exemple au réflexe de camelot qui s'empare de Sulphart alors que les soldats « patauge[nt] dans la Mort » en investissant une tranchée ennemie brune de boue et rouge de sang : « Vise la belle paire de pompes ! beugla Sulphart, agitant deux bottes jaunes[24]. » Le surgissement du discours direct, l'ironique verbe familier du narrateur, ainsi que le contraste de couleurs viennent souligner la capacité du loustic à instiller le rire partout, fût-ce au cœur d'une horreur que la fiction ne masque pas pour autant. Cette technique romanesque déployée par l'auteur sera d'ailleurs rapidement perçue comme l'une des causes de son succès public :

> Les héros de Dorgelès, à quelque milieu qu'ils appartiennent, relèvent toutes leurs actions d'une pointe de bonne humeur ; dans les pires moments, la blague, je ne sais quelle gouaillerie, fait l'effet d'un arc-en-ciel en plein orage ; c'est ce qui rend l'écrivain si près du public, si près du peuple[25].

Enfin, signalons que Dorgelès aura également gardé de Montmartre son goût du canular, de la référence potache, qui surgit dès l'hommage rendu à l'*Ubu Roi* de Jarry dans *La Machine à finir la guerre*[26]. De la même manière, *Le Cabaret* rendra un hommage rieur et appuyé à une autre figure parisienne de l'avant-guerre, Louis de Gonzague-Frick[27], croqué

---

23 Roland Dorgelès, « Le Bien Manger », *La Baïonnette*, 13 février 1919, p. 99.
24 Roland Dorgelès, *Les Croix de bois, op. cit.*, p. 178.
25 Jean Vignaud, « Les Lettres. Le goût du risque », *Le Petit Parisien*, 12 avril 1932.
26 Régis Gignoux et Roland Dorgelès, *La Machine à finir la guerre*, Paris, Albin Michel, 1917, p. 25. Notons que la première partie du récit aurait plutôt été rédigée par Gignoux.
27 L'auteur revendique cette clé dans un essai tardif. Roland Dorgelès, *Lettre ouverte à un milliardaire*, Paris, Albin Michel, 1967, p. 138.

sous les traits du poète « Jean de Crécy-Gonzalve[28] » dans son incapacité à s'adapter aux mœurs du front. Malgré la tonalité héroï-comique, les pastiches poétiques et la satire permanente de la maladresse du protagoniste, la tentation montmartroise se verra rattrapée par le cours de la guerre, puisque finalement promu flûtiste de son régiment, le malheureux n'en sera pas moins « tué d'une balle de shrapnel en pleine poitrine, comme il lisait André Chénier, adossé à une meule. Et lui qui disait, prophétique, "ma place n'est pas là", en trouva une qu'il eût aimée, toute bordée de muguet vert, avec un églantier pour masquer sa croix nue[29]. »

HUMOUR ET ÉTHIQUE TESTIMONIALE

Cette thématique des croix, qui vient également rythmer le principal récit de l'auteur, agit en effet comme un refrain rappelant la prédilection que le lecteur se doit d'accorder aux larmes sur le rire. Bien loin de n'être inspiré que de cadres préexistants, l'humour de guerre dorgelésien se voit d'ailleurs alimenté par des traits propres à la guerre, impliquant une éthique romanesque sans grand rapport avec celle des récits de caserne. « Je hais la guerre, mais j'aime ceux qui l'ont faite[30] », écrit l'auteur en 1927 dans une sentence qui subsume toute l'éthique de ses *Croix de bois* : le rire auctorial du récit, en évitant de renvoyer du conflit une image trop plaisante, aura pour ambition de *témoigner,* tout en s'offrant comme un permanent hommage aux camarades rencontrés sur le front. D'où le goût du narrateur des *Croix de bois*, suivant Barbusse, pour des insultes au caractère humoristique dont la double vocation documentaire et pittoresque répondait aux attentes du public de l'époque : « betterave », « péquenot », « gonzesse », « gras du ventre », « face à piler le riz », etc. D'où, aussi, la place centrale que tiennent quelques personnages dans la construction de cet humour de guerre, sans cesse réaffirmé dans les paratextes comme une donnée historique de la vie au front, comme un

---

28 Roland Dorgelès, « Le Poète sous le pot de fleurs », *Le Cabaret de la Belle Femme, op. cit.*, p. 192 *sqq.*
29 *Ibid.*, p. 212.
30 *Ce que j'ai appris à la guerre*, Paris, Éditions Montaigne, 1927, p. 89.

moyen vital de lutter contre ce « cafard » qu'il n'était pas imaginable de bannir de l'espace romanesque. La réalité recréée de l'auteur[31], qui revendique la place du rire en guerre dans le célèbre *explicit* du roman, donne ainsi une importance centrale à des personnages comiques dont la représentation relevait selon lui de la pure probité testimoniale : « C'est de mille traits observés que j'ai composé chacun de mes héros. Sulphart ? J'en ai fréquenté dix, et chaque ancien combattant pourrait citer les siens[32]. » Notons que la critique de 1919, bien loin de s'offusquer de voir rire les poilus de Dorgelès ou de se trouver invitée à rire avec eux, avait salué la place du rire dans *Les Croix de bois* comme la marque d'une authenticité testimoniale hors du commun :

> Ce qui caractérise originalement cette œuvre, c'est sa sincérité TOTALE. Par TOTALE, j'entends qu'elle donne une impression vraie de la guerre subie par les combattants, avec ses instants d'atroce souffrance et ses minutes de réaction joyeuse. Je ne nie pas la sincérité d'autres livres parus. *Le Feu* est vrai, par exemple. Mais l'est-il TOTALEMENT ? Je ne le pense pas. Dans le livre de Barbusse, qui demeure, d'ailleurs, une très belle, une très courageuse œuvre que j'admire, le combattant, à mon avis, s'y trouve trop particulièrement observé aux heures où il est en proie à l'agonie des tranchées. *Les Croix de bois* nous offrent une vue d'ensemble plus complète : [...] les types de poilus [...] campés par Roland Dorgelès, vivent sous nos yeux avec une intensité d'existence telle que nous souffrons, nous pleurons, plaisantons, rions avec eux, oui, nous rions, car dans ce roman réel, le comique se mêle au tragique, comme là-bas, n'est-ce pas ? où après avoir sombré dans la plus lamentable, la plus horrible détresse physique et morale, nous détendions insouciamment nos nerfs en des accès d'hilarité puérile[33].

On comprend mieux, par ce biais, l'importance des dialogues dans la charge humoristique du texte, qui convoque blagues, traits d'esprit, mauvaise foi et mensonges poussés jusqu'à l'absurde, mais aussi et

---

31 « Si j'avais rapporté tous les faits, effrayants ou comiques, dont je fus témoin, plus d'un lecteur non combattant aurait pensé que j'exagérais. La réalité, en effet, ne se soucie pas d'être vraisemblable. » Roland Dorgelès, *Souvenirs sur les Croix de bois, op. cit.*, p. 29. Voir aussi ce précieux article relevant les contradictions de Dorgelès – face à Cru – quant à cette question : Pierre Schoentjes, « Les véritables écrivains de guerre ont-ils "rarement dépeint ce qu'ils avaient vu" ? » dans Pierre Schoentjes, *La Grande Guerre, un siècle de fictions romanesques*, Genève, Droz, 2008, p. 17-44.

32 Roland Dorgelès, *Souvenirs sur les Croix de bois*, Paris, À la Cité des Livres, 1929, p. 29 ; l'auteur explique plus loin que Sulphart et Lousteau sont un seul et même personnage, comme l'ont repéré certains lecteurs perspicaces (p. 53).

33 André Charpentier, « Les livres à lire... Et les autres », *Le Crapouillot*, 1ᵉʳ juin 1919.

surtout des historiettes comiques, ou encore cette gouaille, ce goût pour la forfanterie dont le principal vecteur sera naturellement son Lousteau/Sulphart. Cette figure type du poilu parisien hâbleur dont rien ne limite les exagérations, la mauvaise foi et les très corporelles appétences constitue le deuxième protagoniste d'un roman dont la double tête marque l'hésitation entre un modèle épique – incarné par Demachy, dont la mort tragique bercée de larmes ne suffit pas à signifier l'inanité[34] – et une manière de modèle comique dont le représentant survivra au conflit en promouvant dans toute sa nouveauté une éthique individualiste bien éloignée du patriotisme ambiant (« J'trouve que c'est une victoire parce que j'en suis sorti vivant[35]... »), éthique dont les principes se verront réaffirmés dans des textes non fictionnels plus tardifs[36]. Racontant ses veillées de cantonnement où, par ses récits, Dorgelès voit peu à peu les grandes lignes de son livre se dessiner, il prête d'ailleurs à son image biographique la double paternité héroïque et comique de son récit de tranchée :

> Ce n'était, à mes yeux comme aux leurs, qu'une façon de se distraire ; néanmoins, sans m'en douter, je commençais mon livre. Elles devaient plus tard revenir sous ma plume, ces inoubliables soirées où l'on se chamaillait en attendant de prendre la veille. Ces boutades qui soulevaient leurs rires, je les prêterais à Sulphart ; ces réflexions amères, elles seraient pour Demachy[37].

Troisième figure inspirée du parcours de l'écrivain combattant, celle du narrateur permet d'instiller par le biais d'une ironie bienveillante envers ses personnages[38] une autre forme d'humour courante dans les récits de la Grande Guerre : celle que véhicule le regard amusé d'un bourgeois lettré au contact du peuple, de sa naïveté, ses bassesses et ses

---

34 Pensons à l'exploit qu'il accomplit avec le fanion ou à son aspiration à embrasser le parcours épique et glorieux des aviateurs.
35 Roland Dorgelès, *Les Croix de bois*, *op. cit.*, p. 281.
36 *Ce que j'ai appris à la guerre*, *op. cit.*, p. 90 : « Sulphart, rends ta capote au magasin : tu laisses, avec ton uniforme bleu, tes menaces et tes promesses, tes colères et tes vœux. Va, c'est tout de même une victoire, puisque tu es rentré vivant... »
37 Roland Dorgelès, *Souvenirs sur les Croix de bois*, *op. cit.*, p. 24.
38 Celle-ci connaît évidemment des exceptions (Fouillard, le couard Bouffioux : l'humour de Dorgelès, très normatif, définit ce que sont les bons comportements en guerre) et des variations dans le temps : en 1928, Dorgelès remanie complètement une nouvelle du *Cabaret de la Belle Femme* (« Une nuit sous bois ») pour montrer certains camarades comme des ingrats et des importuns empêchant le poète de rêver.

petits travers. La technique constitue, chez Dorgelès, un moyen capital de dire l'affection humaniste qui l'unissait à ses sources d'inspiration. Cette ironie repose aussi bien sur de simples tournures antiphrastiques – comme le « Telles sont les paroles d'un juste » qui conclut les divagations de Sulphart sur les « cuistots » – que sur des commentaires railleurs – envers, par exemple, le rêve soldatesque de régler les comptes après-guerre[39] – ou des analogies hyperboliques raillant l'attachement féroce pour sa nourriture de l'homme de troupe : « Ceux qui étaient déjà servis serraient leur part sur le cœur, comme les mères de Bethléem devaient tenir leurs enfants la nuit du Massacre[40]. » Plus symptomatique encore – et très flaubertien –, le jeu sur les différents types de discours lui permettra bien souvent de faire rire aux dépens de ses personnages, au premier rang desquels Sulphart, comme dans ce passage où la locution adverbiale, le discours narrativisé et l'aspect itératif de l'imparfait permettent de figer dans leur redondance ces conversations de soldats maintes fois répétées, où les mêmes constats mènent toujours aux mêmes réactions : « Ils fraternisaient sur les noms de rues et de bistrots et, pour la centième fois, ils s'étonnaient de ne pas s'être connus dans le civil[41]. »

Mais l'éthique humoristique de Dorgelès, en promouvant ces rires épisodiques structurants et cet *éthos* narratorial, joue aussi *contre* une certaine forme de romanesque : celui des romans populaires patriotiques qui foisonnaient durant la guerre et surimposaient au cours du conflit des intrigues extérieures nuisant à leurs qualités testimoniales. Un schéma redondant du récit dorgelésien consiste à jouer avec les horizons d'attente du lecteur de fiction en suscitant sa déception punitive dans un éclat de rire. « L'ennemi des vieux », chapitre additionnel des *Croix de bois* qui met en scène l'acrimonie de Sulphart à l'endroit de ses aînés territoriaux, opère ainsi une montée en puissance diégétique lorsque le rouspéteur croit avoir découvert une espionne faisant des signaux à l'ennemi depuis une ferme. Dans un « grondement d'émeute », à la tête de l'escouade surexcitée, il se dirige furieux chez le colonel, avant de prendre la fuite « sans demander d'explication » devant l'accueil qui lui est réservé : la femme que le groupe portait inconsciente sur les

---

39   « C'est bien toujours la même chanson : cela se réglera après la guerre. De fixer leurs revanches à cette date incertaine, cela les venge déjà plus qu'à moitié. » Roland Dorgelès, *Les Croix de bois, op. cit.*, p. 79 et 98.

40   *Ibid.*, p. 26.

41   *Ibid.*, p. 29. Voir aussi les pages 13 et 102 ou la page 241 pour du discours indirect libre.

épaules n'était autre que celle du major des territoriaux, venue rendre une discrète visite à son mari. L'intrigue s'affaisse devant ce *quiproquo* vaudevillesque aboutissant à la déconfiture du héros, mais le schéma narratif n'est pas anodin : l'épisode est à lire comme le refus des intrigues traditionnelles de ces romans patriotiques impliquant, au mépris de toute vraisemblance, une topique de l'espion dont l'humour était le mieux à même de montrer l'artificialité. D'autant que ce rire, dirigé contre tout romanesque superfétatoire, est aussi celui d'un moraliste conservateur qui, dans le chapitre du « Bouquet blanc » et la nouvelle « Le Cabaret de la Belle Femme », fera naître de même l'espoir narratif de voir les soldats satisfaire leurs désirs charnels suite à une rumeur appétissante, avant de les mener jusqu'à une maison où l'on veille un enfant mort ou un cabaret dont seules subsistent quelques pierres. Les récits dressent en creux une image idéale, rassurante, de la femme en guerre, drapée dans une vertu que la production érotique de l'époque (littérature, cartes postales, chansons), dynamisée par une veine troupière très en vogue, lui déniait volontiers en entretenant paradoxalement la terrible crainte de l'adultère qui minait le front. La suite de la nouvelle peint d'ailleurs une bouchère à la réputation désastreuse qui repousse en réalité ses prétendants comme Pénélope, et illustre l'idylle platonique du narrateur avec une paysanne avide de poésie :

> La vérité, la triste vérité, c'est qu'il n'y avait pas d'amour, qu'il n'y avait pas de femmes au front, pas plus que de beurre à la cuisine roulante ou que de carpettes dans les gourbis. Parfois, sans doute – oh ! bien rarement – on entrevoyait une femme, une vraie femme, qui emportait dans le vent parfumé de sa jupe tous les désirs d'un bataillon[42].

On le voit, le roman de guerre est aussi, de façon ambiguë, le lieu d'une résistance face au rire, d'une déconstruction de la littérature de divertissement, d'une transformation de l'écrivain en romancier sérieux, réaliste ou épique, capable de dépasser les codes étrennés dans la presse pour se faire le porte-parole de toute une génération de soldats. Mais si Dorgelès joue contre le romanesque et contre le rire, c'est d'abord face aux siens propres qu'il est forcé d'adopter une posture de mise à distance. En témoignent, bien sûr, les longs regrets qu'il formule à la

---

42 Roland Dorgelès, *Le Cabaret de la Belle Femme*, Paris, Albin Michel, 1928, p. 33. Voir aussi Pierre Schoentjes, *Fictions de la Grande Guerre, op. cit.*, p. 165 *sqq.*

fin des *Croix de bois*, et qui sont à lire, à l'instar des « seuils » analysés par Genette, comme un outil pour programmer, non plus l'entrée dans le texte, mais le souvenir qu'il en restera au lecteur : « Et maintenant, arrivé à la dernière étape, il me vient un remords d'avoir osé rire de vos peines, comme si j'avais taillé un pipeau dans le bois de vos croix[43]. » Il y a là tout à la fois l'acte de contrition d'un intellectuel bourgeois désolé d'avoir pu tourner contre les siens, avec quelque hauteur, un rire les mettant à distance, et le rejet de l'intentionnalité comique qui aurait pu présider globalement à l'écriture de ce témoignage. Un rejet où se donne à lire l'attente de réticences de la réception. À travers ces quelques lignes, l'auteur nous indique qu'il y a une mauvaise lecture des *Croix de bois*, celle qui consisterait à ménager le souvenir du « pipeau », à savourer ses aspects distrayants au détriment du sentiment d'horreur que doivent lui inspirer les scènes les plus sombres du roman. Mais au vu de la réception du roman constatée à l'orée des années 1930, ces précautions rhétoriques de l'auteur semblent avoir bien fonctionné. D'autant qu'elles s'étaient accompagnées, au dire de ses proches, d'une véritable métamorphose de la posture éthique et esthétique à travers laquelle l'auteur s'était fait connaître :

> Dorgelès me lut les premiers chapitres en 1916, au fur et à mesure qu'il écrivait. Sa voix rapide, altérée, la plus sensible qui soit, tragique, gouailleuse, jamais comédienne, je l'ai encore dans l'oreille, et je le vois, dans sa vareuse bleue, penché sur son papier écolier [...]. Je sentais sur moi ce regard chaud ; j'assistais à sa mue : l'humoriste montmartrois, le vif reporter d'avant 1914, qu'Alphonse Allais et Mark Twain ravissaient alors plus qu'Homère, devenait sous mes yeux cet écrivain épique tout à coup, qui, le cœur gros, sans s'en faire accroire, se glissait parmi les grands[44].

Nous ne nous attarderons pas sur le réalisme des *Croix de bois*, son recours au pathétique ou son antimilitarisme, déjà bien repérés par la critique. L'ironie ambivalente de son chapitre « Victoire », ses bribes d'humour noir (Demachy choisissant devant lui la couronne de fleurs du narrateur), ses critiques – certes conventionnelles – des embusqués et des profiteurs, ou la dénonciation des fusillés français (« Mourir pour la patrie ») que voulait échopper la censure en témoignent. Mais tout aussi

---

43 Roland Dorgelès, *Les Croix de bois, op. cit.*, p. 284-285.
44 Maurice Martin du Gard, *Les Mémorables*, Paris, Flammarion, tome 1 (1918-1923), 1957, p. 344.

intéressant est le phénomène de glissement vers le sérieux, de détache-
ment vis-à-vis de sa poétique humoristique qu'opéra Dorgelès à partir
de la fin de la guerre et particulièrement des années 1920, en suivant
l'évolution des horizons d'attente du public. Car ce *Cabaret de la Belle
Femme* que Roger Régis commente en 1928 comme une œuvre inédite
est en fait la réédition d'un recueil publié en 1919 et augmenté d'une
nouvelle en 1922, puis de deux autres – et de trois chapitres addition-
nels des *Croix de bois* – à l'aube de la deuxième vague de témoignages
romanesques. Et si cette dernière réédition est souvent abordée à l'instar
de la première comme le lieu d'un « humour » et d'une « fantaisie »
débarrassés de la « veine naturaliste et documentaire » des *Croix*, comme
un texte où la guerre finirait par sembler « amusante comme une revue
montmartroise[45] », elle a en réalité subi de nombreuses opérations de
réécriture de la part de l'auteur, qui vont presque toutes dans le sens
d'une désambiguïsation de son antimilitarisme et du gommage d'une
partie des procédés humoristiques à l'œuvre dans les deux versions
antérieures, similaires[46]. L'image de l'ennemi est par exemple modifiée
pour paraître moins à charge. Sa désignation évolue, dans « Le prisonnier bénévole », du « Prussien » à l'« Allemand » ou, lorsqu'il est hélé
par un soldat français, de « Hé ! Boche » à « Hé ! Fritz[47] », qui véhicule
volontairement un moindre degré de péjoration, puisque le terme, prénom générique, revêt en contexte une dimension plaisante absente du
premier. De la même façon, l'image de l'enfer qu'entrevoit Sulphart dans
« Chez les anges », mêlant profiteurs, gendarmes et couards dans le vaste
Jugement dernier combattant auquel rêvait Dorgelès (voir *Le Réveil des
morts*) fait, en 1928, une place à « un général » remplaçant le « général
boche » (1919) qui ne pouvait endosser à lui seul les fautes partagées
des hauts commandements dans les pertes humaines de la guerre : « Il
y avait de tout, dans leur troupeau : des Français et des Boches, des

---

45 « Consciemment ou non, il a donné dans *Le Cabaret de la Belle Femme* une image de la
    guerre beaucoup moins grave et pathétique, beaucoup plus amusante. » Maurice Rieuneau,
    Guerre et révolution dans le roman français : de 1919 à 1939, Paris, Klincksieck, 1974, p. 46
    sqq. L'auteur, s'appuyant sur la publication de 1919, évoque les chapitres des *Croix* qui
    ne parurent qu'en 1928.

46 Nous ne proposerons ici que quelques éléments de réflexion sur le remaniement d'ensemble
    de l'ouvrage (ajout de récits, nouvelles déplacées, passages réécrits, etc.) qui mérite là
    encore un article à part.

47 Roland Dorgelès, *Le Cabaret de la Belle Femme*, Paris, Albin Michel, 1928, p. 143 et *Ibid.*,
    1922, p. 99.

Anglais et des neutres. Réconciliés dans la détresse, ils allaient coude à coude, livides et suant de peur[48].» Enfin, si l'écrivain ne franchit pas le pas de la fraternisation, affleure dans certaines nouvelles l'expression d'une impossibilité de la violence interpersonnelle, voire une tentation de rapprochement, comme lorsqu'à la rêverie de sa « Nuit sous bois », qui postule un « Allemand aux yeux clairs » rêvant à « quelque Charlotte », il ajoute en 1928 : « Nous sommes si rapprochés que s'il tousse, s'il appelle, je l'entends. Si rapprochés qu'on pourrait se crier bonjour. Mais trop près pour se tuer[49]... » La résorption de la culture de guerre et l'affirmation de l'antimilitarisme du champ sont ici très sensibles. De la même manière, la frontière n'est plus guère considérée que comme un monceau de « sacs » percé « de créneaux », qui interdit de se parler alors même que l'on pourrait se comprendre ; les scènes de combat, dont Rieuneau relevait la rareté, sont plus développées et dénoncées comme terribles[50] ; tandis que l'auteur n'hésite plus à formuler clairement une sévère critique du grand gâchis humain qu'engendrait le moindre gain territorial :

> Combien de victimes coûtera-t-il encore, ce petit bois où, l'an dernier, les filles de Laon venaient aux fraises ; et tous les bois de France, et tous les prés, et tous les champs... N'est-ce pas atroce de penser, devant ce jeune mort étendu, que la guerre terminée, des milliers de sacrifices pareils tomberont dans l'oubli et que rien, jamais rien, ne paiera les héros : pas même un souvenir. Allons ! encore le cafard qui revient[51]...

Parallèlement à l'affermissement de l'antimilitarisme dorgelésien, son rire romanesque, sans disparaître, subit des modifications qui l'éloignent de l'humour médiatique et du rire de caserne qui transpiraient dans ses premiers récits de guerre. Au constat ironique qu'oppose le narrateur aux officiers cyniques en 1919 (« – Dame on ne fait pas d'omelette sans casser d'œufs... C'était nous, les œufs. » [108]) vient s'ajouter en 1928 le constat d'un tarissement du rire soldatesque qui déteindra sur l'esthétique d'ensemble du volume : « Et comme nous tenions à nos coquilles, ces propos ne nous faisaient pas rire » (82). L'argot plaisant,

---

48 Roland Dorgelès, *Le Cabaret de la Belle Femme*, Paris, Albin Michel, 1928, p. 221. La phrase est ajoutée en 1928.

49 *Ibid.*, p. 62-63.

50 *Ibid.*, p. 87.

51 *Ibid.*, p. 74-75.

encore à la mode après-guerre, ne l'est plus en 1928. Certains métaplasmes disparaissent (« c'te moustache-là » devient « cette moustache-là »), de même que plusieurs structures grammaticales non normées comme l'« y » pronom personnel (« Dis-y [lui] voir... » / « Dis-le voir »). Mais surtout, le lexique argotique, dont la vocation ressortissait à l'humour et au pittoresque, se voit gommé par un langage courant bien plus adapté à l'esthétique du temps. Lorsque les Français du « Prisonnier bénévole » rappellent à l'ordre leur captif allemand qui se remet à courir, leur très barbussienne récrimination initiale (« Dis donc, la gourde, c'est-y qu'une gonzesse t'attend que tu mets les bouts de bois à c't'allure-là ? ») devient un simple : « Eh ! dis donc, t'es pressé ? » Les légères marques de grivoiserie héritées de la caserne sont évacuées de la même façon : l'embrassade à des « poules dans la rue » devient un baiser au « colonel dans la cour du quartier », le complaisant « coquin grain de café sur le gras de la cuisse » devient « un grain de beauté », etc. Même les personnages d'officiers fantoches et autoritaires perdent alors de leur pouvoir comique. « Gousse d'ail », ajoutée en 1928 et narrant l'histoire d'un colonel maniaque et quasi fou, se termine sur son départ pathétique du régiment, tandis que « Les Poissons rouges », qui met en scène un général furieux de voir son attaque ne pas aboutir, glisse d'une ironie citationnelle évoquant les fantoches de caserne à la peinture d'un personnage sérieux dont les caprices ne font plus rire personne :

> À chaque coup de téléphone qui lui parvenait, le général gémissait : – Ah ! mon pauvre régiment ! mon pauvre régiment ! Ils ont déjà repris la moitié du bois ?... Ne pourraient-ils pas enlever le reste ? (1919)

> L'entrée de la mine reprise, il fallut s'arrêter... Les Boches solidement retranchés gardaient la première ligne. – Ah ! c'est dommage, c'est bien dommage, disait le général en remontant dans son auto... Avec un peu de bonne volonté, je suis sûr qu'ils auraient pu faire mieux. (1928)

Au fil de son itinéraire d'écrivain, l'humour s'offrit donc à Dorgelès comme un formidable moyen de mettre en mots une expérience combattante que sa radicale nouveauté rendait difficilement accessible aux codes traditionnels de l'écriture de guerre. Mêlant l'exigence testimoniale et un humour instaurant une tension narrative, la valorisation épique du soldat français et la critique du militarisme sans nuance, *Les Croix de bois*, riche d'un double protagoniste placé sous le regard d'un narrateur bourgeois effacé quoique participant à la guerre, parviendrait ainsi à répondre en tous points à ce que pouvait attendre, en 1919, le lectorat français. Son large succès public en témoigne. Mais si l'humour apparut alors comme l'un des traits caractéristiques du roman, la critique, aidée par l'auteur, le perdit peu à peu de vue – tout en s'en étonnant à l'heure des republications – alors que Dorgelès lui-même œuvrait, en vue de sa consécration comme écrivain sérieux, à gommer les traces d'humour et à affirmer un antimilitarisme qu'elles avaient contribué à brouiller. Comme le révèle « Ici repose Cadinot », ajouté en 1928, l'évolution de la sensibilité politique de Dorgelès lui permet désormais de rendre ambivalente par l'humour son attitude vis-à-vis d'une nouvelle doctrine en vogue dans les années 1930 et assumée, en guerre, par le personnage du commandant : le pacifisme. Peu après, sortira le film inspiré des *Croix de bois*, où l'humour se voit réduit à la portion congrue, ainsi que le projet d'un film où Sulphart, désabusé, commenterait l'actualité des années 1930 avant qu'une nouvelle guerre ne surgisse : l'individualisme né des *Croix de bois* ne trouve alors même plus dans le principal outil comique du roman une caisse de résonnance, en cette période de mémoire et de commémoration. Et il faudra attendre le surgissement de la guerre suivante pour que Dorgelès, à la marge, rendosse ses habits d'humoriste pour s'engager dans un combat patriotique qu'avaient éloigné de lui les horizons d'attente de l'entre-deux-guerres.

Nicolas BIANCHI
Université Paul-Valéry
Montpellier III, Rirra21
Fondation des Treilles[52]

---

52   La Fondation des Treilles, créée par Anne Gruner Schlumberger, a notamment pour vocation d'ouvrir et de nourrir le dialogue entre les sciences et les arts afin de faire progresser la création et la recherche contemporaines. Elle accueille également des chercheurs et des écrivains dans le domaine des Treilles (Var) www.les-treilles.com

DORGELÈS ET L'ÉCRITURE DE LA GUERRE

ROLAND DORGELÈS DANS LE JOURNAL
LA BAÏONNETTE (1918-1919)

La production littéraire de Roland Dorgelès masque souvent sa prolifique activité journalistique commencée avant la Première Guerre mondiale. Parmi ses nombreuses collaborations, la plus connue est sans doute celle au *Canard enchaîné* (1917-1920). À la même époque, il livre plusieurs articles à l'hebdomadaire satirique *La Baïonnette* dont certains sont repris sous différentes formes dans des écrits postérieurs. C'est le détail et l'évolution de ces articles ainsi que les traitements de la guerre qu'ils expriment ou annoncent que cette contribution se propose d'étudier.

L'ÉQUIPE DE *LA BAÏONNETTE*

En 1915, alors que la perspective d'un conflit court s'estompe, le dessinateur Henriot (pseudonyme d'Henri Maigrot) fonde le journal *À la Baïonnette* qui a pour objectif de soutenir, par l'humour, l'effort de guerre. Après 24 numéros (du 23 janvier au 3 juillet 1915), la revue prend le titre *La Baïonnette* à l'occasion d'un changement d'éditeur (désormais L'Édition française illustrée), et l'équipe de rédaction est renouvelée. Les thèmes restent les mêmes : caricatures anti-allemandes, soutien au moral des troupes, dénonciation des profiteurs et des embusqués, soutien de l'arrière. Comme beaucoup de périodiques satiriques, *La Baïonnette* participe, à sa manière, à la culture de guerre[1]. Le numéro 250 daté du 22 avril 1920 annonce une suspension de la publication. Elle ne renaîtra jamais. *Gallica*, la bibliothèque numérique de la Bibliothèque

---

[1] Voir Stéphane Audoin-Rouzeau et Annette Becker, *14-18. Retrouver la guerre*, Paris, Gallimard, 2000.

Nationale de France permet de consulter les numéros 1 (8 juillet 1915) à 204 (29 mai 1919) de la nouvelle série[2].

En rejoignant l'équipe de *La Baïonnette* Roland Dorgelès retrouve des amis montmartrois d'avant-guerre, caricaturistes ou écrivains, rencontrés dans des cabarets comme le *Lapin agile* et qui, pour beaucoup, ont combattu. Gus Bofa (pseudonyme de Gustave Blanchot) a été blessé aux deux jambes le 7 décembre 1914 au Bois-le-Prêtre et Pierre Mac Orlan[3] (Picard comme Dorgelès) le 14 septembre 1916 lors de la Bataille de la Somme. Dans sa biographie *Roland Dorgelès. Combattant, Journaliste, Écrivain*[4], Claude-Catherine Ragache évoque à deux reprises la collaboration de l'auteur des *Croix de bois* au journal humoristique : « Dorgelès n'attendit [...] pas le retour de la paix pour écrire à nouveau dans la presse. Au printemps 1916, alors qu'il était élève-pilote à Ambérieu, il envoya quelques papiers à *L'Intransigeant, La Vie parisienne, La Baïonnette* et *Fantasio*[5] ». Plus tard, en 1918, « il fut un temps le secrétaire littéraire de [la] revue satirique *La Baïonnette* puis de *L'Édition Française Illustrée*[6] ». La chronologie publiée dans le catalogue de l'exposition *Roland Dorgelès : de Montmartre à l'Académie Goncourt* indique quant à elle : « 1919 : Secrétaire littéraire de *La Baïonnette* (du 1er janvier au 31 octobre)[7] ».

La consultation de l'ensemble des numéros numérisés n'a pas permis de repérer un seul texte signé par Roland Dorgelès[8] entre 1915 et la fin

2   Collection *La Baïonnette* sur le site Gallica, disponible à l'adresse : https://gallica.bnf.fr/ ark:/12148/cb327095759/date [consulté le 3 juin 2019].

3   Roland Dorgelès indique qu'il souhaitait être affecté au 269e régiment lors de son engagement en 1914 afin de rejoindre Pierre Mac Orlan et André Warnod. Voir « En marge des "Croix de bois" », recueilli dans *Bleu horizon : pages de la Grande Guerre*, Paris, Albin Michel, 1949, p. 10.

4   Claude-Catherine Ragache, *Roland Dorgelès. Combattant, Journaliste, Écrivain*, Paris, n° 29, Éditions Economica, collection « Guerres et Guerriers », 2015.

5   *Ibid.*, p. 84.

6   *Ibid.*, p. 106.

7   Françoise Py, Nicole Villa, Marie-Hélène Millot, *Roland Dorgelès : de Montmartre à l'Académie Goncourt*, 1978, Bibliothèque nationale, [catalogue de l'exposition à la Bibliothèque de l'Arsenal, Paris, 20 avril-24 juin 1978], préfaces de Georges Le Rider et Armand Lanoux, p. XIII.

8   Nous retenons Roland Dorgelès comme nom de l'auteur, conformément à la décision datant de 1965 relative à son état-civil. Nous utiliserons le mot « pseudonyme » uniquement pour « Monsieur Grinche ». Roland Dorgelès n'a pas publié de textes sous son patronyme de naissance ni sous le pseudonyme de Roland Catenoy dans le périodique qui nous intéresse.

de 1918. Certes, nous pourrions avancer qu'il aurait pu écrire certains textes rédactionnels ou des légendes de dessin. La première hypothèse nous semble devoir être écartée car, pour les textes anonymes, il ne s'agit que d'annonces du numéro suivant sans portée littéraire[9]. Quant à la seconde hypothèse, il convient d'indiquer qu'habituellement les caricaturistes de cette époque signaient leur dessin (parfois avec de simples initiales) et que la légende ne mentionne jamais de nom d'auteur, les dessinateurs restant néanmoins les auteurs de cette légende[10].

Les caricaturistes et dessinateurs collaborant à *La Baïonnette* ont, pour la plupart, contribué à des publications comme *La Vie Parisienne*, *Le Rire*, *Le Sourire*, *Fantasio* et on ne peut repérer de modifications profondes de la structure texte/image. Il semble difficile de ne pas voir dans l'affirmation de Claude-Catherine Ragache une erreur ou une coquille quant au début de la collaboration de Roland Dorgelès à *La Baïonnette* que nous datons de fin 1918 pour ce qui concerne les publications.

Les textes fictionnels publiés dans le périodique – qui prennent toutes les formes : chansons, contes, nouvelles, scènes théâtrales… – sont le plus souvent annoncés en première page et signés jusqu'à la fin de la publication en 1920. Dans *La Baïonnette*, Pierre Mac Orlan puis Roland Dorgelès donnent plusieurs textes et l'on trouve aussi les signatures d'André Warnod (qui apparaît sous les traits d'un médecin dans la nouvelle de Dorgelès « À quel âge faut-il tuer les vieillards, question sociale[11] » publiée en 1919), de Guillaume Apollinaire, d'Abel Hermant, de Francis Carco…

DORGELÈS, D'UN ARTICLE À L'AUTRE

Nous avons examiné l'ensemble des numéros de *La Baïonnette* disponibles sur le site Gallica (203 numéros sur les 250 publiés). La collection

---

9   À l'exception du texte « *La Baïonnette et la censure* », signé par la rédaction, dans *La Baïonnette*, nº 47, 25 mai 1916, p. 330.

10 Pierre Mac Orlan, présenté par Roland Dorgelès à Gus Bofa avant la Première Guerre mondiale, tenta de placer des dessins dans le journal *Le Rire*. Gus Bofa apprécia le texte mais pas le style de dessin de Mac Orlan.

11 Roland Dorgelès, « À quel âge faut-il tuer les vieillards, question sociale », dans *Le Crapouillot de l'an 3000*, 1919.

présente des lacunes pour la première série (n° 1 à 22 du 23 janvier au 1er juillet 1915) et pour la fin de la seconde série (n° 205 à 250 du 5 juin 1919 au 22 avril 1920). La consultation a été complétée avec un site consacré à *La Baïonnette*[12] qui ne propose malheureusement que la reproduction des couvertures et incidemment des extraits purement iconographiques du périodique. Le site a néanmoins permis de localiser un texte supplémentaire[13]. Le nom Roland Dorgelès[14] est présent dans les pages de l'hebdomadaire humoristique à sept reprises, de fin de l'année 1918 jusqu'en mai 1919. Pour trois occurrences il s'agit de mentions de son nom, de ses œuvres ou de l'annonce d'un texte à paraître dans le numéro suivant du périodique ; pour les quatre autres occurrences, de textes rédigés par Roland Dorgelès.

NUMÉRO 171

Publié en 1917 dans *L'Heure*[15], le roman satirique *La Machine à finir la guerre*, écrit en collaboration par Régis Gignoux et Roland Dorgelès, est repris en volume chez Albin Michel avec une couverture illustrée par Abel Faivre. Il est cité dans le numéro 171 de *La Baïonnette* daté du 10 octobre 1918 par Pierre Mac Orlan en conclusion de l'article, illustré par l'auteur, « Les garçons. La musique et les vieux pays » :

> Depuis qu'il m'a été permis de voir un grand « packet » [pour packet-boat, paquebot transportant les soldats américains] à quatre cheminées débarquer des soldats et des soldats projetés sur des glissières aux sons magnifiques du trombone à coulisse et de la grosse caisse, j'ai, pendant des jours et des jours, accompli les actions les plus simples de ma vie sur un rythme entraînant.

---

12 *La Baïonnette*, disponible à l'adresse : http://labaionnette.free.fr [consulté le 12 juin 2019].

13 Voir la bibliographie en annexe de toutes les chroniques repérées dans les collections numérisées.

14 Dans le cadre de cette étude, nous avons écarté les chroniques signées « Monsieur Grinche », pseudonyme choisi par Roland Dorgelès afin de contourner la censure, ce dont il s'expliquera par exemple dans *L'Œuvre* en 1928 : « Qu'ils le sachent aujourd'hui, Monsieur Grinche c'était moi » (Roland Dorgelès, « Un chien, un âne, un censeur et moi », dans *L'Œuvre*, n° 4829, jeudi 20 décembre 1928, p. 1).

15 Régis Gignoux et Roland Dorgelès, *La Machine à finir la guerre*, dans *L'Heure* (feuilleton publié à partir du 27 mars 1917), Paris, Albin Michel, 1917.

Mais c'est durant la nuit que se précise la plus étonnante vision de l'aventure. Aux sons de ce diabolique orchestre, j'ai vu s'élever une machine nouvelle aux proportions de plus en plus gigantesques, génératrice de millions de soldats et qui pouvait bien être la machine à finir la guerre de MM. Régis Gignoux et Roland Dorgelès[16].

Le Congrès américain a reconnu « l'état de guerre entre les États-Unis et l'Allemagne » le 6 avril 1917 – suite à la demande formulée par le président Woodrow Wilson quatre jours auparavant – et les troupes américaines commencent à arriver en Europe le 13 juin 1917. Les premiers engagements américains sur le front ont lieu en novembre 1917. Le 1er janvier 1918 on compte 150.000 soldats américains sur le sol français et 1.894.000 en octobre, mois de publication de l'article de Pierre Mac Orlan. Si le sujet de *La Machine à finir la guerre* n'a guère à voir avec le contenu de l'article de Mac Orlan, le clin d'œil à son ami Dorgelès est appuyé, le corps expéditionnaire américain représentant cette « machine à finir la guerre ». Rappelons que dans le roman il en va tout autrement, un savant ayant inventé, au grand dam des marchands de canons, « un dispositif permettant de faire exploser à distance les munitions[17] ».

Le numéro 176 (14 novembre 1918) annonce le numéro suivant qui doit avoir pour titre « Pour gagner la guerre ». Le texte de fiction sera signé par Roland Dorgelès. Si la parution de *La Baïonnette* est hebdomadaire, le rythme de production est parfois faiblement lié à l'actualité, ce qui explique qu'alors que l'armistice a été signé le 11 novembre, le périodique se projette encore dans une victoire à venir.

La couverture du numéro 177 (21 novembre 1918) n'envisage plus les moyens de gagner la guerre – elle est terminée depuis dix jours – mais exprime le soulagement de voir enfin arriver la fin du conflit après 1562 jours de combat. Gus Bofa représente un soldat allemand déguenillé s'exclamant : « Friede ! » [Paix !]. Le texte de Roland Dorgelès est annoncé sur cette première page. Il a pour titre « Les machines à finir la guerre »

16 Pierre Mac Orlan, « Les garçons. La musique et les vieux pays », *La Baïonnette*, n° 176, 14 novembre 1918, p. 643.

17 « Dorgelès, Roland & Gignoux, Régis » dans Guy Coste & Joseph Altairac, avec la collaboration de Philippe Ethuin et Philippe Mura, *Rétrofictions : encyclopédie de la conjecture romanesque rationnelle francophone, de Rabelais à Barjavel, 1532-1951*, collection Interface, n° 5, éditions Encrage / les Belles lettres, 2018, p. 651.

et est illustré par Maurice Leroy. Tout comme la chronique de Boots « Coups de pointe[18] » qui envisage aussi les moyens de finir la guerre ainsi que de nombreux dessins contenus dans le numéro, « Les machines à finir la guerre » est en décalage avec l'actualité. Seules les pages de couverture ont été modifiées afin de célébrer la victoire. Le dessin de Maurice Leroy sur la dernière page de couverture met à l'honneur le soldat du rang et a pour légende « Celui qui a gagné la guerre ». Ce thème du poilu véritable vainqueur de la guerre (et non la hiérarchie militaire ou l'arrière) sera développé par des nombreux écrivains anciens combattants dont Roland Dorgelès.

Le titre « Les machines à finir la guerre[19] » rappelle évidemment celui du roman satirique, mentionné plus haut, *La Machine à finir la guerre* écrit avec Régis Gignoux. Le texte se développe sur deux pages et est accompagné de quatre illustrations de Maurice Leroy. Roland Dorgelès se livre à un historique humoristique des armes de guerre et des moyens de défense. Dans un premier temps, il mentionne l'invention par « le trisaïeul de David » du lance-pierre (qui lance « gonflé d'orgueil » un « Nous les aurons[20] ! »), immédiatement contrecarrée par celle du bouclier. Dans la course à l'armement, vers des machines sans cesse plus meurtrières, Roland Dorgelès cite, dans l'ordre d'apparition historique, des armes tuant à distance comme la sarbacane, l'arbalète, le miroir incendiaire, l'obusier, le mousquet, le canon de 12 pouces et il insère deux armes de fiction issues du cycle *Ubu* d'Alfred Jarry : la « décerveleuse » et le « sabre à phynances ». Cette course à la mort est critiquée par Dorgelès d'une part car elle est absurde : sans cesse de nouvelles inventions améliorent les capacités mortelles ou annihilent les effets des inventions précédentes ; d'autre part parce que les savants privilégient les inventions martiales à celles, pacifiques, qui pourraient améliorer les conditions de vie des humains.

Appuyée par des moyens techniques sans cesse plus perfectionnés, la guerre éloigne les adversaires les uns des autres : ils ne se livrent plus à des corps à corps mais se combattent à distance. La

---

18 Boots, « Coups de pointe », *La Baïonnette*, n° 177, 21 novembre 1918, p. 746.
19 Roland Dorgelès, « Les machines à finir la guerre », *La Baïonnette*, n° 177, 21 novembre 1918, p. 739 et 742.
20 Écho sans doute à l'ordre du jour du 10 avril 1916 par le général Philippe Pétain au cours de la bataille de Verdun se concluant par ces mots : « Courage, on les aura ! »

mort tombe sur les humains par surprise. Pour appuyer son propos, Roland Dorgelès évoque la légende de la mort d'Eschyle tué par une tortue lancée par un rapace qui aurait pris le crâne du dramaturge pour un caillou servant à briser la carapace du reptile, mort atroce et inattendue...

Enfin, il rejette la responsabilité de la guerre chimique sur la science allemande et propose des inventions farfelues que n'aurait pas reniées Alphonse Allais comme « une plaque tournante qui envoie des crocs-en-jambe par la force centrifuge ».

Une seconde version de ce texte est recueillie en 1949 dans *Bleu horizon. Pages de la Grande Guerre*[21] sous le titre « Machines de guerre » sans mention d'une première publication dans *La Baïonnette*. Le rabat intérieur de la jaquette de l'ouvrage indique que « L'auteur des *Croix de bois* a réuni dans cet important ouvrage toutes ses pages inédites sur la Grande Guerre ». Pour ce qui est du texte recueilli dans le chapitre « Feuilles retrouvées », le caractère « inédit » peut être sujet à discussion. Il semble raisonnable de supposer que « Les machines à finir la guerre » / « Machines de guerre » a pu dans un premier temps être rédigé dans ses carnets, comme nous invite à le penser l'exemplaire annoté conservé à la bibliothèque municipale d'Amiens[22]. En effet le premier titre d'abord retenu pour le chapitre était « Feuilles de carnet ». En marge de cet exemplaire, Roland Dorgelès a corrigé en « Feuilles retrouvées ». Si l'on émet l'hypothèse que les textes du chapitre « Feuilles retrouvées » respectent l'ordre chronologique, on peut dater « Machines de guerre » d'avant 1917. Il semble donc que le texte provient de carnets inédits rédigés pendant la guerre, qu'il ait été repris dans *La Baïonnette*, en novembre 1918 sous une forme modifiée afin de respecter la tonalité satirique du périodique puis recueilli dans *Bleu horizon* dans une version proche de sa forme originale.

Nous présentons ci-dessous deux exemples de variantes entre les deux versions publiées :

---

21   Roland Dorgelès, *Bleu horizon : pages de la Grande guerre*, Paris, Albin Michel, 1949, p. 75 à 78.

22   Roland Dorgelès, *Bleu horizon : pages de la Grande guerre*, première épreuve avant tirage, annotations manuscrites de l'auteur et de l'imprimeur, Paris, Albin Michel, 1949 [exemplaire conservé à la bibliothèque municipale d'Amiens, site Louis Aragon, section patrimoine].

« Les machines à finir la guerre » (1918)	« Machines de guerre » (1949)
Si les inventeurs avaient employé la moitié de leur malice à inventer des machines pacifiques, le beurre se couperait tout seul, des tondeuses électriques nous raseraient les cheveux le temps de s'asseoir, nous aurions des chaussures à boutons qui se mettraient sans effort et on ne risquerait plus de se casser les jambes en glissant sur les pelures d'orange. Mais la guerre inspire particulièrement les inventeurs et tel bonhomme qui aurait été incapable de trouver un produit pour guérir le rhume des foins en découvrira vingt pour vous faire passer de vie à trépas. Pendant les guerres, les inventeurs se révèlent si nombreux qu'on est obligé de faire une sélection.	Si les inventeurs avaient employé la moitié de leur génie à inventer des machines pacifiques, les poils se raseraient tout seuls et plus un homme ne se couperait en se rasant. Par malheur, les savants sont plutôt inspirés par la guerre et tel bonhomme incapable de trouver un produit pour empêcher les cheveux de tomber en découvrira cent pour vous faire passer de vie à trépas. Les inventeurs se révèlent si nombreux qu'on est obligé de faire une sélection.
Comme invention on a déjà obtenu, depuis 1914, des résultats assez coquets. Autrefois il fallait, pour mourir, recevoir brutalement du métal dans les parties nobles, maintenant, grâce à la science allemande, on peut également périr rôti ou asphyxié, ce qui constitue un véritable progrès. Autrefois la mort se présentait sous les espèces d'un énergumène gesticulant, un sabre à la main, à présent elle vous tombe gentiment des nues comme la tortue d'Eschyle, ou vous arrive en char comme Hippolyte. Elle va-t-en ville ainsi que le pédicure, et l'on peut très bien mourir à la guerre en prenant son chocolat au lit. Ne désespérons pas : on fera mieux encore. On utilisera peut-être un jour certain procédé qui, à ce qu'on m'a conté, donne les meilleurs résultats dans la destruction des souris : on pulvérisera du tabac à priser sur les tranchées boches et Fritz, en éternuant, se fendra la tête sur le parapet. Ou bien, pour nous changer des émissions de gaz, on nous enverra une vague de choléra, une nappe de croup, un air d'indigestion. Bref, nous pouvons espérer mourir de 110 façons : autant qu'il y en a d'accommoder les restes.	Depuis le début de la guerre on a toutefois réalisé de sérieux progrès. Précédemment les combattants ne mouraient que pourfendus ou étripés, maintenant, grâce à la science, ils peuvent périr rôtis ou asphyxiés, ce qui constitue une amélioration. Songez qu'aux temps barbares, la mort se présentait sous les traits d'un énergumène brandissant une arme blanche, tandis qu'à présent elle vous arrive sur les ailes de la brise, ainsi qu'un parfum. Tous les espoirs sont donc permis : l'humanité est sur la bonne voie. À force de recherches on parviendra certainement à déverser sur l'ennemi, c'est-à-dire nous-mêmes si nous nous trouvons du mauvais côté, des vagues de choléra et des nappes de croup. Ainsi le civil, injustement tenu à l'écart, participera aux offensives et sans se déranger, et pourra expirer glorieusement dans son lit.

Dans les extraits, les variantes portent à la fois sur l'ampleur du texte, qui est plus court dans la version publiée en 1949, et sur le traitement du contenu. La réception de la première version est sans doute différente du projet de Roland Dorgelès : écrite avant la fin de la guerre, elle est publiée après l'armistice et projette le lecteur dans une réalité qui n'existe plus. Quand il affirme : « Le plus ennuyeux c'est de se dire que tout cela ne servira à rien, absolument à rien, car jamais une invention, même sensationnelle, n'a fait finir une guerre[23] », les lecteurs peuvent imaginer, en écho au dessin « Celui qui a gagné la guerre » de Maurice Leroy, que ce sont les Poilus qui l'ont emporté et non la science.

La seconde version privilégie une approche historique et les éléments humoristiques propres au journal *La Baïonnette* ne sont pas présents. Si la charge satirique et critique ne perd pas en intensité, elle étend les responsabilités à l'ensemble de l'humanité : ce n'est plus seulement la science allemande qui est coupable mais le progrès scientifique en général. L'ensemble est plus grave avec l'évacuation des allusions à la vie quotidienne telle celle au pédicure et à la mort du civil « en prenant son chocolat au lit ». La version de 1949 éloigne le lecteur de la verve montmartroise et intègre des images poétiques comme la mort qui « arrive sur les ailes de la brise, ainsi qu'un parfum ». La fin, ou plutôt les fins, des deux versions de « Les machines à finir les guerres » / « Machines de guerre », mettent en scène Dieu qui éradique l'espèce humaine après le premier échec du déluge. La seconde version se révèle moins irrévérencieuse.

Pour la version publiée dans *La Baïonnette*, Roland Dorgelès aurait donc développé le texte original issu d'un carnet rédigé pendant la guerre en y ajoutant des éléments humoristiques jusqu'à convoquer l'univers d'*Ubu*. Nous n'avons malheureusement pas pu consulter les carnets de Roland Dorgelès afin de nous assurer du contenu du texte originel et de valider cette hypothèse. La modification des contextes de rédaction/ publication du texte (carnet de soldat, journal humoristique, livre de souvenirs sur la Grande Guerre) explique sans doute ces réécritures successives.

---

23 Roland Dorgelès, « Les machines à finir la guerre », art. cité, p. 742.

NUMÉROS 178 ET 183

La semaine suivante, le numéro 178 contient le texte « Au rapport ! ». Roland Dorgelès s'y interroge sur l'avenir : dans trente ans, quel regard les jeunes générations auront sur celles et ceux qui auront connu la Grande guerre ?

> Ceux d'entre nous qui auront fait l'Yser, l'Argonne, Verdun, l'Artois, n'en finiront pas de raconter leurs combats, avec des redites, des anecdotes embrouillées, des noms de pays qu'ils ne retrouveront plus, et se cognant la tête pour essayer de les faire descendre ; quant à ceux qui auront tout simplement fait « l'arrière », ils ne se lasseront pas de rabâcher leurs histoires de gothas, de berthas, de jours sans viande et de tickets de pain[24].

Dans une critique des *Croix de bois*, Émile Henriot écrit un an plus tard : « Il appartient à tous ceux qui ne l'ont pas faite d'écouter avec silence et respect le récit qu'il rapporte[25] ».

Selon beaucoup d'auteurs combattants, l'expérience de la guerre est une réalité incompréhensible quand elle n'a pas été vécue. Les bibelots réalisés à partir des vestiges récents du conflit mettent mal à l'aise Dorgelès, bien avant *Le Réveil des morts*[26] ou certains textes recueillis dans *Bleu horizon*. Les souvenirs attachés aux vestiges de la guerre et leur portée symbolique diffèrent que l'on soit militaire ou civil, protagoniste ou non. Il rapporte ainsi une anecdote :

> L'autre jour, une jeune femme, devant moi, chiffonnait une sorte de mouchoir de soie, si mince qu'il tenait aisément dans sa main fermée. Toute fière, elle me dit :
> – C'est un parachute de fusée éclairante que mon filleul m'a envoyé du front... En soie, vous savez... On me l'a brodé, et j'en ai fait un mouchoir à poudre... Un peu troublé, je le lui ai pris des mains. Il était doux au toucher, et je m'amusai à le rouler, comme dans sa gaine, quand il était soldat. Comment pouvait-on faire un joujou avec ça ? Cela m'a choqué.
> Non, petite madame, vous ne savez pas ce que c'est.

---

24   Roland Dorgelès, « Au rapport ! », *La Baïonnette*, n° 178, 28 novembre 1918, p. 755.

25   Émile Henriot, « Variétés littéraires. Le livre de la guerre », dans *Le Bien public*, 15 décembre 1919.

26   Roland Dorgelès, *Le Réveil des morts*, Paris, Albin Michel, 1923.

> Vous ne connaissez pas son sifflement dans la nuit verte, vous n'avez pas vu son jet livide qui retombe en étoile, vous n'avez pas entendu, dans les champs éventrés, le « Planquez-vous ! » étranglé des patrouilleurs surpris. Vous ne savez pas tout le drame qui tient dans ce petit mouchoir[27].

Ce n'est pas seulement dans l'avenir, avec les écarts générationnels, que l'incompréhension régnera. La suite du texte développe ce thème de la séparation, voire la rupture, des civils et de ceux de l'arrière d'une part et des anciens soldats d'autre part. La vie a poursuivi son cours, Dorgelès cite l'exemple du lancement de la jupe tonneau par les couturiers parisiens en plein conflit, préoccupation bien éloignée des champs de bataille. Enfin les anciens combattants ont connu une épreuve difficilement communicable, cette incommunicabilité renforce la dissociation entre ces deux mondes tout comme le difficile retour à la vie civile évoquée dans *Les Croix de bois* au cours du chapitre XVI « Le retour du héros ». Dans un dernier parallèle entre ce texte et le roman, citons simplement ce paragraphe du chapitre « C'est fini » qui conclut *Les Croix de bois* :

> On oubliera. Les voiles de deuil, comme des feuilles mortes, tomberont. L'image du soldat disparu s'effacera lentement dans le cœur consolé de ceux qu'ils aimaient tant. Et tous les morts mourront pour la deuxième fois[28].

Dans « Jouets des petits et jouets des grands[29] » publié le 2 janvier 1919, dans le numéro 183 de *La Baïonnette* consacré aux étrennes, Roland Dorgelès plaide pour une autre approche des jouets offerts à Noël, rejetant le cadeau utile au profit de celui qui stimule l'imagination et liant le thème à celui de la guerre. Il constate que les enfants usent des présents comme d'une matière première qu'ils transforment : « Ainsi, quand on leur offre une bergerie ridicule, avec des arbres trop verts et des moutons tout neufs, ils commencent par rogner les arbres jusqu'au tronc, à défoncer le toit de la ferme et à amputer le berger pour bien montrer que "c'est la guerre" » et il poursuit : « Les grandes personnes n'ont jamais compris que le jouet ne valait que par l'imagination du gosse auquel on l'offre. » Quant aux enfants qui se conforment trop

---

27   Roland Dorgelès, « Au rapport ! », *art. cité*, p. 755.
28   Roland Dorgelès, *Les Croix de bois, op. cit.*, p. 315.
29   Roland Dorgelès, « Jouets des petits et jouets des grands », *La Baïonnette*, n° 183, 2 janvier 1919, p. 7.

fortement aux attentes des adultes, ce ne sont déjà plus des enfants, ils ont en effet perdu leur capacité à rêver, imaginer, à être poètes. Partant, ils représentent le danger de voir se renouveler les drames de l'histoire : « Plus tard, ils seront les premiers à s'enthousiasmer pour nos jeux de grandes personnes ; ils joueront à la politique, ils joueront à la révolution, ils joueront à la guerre, jouets terribles des peuples dont, à l'école, ils doivent apprendre le catalogue par cœur, ce catalogue que les hommes, pompeusement, ont appelé l'Histoire. » La guerre et ses responsables notamment politiques sont une nouvelle fois condamnés. Aux jeux innocents de l'enfance se substituent les cruels jeux des grands. La notion d'utilité amène à la guerre en offrant les outils conceptuels de son acceptation alors que l'imagination et la poésie conduisent à la paix.

NUMÉRO 189

Le 13 février 1919, dans le numéro 189 de *La Baïonnette* entièrement consacré aux « Recettes de cuisine », est publié le dernier texte, intitulé « Le bien manger[30] », de Roland Dorgelès sur lequel nous nous arrêterons. Nous n'avons pas repéré d'autres textes signés de son nom dans les numéros suivants.

Alors que la guerre est finie depuis trois mois, Dorgelès livre des souvenirs culinaires du temps où il était au front. Il se livre à quelques traits contre la guerre comme cet « *axiome* : la gastronomie est un art pour temps de paix ». La célèbre formule : « je n'aime pas la guerre, mais j'aime ceux qui la font » trouve ici une forme d'illustration. Il fait part de son aversion pour la cuisine en temps de guerre en général[31] et la cuisine militaire en particulier mais reste d'une grande tendresse pour les bons vivants, rejetant ceux qui méprisent les plaisirs de la chère notamment les artistes du siècle précédent et singulièrement Charles Baudelaire :

---

30   Roland Dorgelès, « Le bien manger », *La Baïonnette*, n° 189, 13 février 1919, p. 99.
31   Certaines pages des *Croix de bois* ou de *Bleu horizon* développent les mêmes thèmes, voir par exemple « À la roulante » dans *Bleu horizon*, p. 57 à 59.

À une époque encore récente, des gens qui se croyaient artistes, affectaient de
mépriser les joies vulgaires de la table et vous auraient conté qu'ils se nourris-
saient uniquement de violettes confites et de sonates au clair de lune. C'était
le temps des drogues, des « Paradis artificiels »… Au diable ces mangeurs
de haschisch ! Il n'est de belles âmes que dans les corps solides et qui n'aime
pas le fond d'artichaut au foie gras ne peut pas aimer la *Neuvième symphonie* :
l'art n'est pas fait pour les constipés[32].

Aimer le bien manger, c'est rester homme, c'est même cela qui
différencie l'humanité du règne animal : « Rien ne distingue mieux
l'homme de la bête que le plaisir de la table. L'animal se repaît ; l'homme
seul mange[33]. »

Constatant que les journaux publient de multiples recettes alors
même que le rationnement a toujours cours, Dorgelès défend les qualités
des bons cuisiniers, capables de faire des merveilles gustatives « avec la
chose la moins comestible du monde ». La page qui précède « Le bien
manger », accueille un article de Georges Pavis (qui illustrera les *Croix
de bois*) intitulé « L'art d'accommoder les faux restes. Recettes pratiques
et faciles à faire par Louis, chef-cuisinier du "Matin"[34] » et parodiant ces
recettes des grands journaux parisiens à base de produits de mauvaise
qualité et de succédanés.

Comme Georges Pavis, Roland Dorgelès ironise sur ceux qui, loin du
front, donnaient des conseils gastronomiques aux cuisiniers militaires,
rappelant le décalage entre les conditions de vie à l'arrière et celles du
front. Alors, il reprend les termes de l'argot militaire, celui auquel il a
été confronté pendant la guerre : « Ce n'est toujours pas le cuistot de
ma compagnie qui aurait été capable d'accommoder dans sa roulante
la choucroute alsacienne et le riz à l'Impératrice dont le *P'tiot menteux*
[surnom donné au *Bulletin des Armées*] nous donnait ironiquement la
recette. »

Évoquant ses souvenirs du temps du front, Dorgelès multiplie les
emprunts à ce vocabulaire bien particulier : « tambouille », « rata »,
« galapiat », « roulante » et rappelle ainsi que la nourriture, « le bien
manger » fut « pendant des mois, ma principale occupation », partageant
ainsi une expérience propre aux soldats présents sur le terrain et éloignée

---

32 Roland Dorgelès, « Le bien manger », p. 99.
33 *Ibid.*
34 Georges Pavis, « L'art d'accommoder les faux restes. Recettes pratiques et faciles à faire
    par Louis, chef-cuisinier du "Matin" », *La Baïonnette*, n° 189, 13 février 1919, p. 98.

de celles de l'arrière qui connaissait bien évidemment les restrictions mais qui n'a « jamais manqué du nécessaire ». Certains éléments du texte ne sont pas sans évoquer le chapitre XIV, « Mots d'amour » des *Croix de bois* :

> Autour des cuisines roulantes, les escouades se tassaient. Les soldats étaient blottis sous les voitures, comme des mendiants sous un porche. Les premiers à servir se bousculaient, tendant leur plat ou leur bouteillon. La pluie entrait par paquets dans la chaudière ouverte, et l'homme de la dernière escouade, qui piétinait dans une mare, grommelait en pressant les autres[35].

La dernière mention du nom de Roland Dorgelès se trouve dans l'annonce de la publication des *Croix de bois* (publiée dans le numéro 200 du 5 mai 1919) « Notre collaborateur Roland Dorgelès vient de publier : *Les Croix de bois*. La place nous manque pour vanter les mérites de ce remarquable ouvrage. Les lecteurs de la *Baïonnette* qui connaissent Dorgelès auront tous le désir de lire cet ouvrage[36]. » Nulle critique n'apparaîtra dans les numéros suivants.

Roland Dorgelès signe désormais « Monsieur Grinche » (du 20 février 1919 jusqu'au 4 décembre 1919 au moins, voir la bibliographie en annexe) une chronique portant le titre « De bric et de broc ! » (qui perd son point d'exclamation à partir du numéro 194). Nous avons écarté de notre étude ces chroniques qui forment un ensemble hétéroclite tant génériquement (essais, saynètes, fictions, souvenirs…) que thématiquement et qui mériteraient une analyse détaillée.

Les journaux satiriques créés pendant la Première Guerre mondiale se révèlent une source importante pour appréhender l'imaginaire collectif tant des combattants que des civils. Si certains se sont « embusqués » en alimentant la propagande, Roland Dorgelès a collaboré à ces périodiques satiriques tout en restant sous les drapeaux. On trouve sa signature dans *Le Bochofage* « organe anticafardeux, kaisericide et embuscophobe » ou dans *Le Canard enchaîné*.

Pour ce qui concerne la dissociation entre militaires et civils en raison de la difficulté de partager l'expérience du front et des tranchées, la question de la satire et de la caricature et de la manière dont elles

---

35 Roland Dorgelès, *Les Croix de bois*, *op. cit.*, p. 269.
36 Anonyme, « L'esprit des autres. Deux livres », *La Baïonnette*, n° 200, 1ᵉʳ mai 1919, p. 286.

furent reçues par les poilus et racontées par les écrivains met Roland Dorgelès dans une situation paradoxale. Ainsi, quand il mentionne un journal satirique dans *Les Croix de bois*, il porte un regard critique sur le contenu de ces périodiques – alors que lui-même participe à plusieurs d'entre eux – dont le but principal est de soutenir le moral de l'arrière et qui paraissent édulcorer les difficiles conditions de vie des poilus : « C'est dans le *Pêle-Mêle* que tu as lu ça ?... Ah ! ils connaissent de bonnes blagues tous les petits coquins qui écrivent sur la guerre. Mourir au soleil, tu parles d'une affaire[37] ! »

Les articles de Roland Dorgelès sont aussi, comme nous l'avons vu, le creuset de thèmes, voire de textes, qui se développent dans son œuvre littéraire.

En termes de génétique des textes, il est donc nécessaire de continuer à explorer, recenser et analyser ces publications dans la presse afin de mesurer les effets de reprise, tant thématique que stylistique, dans des textes présentant des modalités d'écriture et de publication différentes, qu'ils soient littéraires ou de souvenirs.

Philippe ETHUIN
INSPÉ Amiens,
Université de Picardie Jules Verne

---

37 Roland Dorgelès, *Les Croix de bois*, *op. cit.*, p. 198.

ANNEXE
Essai de bibliographie des textes de Roland Dorgelès
publiés dans *La Baïonnette*

Cet essai de bibliographie s'appuie sur les collections numérisées disponibles sur les sites suivants :

Gallica, bibliothèque numérique de la BNF, disponible à l'adresse : https://gallica.bnf.fr/ark:/12148/cb327095759/date [consulté en mai-juin et novembre 2019]

Cité de la bande dessinée, disponible à l'adresse : http://collections.citebd.org/in/faces/details.xhtml?id=b6d1038f-1da2-4896-b368-f177ad62b89f [consulté en juin et novembre 2019]

La Baïonnette (site d'un collectionneur) disponible à l'adresse : http://labaionnette.free.fr [consulté en juin et novembre 2019]

Les numéros postérieurs au numéro 204 du 29 mai 1919 ne sont pas numérisés actuellement sur le web [novembre 2019] ; il ne nous a pas été possible de les consulter, ceci explique certaines lacunes : titre inconnu, pas de mention des auteurs des textes en couverture. La chronique de « Bric et de broc » semble présente dans quasiment tous les numéros de 1919 mais nous n'avons pas pu examiner les numéros entre le 29 mai et le 4 décembre 1919 (pour ce numéro, nous n'avons pu consulter que la couverture annonçant le contenu du numéro) ni les numéros publiés les 11, 18 et 25 décembre 1919. Les numéros de l'année 1920 ne sont actuellement pas numérisés [novembre 2019].

« Les machines à finir la guerre », *La Baïonnette*, n° 177, 21 novembre 1918, texte illustré par Maurice Leroy [pseudonyme de Marcel Barguet].
« Au rapport ! », *La Baïonnette*, n° 178, 28 novembre 1918, texte illustré par Gus Bofa [pseudonyme de Gustave Blanchot].
« Jouets des petits et jouets des grands », *La Baïonnette*, n° 183, 2 janvier 1919, texte illustré par Georges Delaw [pseudonyme de Henri Georges Deleau].
« De bric et de broc ! », *La Baïonnette*, n° 184, 9 janvier 1919 [Annoncé de Roland Dorgelès en couverture, le texte est signé Monsieur Grinche en page intérieure].

« De bric et de broc ! », sous le pseudonyme de Monsieur Grinche, *La Baïonnette*, n° 186, 23 janvier 1919.

« Le bien manger », *La Baïonnette*, n° 189, 13 février 1919, texte illustré par Pierre Quint.

« De bric et de broc ! », sous le pseudonyme de Monsieur Grinche, *La Baïonnette*, n° 190, 20 février 1919.

« De bric et de broc ! », sous le pseudonyme de Monsieur Grinche, *La Baïonnette*, n° 191, 27 février 1919.

« De bric et de broc ! », sous le pseudonyme de Monsieur Grinche, *La Baïonnette*, n° 192, 6 mars 1919.

« De bric et de broc », sous le pseudonyme de Monsieur Grinche, *La Baïonnette*, n° 194, 20 mars 1919 [à partir de ce numéro le titre de la rubrique perd son point d'exclamation].

« De bric et de broc », sous le pseudonyme de Monsieur Grinche, *La Baïonnette*, n° 194, 20 mars 1919.

« De bric et de broc », sous le pseudonyme de Monsieur Grinche, *La Baïonnette*, n° 195, 27 mars 1919.

« De bric et de broc », sous le pseudonyme de Monsieur Grinche, *La Baïonnette*, n° 196, 3 avril 1919.

« De bric et de broc », sous le pseudonyme de Monsieur Grinche, *La Baïonnette*, n° 197, 10 avril 1919.

« De bric et de broc », sous le pseudonyme de Monsieur Grinche, *La Baïonnette*, n° 198, 17 avril 1919.

« De bric et de broc », sous le pseudonyme de Monsieur Grinche, *La Baïonnette*, n° 199, 24 avril 1919.

« De bric et de broc », sous le pseudonyme de Monsieur Grinche, *La Baïonnette*, n° 200, 1 mai 1919.

« De bric et de broc », sous le pseudonyme de Monsieur Grinche, *La Baïonnette*, n° 201, 8 mai 1919.

« De bric et de broc », sous le pseudonyme de Monsieur Grinche, *La Baïonnette*, n° 202, 15 mai 1919.

« De bric et de broc », sous le pseudonyme de Monsieur Grinche, *La Baïonnette*, n° 203, 22 mai 1919.

« [De bric et de broc ?] », sous le pseudonyme de M. Grinche, *La Baïonnette*, n° 231, 4 décembre 1919.

LES LETTRES DE GUERRE
DE ROLAND DORGELÈS

Mensonge et vérité

La Première Guerre mondiale suscita une intense production épistolaire ; des millions de lettres furent échangées entre les combattants
et leurs familles, marquant l'accès à l'écriture de toute une frange de
la population jusque là étrangère à cette forme de communication. Ces
lettres furent souvent précieusement conservées, parfois même publiées,
ce qui a permis de parler à leur propos d'une littérature de non-écrivains[1]. Quant aux écrivains reconnus comme tels, ils furent nombreux
sur les champs de bataille et ils participèrent à cette universelle activité
épistolaire plus naturellement considérée, dans leur cas, comme vérita-
blement littéraire car leurs correspondances éclairent leurs œuvres de
romanciers combattants. Le très volumineux échange de lettres entre
Blanche Duhamel et son mari Georges[2] constitue un précieux témoignage sur la vie culturelle de l'arrière et la situation du médecin qui
soigne les blessés non loin des lignes de combat. La correspondance de
Roland Dorgelès est tout aussi émouvante dans ses dits et ses non-dits
car elle joue constamment sur la sincérité et le mensonge, masquant
les vraies réalités de la guerre par souci d'épargner une mère fragile ou
les dévoilant crûment à la femme aimée, peut-être pour mieux retenir
son amour. Cette constante ambiguïté de la correspondance, qui oscille
entre le vrai et le faux, peut se retrouver d'ailleurs dans le grand roman
de Dorgelès, *Les Croix de bois*, lu comme un poignant témoignage dont
certains devaient pourtant contester la véracité.

---

1   « La littérature des non-écrivains », dossier dirigé par Pierre Dufief et Eric Marty, *Revue
    d'histoire littéraire de la France*, 2003/2.
2   Georges et Blanche Duhamel, *Correspondance de guerre 1914-1919*, 2 volumes, Paris,
    Champion, 2007.

LE VRAI ET LE FAUX :
« NOS LETTRES MENTENT »

Romain Rolland, allusivement présent[3] dans le corpus des 270 lettres et cartes de guerre de Dorgelès publiées sous le titre de « Je t'écris de la tranchée », se montrait très sceptique sur la sincérité des correspondances et confessait : « nos lettres mentent. » Dorgelès, qui ne partageait pas les positions de Rolland à propos du patriotisme, aurait pu souscrire à ce jugement que viendrait confirmer sa pratique de la lettre. Le récit des faits y varie, en effet, en fonction du destinataire ; l'épistolier tient des propos bien différents, le même jour, selon qu'il s'adresse à sa mère, à son père, à sa maîtresse ou encore à son beau-frère. Le double discours de la correspondance est tout particulièrement sensible dans la confrontation des échanges avec la mère et avec la femme aimée, Madeleine. Les lettres à la mère procèdent d'une fictionnalisation qui pourrait apparaître comme la première étape du travail du romancier mais paradoxalement celle-ci vient contredire les points de vue et la vision de la guerre qu'entend faire prévaloir l'écrivain.

Le lecteur de ces lettres de guerre admire le courage avec lequel l'épistolier construit une vérité parallèle pour mieux protéger sa mère et lui épargner, sans doute en vain, les terribles angoisses que connaissaient les familles des soldats exposés au front. Avec une inlassable constance, il pratique une « stratégie d'euphémisation et de distanciation[4] ». Il atténue, gomme, censure, se montre toujours à l'écart du danger. L'épistolier efface le plus souvent la guerre ; le 25 octobre 1914, il écrit à sa mère que la guerre a laissé peu de traces dans la région où il se trouve. S'il peint une réalité pénible, son commentaire vient aussitôt nier la vraie nature de la situation et cela, dès son arrivée à l'armée : « Je couche sur paillasse crevée – pas de draps – 2 couvertures, un pelochon sale, pas d'oreiller. On n'est pas mal d'ailleurs[5]... » Dès l'incipit de la correspondance, l'on peut noter les variations en fonction du destinataire ; Dorgelès adopte

---

3   Lettre du 6 novembre 1914.
4   Roland Dorgelès, *Je t'écris de la tranchée*, introduction de Frédéric Rousseau, Paris, Albin Michel, 2003, p. 26. Toutes les notes renvoient à cette édition.
5   Lettre à sa mère, 30 août 1914.

une écriture au premier degré pour s'adresser à son père et lui dire sa vie difficile : « Pourtant bien durs, nos tristes lits ! Mes impressions de caserne ? Cela sent mauvais, la carne est dure et l'on s'ennuie[6] » ; cette amertume disparaît quand il écrit à sa mère. Le nouveau soldat vit dans un perpétuel écart par rapport à ce qui l'entoure : l'écart du bourgeois face au peuple, l'écart de l'observateur qui engrange les choses vues. Cette prise de distance aboutit à une déréalisation de la situation, première étape d'une fictionnalisation : « Je crois assister, spectateur privilégié, à la représentation unique d'une pièce inédite de Courteline[7]. » La guerre semble d'abord répondre aux profondes aspirations du soldat qui s'est engagé pour participer à ces batailles que l'on imaginait encore comme des tableaux de Neuville. Le premier contact avec l'armée satisfait sa rêverie littéraire quand il découvre à Rouen les soldats de l'armée anglaise qui « ressemblent tous à Kipling ou à Stanley[8] ». Le romanesque se heurte ensuite à la terrible réalité mais il perdure cependant comme une catharsis, comme une façon d'échapper à l'horreur du quotidien. Le poilu déteste la guerre moderne où l'on se terre dans les tranchées et il cultive la nostalgie d'une guerre chevaleresque, une guerre au grand air, plus mobile, dans de larges espaces qu'il retrouvera en s'engageant dans l'aviation. Il rejette les pesantes contraintes du casque, du masque et des lunettes pour s'imaginer en chevau-léger, en mousquetaire. Ses lectures viennent renforcer sa nostalgie de la guerre « à l'ancienne », décrite par Erckmann-Chatrian : « Je lis *Madame Thérèse* et regrette que la guerre n'ait plus la physionomie qu'elle avait en 1792. Kléber aujourd'hui ferait triste mine et le petit Bara n'aurait même pas le droit de jouer du tambour[9]. »

Dans la fiction que construisent les lettres à la mère, le soldat redevient un grand enfant et la guerre un vaste jeu. Elle commence par les batailles de pelochon à la caserne, les lits en bascule, lors de l'incorporation. Le motif du jeu scande la correspondance. Gommant toutes les horreurs, Roland écrit : « Je te le jure, je m'amuse comme un fou, sauf quand il pleut[10] ! » Le jeu dédramatise constamment la guerre devenue un amusement : « Alors on joue à l'obus [...] Les obus : eux aussi, semblent s'amuser[11]. » Si la guerre est

---

6   Lettre à son père, 4 septembre 1914.
7   Lettre à sa mère, 31 août 1914.
8   Lettre à sa mère, 30 août 1914.
9   Lettre à sa mère, 18 janvier 1915.
10   Lettre à sa mère, 5 novembre 1914.
11   Lettre à Madeleine, 10 décembre 1914.

jeu, le soldat ne semble guère pratiquer ce qu'il nomme pudiquement « le travail » pour s'adonner volontiers à des activités ludiques ou au sport. En décembre 1914, le voilà qui joue au football tandis que le 30 janvier 1915, il fait du patin à glace sur la mare gelée de la ferme où il est logé, ce qui lui donne encore l'occasion d'écrire à sa mère : « On s'amuse à la guerre. »

Dorgelès raconte la guerre à sa mère sur le ton badin qui caractérisait ses premiers essais de journaliste où l'humour alternait avec la fantaisie ; resté fidèle dans les heures tragiques à sa manière initiale, il demande à Madeleine de lui adresser régulièrement le journal, *Le Rire*. La dédramatisation par l'humour semble fonctionner, même si l'horreur se lit constamment en creux, comme dans cette évocation des bombardements :

> Les Allemands sont d'un sans-gêne abominable. Sous le curieux prétexte que la fête de l'empereur approche ils font chaque nuit un bruit du diable, déracinant les betteraves avec leurs obus et effraient les perdrix avec leur fusillade. Bref, impossible de dormir en paix[12].

En décembre 1914, Dorgelès publie une lettre à son ami, René Bizet, à *l'Intransigeant*. Maurice Rieuneau note, à propos de ce texte qui multiplie les anecdotes, les bons mots et donne l'image d'une guerre rude et joyeuse : « Rien d'un témoignage spontané et sincère ; Dorgelès flattait les goûts et les idées qui firent le succès de *Gaspard*, de R. Benjamin, l'année suivante[13]. » Cette représentation de la guerre allie pourtant vérité et fausseté. La présence du rire et du cocasse qui le dispute au dramatique répond à une volonté de représentation authentique. La vérité de la guerre serait au fond dans ces variations de tons déjà prônées par les auteurs des *Soirées de Médan*, qui avaient pensé intituler leur recueil : « L'Invasion comique ». Dorgelès entend, à son tour, renouveler le récit de guerre en y pratiquant le mélange des genres mais il force la note, dans les lettres à sa mère, en voulant gommer le tragique pourtant si présent dans le reste de sa correspondance :

> J'ai vu des choses épatantes qui me permettront d'écrire quelque chose de neuf. Ce que je lis dans les journaux sur les horreurs de la guerre m'a fait bien rire, les amis et moi, va. Dans les tranchées nous faisions cuire du chocolat sur des bougies et nous faisions la manille[14].

---

12   Lettre à sa mère, 25 janvier 1915.
13   Maurice Rieuneau, *Guerre et Révolution dans le roman français de 1919 à 1939*, Genève, Réimpression Éditions Slatkine, 2000, p. 31.
14   Lettre à sa mère, 5 novembre 1914.

Le refoulé ne manque pourtant jamais de ressurgir et la vérité tragique se révèle alors derrière le masque du comique : « si l'on oublie les camarades qui tombent, la guerre est la chose la plus pittoresque, la plus amusante que l'on puisse imaginer[15]. » L'écrivain construit ainsi un récit parallèle d'autant plus plausible qu'il reprend les stéréotypes, les mensonges des journaux contre lesquels l'écrivain va, par ailleurs, violemment prendre parti.

La question du mensonge est constamment posée tout au long de cette correspondance. Dorgelès pratique constamment le mensonge par omission, ne déclarant pas à sa mère qu'il se trouve exposé. Mais le mensonge a pour fréquente contrepartie l'aveu. Le jeune homme révèle à sa maîtresse la façon dont il protège sa mère : « Ma mère est follement inquiète de me savoir à la mitrailleuse. Je lui fais pourtant croire que je suis dans un service de tout repos, loin des tranchées[16]. » Mais bientôt, trahi par une indiscrétion, il lui faut aussi avouer la vérité à sa mère en atténuant la dureté des faits et en se justifiant dans une lettre du 5 novembre 1914 : « Surtout ne m'en veux pas de mon mensonge : si j'ai quelque peu "arrangé" la vérité c'était pour t'épargner une inquiétude que rien ne justifie, je te le jure. » Il pratique le dilatoire, le souci d'une vérité dite à retardement, qui est une façon d'affirmer sa sincérité : « D'ailleurs, la vérité que je te cachais, je me préparais à te la dire bientôt, dès que j'aurai trouvé un filon[17]. » Il lui faut ensuite, pour être cru, donner des gages, renchérir sur l'authenticité de ses propos : « Je te jure que je dis la vérité[18] », écrit-il, avant d'affirmer à sa mère : « Je t'ai d'ailleurs tenu au courant de nos marches et contremarches. C'était exact[19] ». La position de Dorgelès apparaît singulièrement ambiguë à propos du mensonge que tour à tour il défend ou dénonce. Mentir lui apparaît comme un devoir, une obligation morale et affective, paradoxalement à l'égard seulement de sa mère et pas de sa maîtresse à laquelle il ne cache pas les cruelles réalités, quoi qu'il en dise :

> Rien ne me paraît plus indigne que de faire partager ses tourments à une mère, une épouse, une femme aimée. Il faut leur mentir, au contraire, leur

---

15 Lettre à son père, 6 novembre 1914.
16 Lettre à Madeleine, 2 décembre 1914.
17 Lettre à sa mère, 5 novembre 1914.
18 Lettre à sa mère, 25 octobre 1914.
19 Lettre à sa mère, 5 novembre 1914.

mentir tant qu'on peut, leur mentir jusqu'au bout, afin qu'elles dorment rassurées[20].

Les lettres de guerre ne sauraient donc être considérées comme des documents authentiques ; le poilu attaque tous ceux qui les exploitent, refusant que l'on fasse parler les morts :

> Exhumer des lettres de soldats tués, choisies entre des centaines de mille, pour en tirer des éléments de propagande, voilà une bien vilaine besogne. Savent-ils seulement, ces détrousseurs, comment s'écrivent ces lettres de tranchées, ces beaux mensonges de combattants qui ne songent encore, à l'heure du sacrifice, qu'à rassurer ceux qu'ils laisseront[21] ?

Pourtant, l'épistolier se montre particulièrement sévère pour les mensonges de sa maîtresse, exprimant la constante hantise des soldats d'être trompés. Il s'en prend aux mensonges de la presse et de la propagande, à la vision de l'arrière, qui est pourtant celle qu'il tente d'imposer à sa mère ; il évoque le trou rempli de paille où cinq hommes sont tassés « comme des gorets dans leur bauge : ce que les délicieux correspondants de guerre appellent un dortoir merveilleusement installé[22] ». Il condamne la littérature de guerre mensongère, les nouvelles « imbéciles » diffusées par les *Lectures pour tous*. Il envisage, à propos d'un conte de Geniaux, un « sottisier » de la guerre. Il dénonce encore le 3 février 1915 « les romans imbéciles, les contes stupides que publient les journaux », « les âneries sentimentales de feuilletonistes épuisés brodées de faits divers cueillis dans les gazettes ». Dorgelès construit son œuvre future contre cette littérature fausse : « Non, ce ne sont pas des contes semblables que j'écrirai à mon retour. Ah ! non[23]… » Ses lettres sont hantées par le désir de dire la vraie guerre car il déplore le constant décalage entre le discours de l'arrière et le vécu des poilus.

La vérité de la guerre serait-elle alors dans les séquences réalistes de la correspondance, dans les lettres à Madeleine qui sont souvent des témoignages sur les conditions de vie dans les tranchées, avec la pluie, la boue, le froid, le bruit des tirs ? Ces lettres-documents nous donnent

---

20   Roland Dorgelès, *Bleu horizon. En marge des Croix de bois*, Paris, Albin Michel, 1949, p. 189.
21   Roland Dorgelès, *Bleu Horizon, op. cit.*, p. 90.
22   Lettre à Madeleine, 24 novembre 1914.
23   Lettre à sa mère, 16 décembre 1914.

des emplois du temps détaillés ; elles sont parfois des notes hâtives prises sur le vif : « Les tranchées bouleversées, gourbis défoncés. Les hommes entassés sous les abris, tués... Vilains moments, tu sais. Et ces sales pétards, leurs saucisses, qu'on voit arriver, tomber[24]. » L'horreur meurtrière se dit sur un mode syncopé :

> La musique des obus... ébranlement cérébral. Combats directs, à la baïon-nette, au couteau, au revolver. Blessés qui râlent et qu'on ne peut secourir[25].

Les lettres deviennent alors ces « dits de souffrance » dont parle Arlette Farge.

Il serait sans doute factice de trop cliver la correspondance. Les lettres à la mère esquissent l'horreur en sourdine et elles disent à leur manière une vérité en soulignant la place du comique. Les missives adressées à Madeleine n'échappent pas non plus à une certaine forme de falsification et elles se contredisent parfois car elles fonctionnent comme un sismographe, enregistrant les sautes de moral des troupes et de l'épistolier qui passe par des phases très diverses : enthousiasme, dépression, ennui :

> État moral des troupes excellent : ils ont du Mérite !! Vers le soir, cela fléchit : les hommes ne sont plus que de pauvres tas de boue harassés qui cherchent des trous pour dormir[26].

La vision des lettres et des carnets pèche par son absence de recul, sa myopie : « Chose singulière, les impressions les plus profondes ne devaient m'apparaître que plus tard, avec le recul. Sur le moment, je m'attardais aux petits faits, et le détail m'empêcha souvent de juger l'ensemble[27]. » Les lettres n'échappent ni à la censure, ni à l'autocensure qui fait parfois du non-dit une question de survie :

> Je ne te parlerai pas des 8 jours que nous venons de passer, c'est trop dur. Je veux les oublier. Du sang partout, des capotes éclaboussées de cervelle, un seul obus qui tue 12 hommes et en a blessés 10, des centaines de blessés qui se traînent, des morts vite enterrés par un autre obus de terre[28].

---

24 Lettre à Madeleine, 8 mai 1915.
25 Lettre du 3 mai 1915.
26 Lettre à Ansbert, 14 décembre 1914.
27 Roland Dorgelès, *Souvenirs sur Les Croix de bois*, À la Cité des Livres, Paris, 1929, p. 20.
28 Lettre du 1er juin 1915.

LE DISCOURS AUTO-RÉFLEXIF DES LETTRES :
UNE FAÇON D'ÉLUDER LA RÉALITÉ ?

Si elle dit parfois la réalité cruelle de la guerre, la correspondance l'élude le plus souvent en pratiquant l'échange phatique ou le discours autoréflexif. Les considérations météorologiques y sont récurrentes, ce qui est à la fois une manière de parler pour ne rien dire en temps ordinaire mais sans doute en temps de guerre une façon de dire l'essentiel : le froid, la pluie, la boue, le gel mais aussi les embellies des journées ensoleillées. Plutôt que de décrire les horreurs des combats, les lettres renvoient à elles-mêmes, ce qui donne au lecteur moderne quantité d'informations sur la pratique du courrier pendant le premier conflit mondial.

L'échange entre Roland et sa mère construit rapidement le jeu de rôles : d'un côté la mère nourricière, inquiète, de l'autre le fils qui établit un rapport d'autorité protectrice. Le soldat programme les envois, fait des demandes, adresse des listes précises des commandes, mais il multiplie aussi les refus, interdisant à sa mère de le gâter de choses inutiles et trop abondantes, lui reprochant implicitement d'ignorer les souffrances de celui qui doit porter un tel « barda ». Il varie les tons pour faire diversion et plaisante volontiers à propos de ces envois qui accablent les cyclistes et qui vont le faire passer pour un alcoolique.

La lettre devient alors registre, comptabilité quotidienne : Dorgelès prend un soin méticuleux à accuser réception, à référencer les numéros des paquets reçus, à en détailler le contenu. Aux listes de demandes répondent les récépissés. Le poilu énumère les plats qu'il peut manger grâce aux libéralités de sa mère : « Je cite dans l'ordre où les aliments ont été engloutis : beefsteak froid, sardines, fromage, confitures, café, petits pois, pommes frites, refromage, café, eau de vie[29]. » La guerre devient le lieu de la surabondance, l'occasion d'agapes pantagruéliques, sinon diététiques. Les souffrances des poilus, les morts atroces sont occultées dans cette insistance sur la pléthore qui donne une image de richesse et de profusion : « j'ai trop de vêtements, trop d'argent[30]. »

---

29 Lettre à sa mère, 24 octobre 1914.
30 Lettre à sa mère, 25 octobre 1914.

Autre façon d'occulter la guerre, la réduction du point de vue.
Le regard de l'épistolier est volontairement circonscrit à la situation
d'énonciation, ce qui exclut le plus souvent une vision plus panoramique
et notamment les descriptions des combats et des champs de bataille.
L'écriture de la lettre constitue un temps de pause, un retour à l'intime,
la création d'un petit espace préservé dans le grand brassage collectif de
la guerre. Dorgelès retrouve la paix, prétexte à évocations bucoliques,
dans les fermes qui l'accueillent :

> Cette lettre, je te l'écris dans une cour de ferme, assis sur un seau. Près de
> moi, les poules picorent. La soupe chauffe, le fumier fume, le veau beugle.
> Les gros nuages, crottés comme des barbets, s'ébrouent et secouent leur eau
> sur nous[31].

L'épistolier multiplie ces micro-séquences d'un lyrisme familier : « Je
t'écris de la salle de ferme où l'horloge égrène son chapelet. La marmite
chante sur le feu et sur mon papier passent des vols d'ombres rapides :
les pigeons qui passent et repassent[32]. » Au printemps 1915, il rédige
son courrier sur un tronc d'arbre, dans un petit bois, non loin d'une
cascade sous laquelle il s'est douché, métamorphosant par sa description
la guerre en une robinsonnade. La guerre s'efface et le poilu abandonne
le costume du soldat dans son autoportrait en « chaussons, pantalon de
velours, chandail gris[33] ». Quand la dure réalité de la tranchée revient,
l'inquiétant prend la forme de l'insolite dans l'évocation de la singulière
table de travail : « Je t'écris de la tranchée. Pour bureau, une caisse de
cartouches[34]. » La guerre participe alors directement au processus de
l'écriture épistolaire : « Les Prussiens sont à 1500 mètres d'ici, et le
canon met la ponctuation à mon mot[35]. »

Cette auto-réflexivité de la lettre amène à en décrire la diversité des
contenus. À côté des colis de nourriture et de vêtements, si fréquemment
présents, figurent des petits envois de fleurs, de gui ; Madeleine envoie
un petit mouchoir, un chiffon parfumé, qui appelle une immédiate
fétichisation : « Je l'ai embrassé comme un fou, et, n'y tenant plus, je

---

31 Lettre à Madeleine, 14 octobre 1914.
32 Lettre du 10 janvier 1915.
33 Lettre à sa mère, 3 janvier 1915.
34 Lettre à Madeleine, 24 novembre 1914.
35 Lettre à Madeleine, 26 septembre 1914.

viens t'écrire[36]. » Des formes plus paradoxales de correspondance intro-
duisent un peu de romanesque comme cette lettre au colonel adressée
par les Allemands et placée dans la hampe du drapeau qui suscite une
réponse envoyée par le même relais :

> Ce matin je suis allé à la tranchée pour assister à la "levée des lettres". Je
> t'ai parlé de cette correspondance, je crois. Nous plantons entre nos tranchées
> et les tranchées allemandes un drapeau français avec des journaux attachés
> à la hampe. Parfois une lettre. Un Allemand sans arme vient chercher le
> "courrier". Le lendemain, ils donnent la réponse, après un drapeau qu'un
> Français va chercher. Et pour rendre la levée plus palpitante, on tire toujours
> une cinquantaine de coups de feu sur le facteur[37].

L'échange épistolaire participe ici à une vision ludique de la guerre
mais Dorgelès condamne absolument les fraternisations entre ennemis
dans un billet du 27 décembre 1917.

Les lettres multiplient les remarques sur le fonctionnement du courrier,
ses lenteurs, ses irrégularités, qu'expliquent la censure et les difficultés
d'acheminement de si nombreux messages au milieu des combats.
Dorgelès évoque ces tribulations avec le sourire : « Le temps va vite,
heureusement. Si les lettres pouvaient l'imiter[38] ! » ; « Et les lettres nous
parviennent au petit bonheur, dans un désordre charmant[39] ». Mais
la poste devient le bouc émissaire du ressentiment des poilus contre
l'arrière ; Dorgelès ne comprend pas que l'État fasse payer aux familles
démunies l'affranchissement des colis[40].

L'authenticité de ces lettres parfois menteuses est sans doute dans
l'affirmation constante du caractère vital de l'échange épistolaire qui
maintient le lien avec l'extérieur. La lettre se fait souvent demande,
prière, appel à une réponse : « Ne me laisse pas sans nouvelles surtout.
Cela seulement me rattache à Paris, à ma vie, à tout ce qu'il m'a fallu
quitter[41]. » Les moments les plus tragiques sont ceux vécus par le
combattant laissé à sa solitude, parfois par une femme infidèle, comme
le sera Madeleine ou l'Hélène du *Réveil des morts*. L'arrivée du courrier

---

36 Lettre à Madeleine, 17 octobre 1914.
37 Lettres 24 novembre 1914 et du 30 novembre 1914.
38 Lettre à sa mère, 9 novembre 1914.
39 Lettre à son père, 9 novembre 1914.
40 21 janvier 1915.
41 Lettre à son père, 4 septembre 1914.

est un moment de joie : « Et tes petites, toutes petites lettres, et chaque jour plus rares, m'apportent un réconfort bien vite évaporé. J'ai besoin de toi ma femme[42]. » La réception de la lettre constitue un petit îlot de bonheur dans le vécu tragique de la guerre : « Le bonheur ? mais cela tient dans deux pages d'une lettre de chez soi[43]. » La correspondance se fait secourable Léthé car elle fait oublier aux soldats leurs terribles conditions de vie : « Les lettres, cela remplace tout : le vin, rempli de mouches, qu'on ne peut boire, la viande tournée, tout ce qui me manque. On a une "babille", il n'y a que cela qui compte[44]... ».

VÉRITÉ ET MENSONGE DE L'ŒUVRE

La vérité de l'œuvre romanesque semble gagée sur l'expérience vécue et partiellement retranscrite dans les lettres. Dorgelès s'engage certainement par patriotisme, par désir de participer au grand élan des hommes de sa génération au service d'une France menacée, mais il a aussi des ambitions de romancier qui vont s'affirmer au fil des mois ; il entend faire œuvre originale sur la guerre : « Tu comprends, je voulais absolument voir la guerre, car comment écrire mon livre sans cela. J'ai vu des choses épatantes qui me permettront d'écrire quelque chose de neuf[45]. »

La critique s'est montrée partagée quant à la vérité du témoignage porté par l'écrivain-combattant. Maurice Martin du Gard, qui fut l'un des premiers à entendre la lecture des premiers chapitres des *Croix de bois* alors que le romancier les écrivait à l'armée, parle de « ce roman véridique, inoubliable document sur la guerre dans l'infanterie[46] ». Maurice Rieuneau classa tout naturellement Dorgelès dans la catégorie des Témoins mais Norton Cru remit fortement en question l'authenticité de plusieurs séquences des *Croix de bois*.

---

42 Lettre à Madeleine, 22 novembre 1914.
43 Roland Dorgelès, *Les Croix de bois*, livre de poche, p. 111.
44 Lettre à Madeleine, décembre 1914, p. 129.
45 Lettre du 5 novembre 1914.
46 Maurice Martin du Gard, *Les Mémorables, 1918-1923*, Flammarion, 1957, tome 1, p. 344.

Dorgelès n'a jamais caché son goût du romanesque si présent dans ses lettres. Il aime les récits de guerre qui font leur place à l'imagination et demande à sa mère de lui faire parvenir des romans d'Erckmann-Chatrian, *Waterloo* et *Madame Thérèse*. Il insiste sur la part de la fiction dans son roman : « Ce n'est pas du roman, ce ne sont pas des choses vues : c'est en quelque sorte de la réalité recréée[47]. » Et il ajoute : « Partout, j'ai déformé, imaginé, refondu, et il s'est fait, dans mon esprit, un si subtil alliage que je ne saurais plus reconnaître aujourd'hui la fiction de la réalité[48]. » Même s'il se veut fidèle à une certaine esthétique naturaliste, l'auteur des *Croix de bois* refuse de peindre « d'après nature ». Il remanie les événements, transforme les personnages ; il gomme les dates, efface les lieux, non pour obéir aux impératifs d'une censure attentive à ne pas donner des informations à l'ennemi, mais par volonté de typiser, de généraliser ; Norton Cru lui reprochera ces imprécisions voulues. Dorgelès, reprenant la vieille distinction du vrai et du vraisemblable, souligne le caractère souvent très romanesque des faits vécus et il ne veut pas tout dire pour ne pas paraître incroyable. On lui a reproché d'avoir emprunté l'épisode du fanion rouge à Cyrano de Bergerac mais il insiste sur le caractère authentique de l'anecdote :

> Or je m'étais inspiré de l'exploit d'un téléphonard de notre régiment qui, à l'attaque du Mardi-Gras, s'était dressé contre le feu ennemi en agitant sa ceinture rouge, pour indiquer à l'artillerie qu'elle tirait trop court[49].

Le goût du romanesque, qui affleure dans nombre d'épisodes de la correspondance, est certes présent dans *Les Croix de bois* mais il s'épanouit plus particulièrement dans l'écriture de *La Machine à finir la guerre*.

Ce débat amène à s'interroger sur le statut du document chez le romancier. L'écrivain sait se montrer critique vis-à-vis de ses sources personnelles. Il a tenu très vite des carnets de guerre mais il insiste sur la fausseté de ses notes, trop marquées par l'euphorie des premiers moments de la guerre et qu'il décida donc de brûler[50]. On a vu combien la correspondance pouvait masquer la réalité mais elle inspire aussi

---

47 Roland Dorgelès, *Souvenirs sur Les Croix de bois, op. cit.*, p. 33.
48 Roland Dorgelès, *Bleu Horizon, op. cit.*, p. 23.
49 Roland Dorgelès, *Bleu Horizon, op. cit.*, p. 99.
50 Roland Dorgelès, *Souvenirs sur Les Croix de bois*, p. 19.

nombre de pages du roman, nourries de ces « éclats de vérité ». Dans sa préface aux lettres, Frédéric Rousseau confronte de façon éclairante des extraits de la correspondance et des pages du roman. La lettre fournit les petits détails authentiques garants du réalisme et de l'authenticité du témoignage ; elle joue sur la diversité des tonalités caractéristiques du roman qui associe les horreurs meurtrières, le romanesque et en constant filigrane le comique ; la verve fantaisiste du journaliste d'avant-guerre dans ses articles à *Fantasio* fleurit encore dans ses lettres de guerre et dans ses romans.

L'écrivain croise donc constamment vérité et fiction. Les lettres à la mère sont un affectueux mensonge qui dit pourtant sa part de vérité en n'éludant ni le cocasse, ni le ludique ni le comique ; les lettres à Madeleine viennent compléter cette représentation biaisée en rendant toute sa place à l'horreur. Nourri de cette double vision, le roman de guerre fictionnalise à son tour, par souci de transcender la subjectivité de l'épistolaire dans la vision plus objective du romancier.

Pierre-Jean DUFIEF
Université de Paris-Nanterre, CSLF

ROLAND DORGELÈS
ET LA PREMIÈRE RECONSTRUCTION

La Première Guerre mondiale a provoqué d'immenses dégâts dans le Nord et l'Est de la France. S'engage, dès la fin de 1918, une importante œuvre de reconstruction, appelée dans le vocabulaire administratif de l'époque « reconstitution ». La sécurisation des anciennes zones de combat, le nettoyage des sols, le déblaiement des ruines, l'implantation d'un habitat provisoire précèdent la remise en culture des terres et la reconstruction du bâti. C'est cet aspect de la sortie de guerre qu'évoque Roland Dorgelès dans *Le Réveil des morts*. D'abord publié en tranches successives dans la *Revue de France*, ce roman paraît en 1923 chez Albin Michel. Dans le chapitre de *Bleu horizon* intitulé « À la table du Bectorium », Roland Dorgelès raconte l'une des réunions des anciens du 39ᵉ Régiment d'Infanterie dans un restaurant montmartrois. Il y évoque son envie de « revoir les lieux » de ses combats, de « l'ancien front de l'Artois à Verdun[1] ». Sur son trajet, il s'arrête « dans un domaine du Soissonnais qui domine, du haut de la falaise, les ruines de Nanteuil et les marais de la Quincy[2] ». C'est dans le cadre du Chemin des Dames, où s'est déroulée l'offensive Nivelle de 1917, que Dorgelès va situer son roman.

Dorgelès y témoigne de la reconstruction dans le département de l'Aisne. L'histoire commence à en février 1919 et se déroule sur plus de deux années. Elle se passe à Crécy, commune fictive du Soissonnais, non loin de Vailly, de Laffaux et du chemin des Dames, dans une zone fortement touchée par la guerre : dans le canton de Vailly,

---

1 Roland Dorgelès, *Bleu horizon : pages de la Grande Guerre*, Paris, Albin Michel, 1949, p 103.

2 *Ibid.* Sur la genèse du *Réveil des morts*, nous reprenons les éléments indiqués par Juliette Sauvage dans son mémoire de Master Lettres 2 *Le Réveil des morts de Roland Dorgelès (1923), de destructions en reconstructions, entre dénonciation et hommage*, Université de Picardie, sous la direction de Marie-Françoise Lemonnier-Delpy, juin 2019.

la valeur de destruction dépasse 95 % de la valeur des immeubles existants en 1914[3].

Le romancier s'était documenté en séjournant en 1921 près de Laffaux, à la ferme de Chimy, que venait de racheter le futur homme politique Georges Monnet (1898-1980). Comme l'écrit le journal satirique *Le Coq rouge* en 1930, celui-ci

> a préféré les travaux exténuants des champs à la vie facile de la grande ville. Le lendemain de sa démobilisation, il arrivait à Celles-sur-Aisne, en plein Chemin des Dames. Rien encore n'était reconstruit. La terre ravagée par quatre ans de guerre affirmait par tous les obstacles qu'elle présentait, qu'elle ne voulait plus nourrir les hommes qui l'avaient ainsi abîmée. Georges Monnet s'installa dans une baraque en bois. Il acheta 250 hectares de terre. Et le miracle fut accompli. Une ferme modèle, des champs soignés ont remplacé l'affreuse zone rouge[4].

Selon sa biographe Micheline Dupray, Roland Dorgelès se met également à ce moment-là « au service d'un architecte ami, M. Jouven[5] », en tant que métreur bénévole : Alphonse Jouven (1875-1961) avait été nommé « architecte agréé du département de l'Aisne pour la reconstruction des régions Libérées » et avait été également « président de la Société des Architectes anciens combattants[6] ». Le catalogue de l'exposition Roland Dorgelès, tenue à la Bibliothèque nationale en 1978, émet par ailleurs l'hypothèse que l'un des informateurs de Dorgelès était Fernand Doucedame, qui fut à la fois dans l'entre deux guerres conseiller général radical et maire de Vailly et secrétaire général du comité d'action des régions dévastées, personnalité de gauche, proche de la CGT[7]. Par son

---

3   Edmond Michel, *Les dommages de guerre de la France et leur réparation*, Paris, Berger-Levrault, 1932, p. 260.

4   *Le Coq rouge*, 1er décembre 1930, cité par Edouard Lynch, *Moissons rouges, les socialistes français et la société paysanne durant l'entre-deux-guerres (1918-1940)*, Villeneuve d'Ascq, Presses universitaires du Septentrion, 2002, p. 346-347.

5   Micheline Dupray, *Roland Dorgelès. Un siècle de vie littéraire française*, Paris, Presses de la Renaissance, 1986, p. 228.

6   Source : Archives nationales (Paris), base de données Léonore (Légion d'honneur) [en ligne : http://www2.culture.gouv.fr/LH/LH155/PG/FRDAFAN84_O19800035v0671517. htm, consulté le 30 décembre 2019].

7   *Roland Dorgelès, de Montmartre à l'académie Goncourt*, Paris, Bibliothèque nationale, 1978, p. 111. Brève notice sur Fernand Doucedame dans Alain Trogneux, *Dictionnaire des élus de Picardie, 3 – l'Aisne*, Amiens, Encrage, 2010, p. 91. Voir aussi les mentions sur Doucedame dans Stéphane Bedhome, *Reconstruire le Chemin des Dames (1919-1939)*, thèse d'histoire

séjour dans l'Aisne, par ses contacts avec ces personnalités, Dorgelès s'est ainsi trouvé en plein cœur du processus de reconstruction.

Le roman de Roland Dorgelès apparaît donc comme une source pour l'historien, qui, comme toute source, mérite une critique historique. L'objet de cet article sera de mettre en résonance des extraits du roman de Dorgelès avec d'autres sources et avec ce que qu'ont apporté les études menées depuis une vingtaine d'années sur cette première reconstruction.

L'AMPLEUR DES DESTRUCTIONS :
LES « PAYS APLATIS »

Le roman de Dorgelès se déroule dans une zone fortement touchée par les destructions, ce qu'il appelle « les pays aplatis » : « C'est bien cela, aplatis ; le village, la contrée n'avaient plus de hauteur, le pilon de la guerre avait tout enfoncé dans le sol[8]. » Le roman évoque à plusieurs reprises l'ampleur des destructions :

> La guerre n'avait rien épargné. Des murs branlants, des tas de décombres, de grands trous noirs… De loin en loin, la carcasse détuilée d'un toit était restée suspendue dans le vide, ou bien une façade apparaissait, sans rien derrière, plantée comme un décor, et rageusement percée, en pleine pierre, par le jet d'un obus. Les rares maisons restées debout avaient des airs hagards, avec leurs fenêtres béantes comme des yeux crevés. Et de grandes balafres, par où le ciel passait[9].

Dorgelès écrit cela dès le début du roman. Plus loin, il évoque de nouveau les ruines de ces maisons :

> Quatre années de guerre avaient passé sur Crécy comme des siècles d'abandon. Des maisons s'ouvraient sans toit, comme des boîtes vides. Des plafonds effondrés laissaient pendre leur chevelure de lattes et de plâtras. Un escalier à la rampe tordue montait bizarrement vers le ciel, sans rien pour le soutenir[10].

---

sous la direction de Frédéric Rousseau, Université Paul Valéry Montpellier III, 2012, p. 131, 151, 194-197.

8   Roland Dorgelès, *Le Réveil des morts*, Paris, Albin Michel, 1923, p. 12.

9   *Ibid.*, p. 8.

10   *Ibid.*, p. 20.

La guerre a en effet provoqué d'immenses dégâts. Les régions dévastées se composaient de plus de 4700 communes : parmi elles, 423 (9 %) échappèrent à tout dommage, mais 620 (13 %) furent rasées. 1334 (28 %) étaient « plus qu'à moitié détruites », tandis que les 2349 restantes étaient « moins qu'à moitié détruites[11] ». D'après l'économiste Alfred Sauvy, les différents ministères concernés estimèrent, en 1921, à 34 milliards de francs-or le coût des biens perdus et de leur remise en état. Dans les dix départements partiellement ou totalement affectés par les opérations militaires (Nord, Pas-de-Calais, Somme, Oise, Aisne, Marne, Meuse, Ardennes, Meurthe-et-Moselle, Vosges), 11 000 édifices publics (mairies, écoles, églises…) et 350 000 maisons avaient été détruits, 2 500 000 hectares de terrains agricoles devaient être remis en état, 596 000 hectares de terrains bâtis, 62 000 kilomètres de routes, 1 858 kilomètres de canaux, plus de 5 000 kilomètres de chemins de fer étaient à refaire[12]. Les chiffres donnés par Dorgelès semblent donc un peu amplifiés : « En France, il y avait 700 000 maisons à rebâtir, trois millions et demi d'hectares à défricher[13] », mais les destructions ont atteint un niveau jamais vu jusque-là. Dans *Le Déclin de l'Europe* (1920), le géographe Albert Demangeon dépeint ainsi la catastrophe :

> Dans la France du Nord, c'est un cataclysme qui a tout renversé ; on ne déplore pas seulement la dévastation des forêts, des usines, des maisons, volontairement accomplie par l'ennemi ; il faut encore revoir par la pensée cette zone, longue de 500 kilomètres, large de 10 à 25, qui suit le front de la bataille et que le manque de culture, joint à la destruction de la bonne terre, a transformée en désert, en une steppe sauvage, en un champ d'éruptions[14].

Dans l'Aisne, où se passe *Le Réveil des morts*, 112 000 maisons sont détruites, ainsi que 2897 usines et 700 ponts et ouvrages d'art. Le réseau routier est entièrement à rétablir. 40 millions de mètres carrés de fil doivent être enlevés et 45 millions de mètres cubes de tranchées comblés. Sur les 841 communes du département, le coefficient de destruction des propriétés bâties atteignait 80 à 100 % dans 256 communes, 50 à 80 % dans 361 communes et 20 à 50 % dans 70 communes, la destruction

---

11   Edmond Michel, *op. cit.*, p. 277.
12   Jean-Jacques Becker et Serge Berstein, *Victoires et frustrations, 1914-1929*, Paris, Éditions du Seuil, 1990, p. 150.
13   Roland Dorgelès, *Le Réveil des morts, op. cit.*, p. 178.
14   Cité par Jean-Jacques Becker et Serge Berstein, *op. cit.*, p. 169.

étant inférieure à 20 % dans les 154 autres communes. Sur 111 557 immeubles bâtis existant en 1914, 51 119 avaient été complètement détruits, 28 506 partiellement détruits et 31 932 simplement endommagés[15]. La guerre a particulièrement atteint les églises et les châteaux. Dorgelès décrit une église de Crécy presque entièrement détruite : « L'église était réduite à quelques pierres, sans voûtes, sans autel, l'arc du portail en équilibre sur un pilier et menaçant de s'écrouler au moindre coup de vent[16] » et il évoque la destruction du parc et du château de La Motte :

> Du beau parc d'autrefois, il ne restait que quelques troncs morts, sans une branche [...]. Du château, pas d'autres vestiges que des pierres en tas, mais la clématite et la vigne vierge s'y accrochaient encore, demeurés fidèles à leur vieille maison[17].

306 églises de l'Aisne ont été détruites ou gravement endommagées[18] et la guerre provoque la disparition de nombreux châteaux en zone dévastée[19].

En dehors du bâti, ces destructions ont touché la forêt[20], comme le montre Dorgelès :

> Un grand ravin se creusait là, ses pentes recouvertes d'arbres dont la plupart étaient réduits à un moignon, ou bien déracinés et couchés de leur long dans les broussailles. Les gaz en avaient empoisonné beaucoup, tous les sapins étaient morts ; mais quelques acacias et les ormes, plus robustes, avaient résisté, et l'on voyait des bourgeons naître sur leurs branches blessées. Dans le verger, mangé par le chiendent, il ne restait que des squelettes de pommiers, tout noircis, les troncs de certains hérissés d'éclats d'obus, comme les piquants d'un cactus. Au pied de chaque arbre on avait fait à la hache une profonde entaille en biseau, ou bien soigneusement enlevé toute une couronne

---

15 Chiffres donnés par E. Roussel, ancien préfet de l'Aisne, dans *L'Illustration économique et financière, numéro spécial, l'Aisne, supplément au numéro du 1er novembre 1924*, p. 2.

16 Roland Dorgelès, *Le Réveil des morts, op. cit.*, p. 19.

17 *Ibid.*, p. 200.

18 Jean-Charles Cappronnier, « Les églises reconstruites en Picardie après la Grande Guerre », dans *Reconstructions en Picardie*, Paris, RMN, 2000, p. 152.

19 Jean-Charles Cappronnier, « La restauration des châteaux et manoirs en Picardie » dans André Corvisier et Jean Jacquart (dir.), *De la guerre réglée à la guerre totale, Les malheurs de la guerre, II*, Paris, Éditions du Comité des Travaux Historiques et Scientifiques, 1997 (actes du congrès d'Amiens d'octobre 1994), p. 147-160.

20 Sur la destruction de la forêt, voir Jean-Paul Amat, *Les forêts de la Grande Guerre, histoire, mémoire, patrimoine*, Paris, Presses de l'Université Paris-Sorbonne, 2015.

d'écorces. D'autres étaient abattus. – Vous voyez, montra le cultivateur à son ami, c'est le travail des Boches, au moment du repli, en 17. Ils fuyaient, ils devaient être crevés de fatigue, mais ils ont encore pris le temps de détruire, sans raison, pour le plaisir[21].

Par cette phrase, Dorgelès montre bien que les destructions ont été provoquées non seulement par les opérations militaires, mais aussi par la politique de terre brûlée menée par les Allemands lorsqu'ils se retirent au printemps 1917, lors de « l'opération Alberich[22] ». Après la bataille de la Somme, achevée fin 1916, les Allemands s'étaient engagés dans la construction d'une nouvelle ligne de défense, la ligne Siegfried, qui s'inclut dans un ensemble défensif plus vaste que les Alliés vont appeler la ligne Hindenburg. Au début de 1917, il est décidé de replier les troupes allemandes sur cette ligne. C'est une opération considérable qui concerne les 1er et 2e armées et une partie des 6e et 7e et qui vise à économiser les troupes. Ce retrait, qui va libérer de l'occupation un certain nombre de territoires picards, s'accompagne de nombreuses destructions. Il s'agit tout à la fois d'entraver la progression des armées alliées qui vont rentrer dans le territoire libéré et de ralentir la renaissance économique de ce territoire. De nombreux témoignages évoqueront ensuite cette destruction, l'un des plus célèbres étant sans doute celui d'Ernst Jünger dans *Orages d'acier* :

> Des compagnies entières poussaient des murs et les abattaient ou bien, perchées sur les toits, elles fracassaient les tuiles. On coupait les arbres, on cassait les vitres ; partout alentour des nuages de fumée et de poussière s'élevaient d'énormes tas de décombres [...]. Jusqu'à la position Siegfried, chaque village n'était plus qu'un monceau de ruines, chaque arbre abattu, chaque route minée, chaque puits empoisonné, chaque cours d'eau arrêté par des digues, chaque cave crevée à coups d'explosifs ou rendue dangereuse par des bombes cachées, chaque rail déboulonné, chaque fil téléphonique roulé et emporté, tout ce qui pouvait brûler avait flambé : bref, nous changeâmes le pays en désert, en prévision de l'avance ennemie[23].

D'autres témoignages allemands attestent pareillement de la destruction des arbres. Le *Berliner Tageblatt* souligne : « Tout le pays n'est qu'un

21   Roland Dorgelès, *Le Réveil des morts, op. cit.*, p. 29.
22   Yves Buffetaut, « Opération Alberich. Le repli allemand sur la ligne Hindenburg », *Tranchées*, hors-série, novembre 2012, p. 14-25.
23   Ernst Jünger, *Orages d'acier*, Paris, Gallimard, « Bibliothèque de la Pléiade », 2008, p. 114.

immense et triste désert, sans arbre, buisson et maison. Nos pionniers ont scié ou haché les arbres qui, pendant des journées entières, se sont abattus jusqu'à ce que le sol fût rasé[24].» Un article de *La Gazette de Francfort* du 19 mars, cité dans *Le Temps* du 23, note que «les magnifiques troncs des arbres qui bordent les routes françaises gisaient à terre, en partie sciés, pour être placés comme obstacles sur la route au dernier moment». Des peupliers, des ormes, des arbres fruitiers furent pour certains déracinés, pour d'autres coupés au ras du sol, parfois dynamités, entaillés à la hache ou leur écorce dépecée à la serpe sur plusieurs centimètres, de manière à interrompre le cours de la sève et assurer ainsi une mort brève au végétal.

La guerre terminée, le sentiment peut prévaloir de l'impossibilité de faire renaître le territoire dévasté, tellement la tâche semble immense de rendre à nouveau cultivable et habitable une terre pleine de trous d'obus et de barbelés. Roland Dorgelès prête ces interrogations à son personnage principal :

> Où commencer à défricher ? Et pour atteindre quoi ? Cette terre empoisonnée où les ronces d'acier entremêlent leurs racines, ces mottes desséchées, toutes criblées d'éclats...
> –Non, c'est de la folie, dit cette fois à voix haute Jacques Le Vaudoyer, en se remettant en marche. Il n'y a plus à récolter ici, que de la ferraille et des os[25].

L'État envisage alors qu'une partie du territoire dévasté ne soit pas reconstruit : ce sera la «zone rouge», ainsi dénommée par la couleur avec laquelle elle est représentée sur les cartes au 1/20 000ᵉ du service du cadastre. Le gouvernement français s'était doté du pouvoir de préempter des sols agricoles ne pouvant être rendus à la culture du fait de leur dangerosité, dans le cas où les dépenses de remise en état dépassent la valeur du terrain en équivalents francs 1914. Cette zone rouge était donc particulièrement dévastée, comme le note Dorgelès :

> Entre les tranchées, on voyait, de loin en loin, des roues de charrette, les restes tordus d'une herse, un grand réservoir de tôle tout déchiqueté, transporté là on ne sait comment ni pourquoi. On n'avait pas encore cisaillé le fil de fer, ni comblé les trous : c'était la pleine zone rouge[26].

---

24 Cité dans *Le Figaro* du 30 mars 1917.
25 Roland Dorgelès, *Le Réveil des morts*, *op. cit.*, p. 24.
26 *Ibid.*, p. 155.

Mais les populations sinistrées veulent voir renaître ce territoire. Dorgelès fait dire au fermer Didier Roger : « Croyez-moi, monsieur, votre zone rouge va fondre comme du sucre. Avant dix ans, il n'en restera plus un arpent. Alors, autant s'y mettre tout de suite[27]. » En effet, la superficie de cette zone rouge va être diminuée, notamment à la demande des sinistrés, qui l'expriment par exemple lors d'une visite du ministre des Régions libérées, Charles Reibel, à Craonne en 1922. Dans l'Aisne, les commissions cantonales avaient classé plus de 19 000 ha de terres en zone rouge en 1919. Ces terrains ravagés par les combats sont situés sur l'ensemble du Chemin des Dames, mais aussi dans le Soissonnais et le Vermandois. Mais, en raison de leurs potentialités agricoles, ces terres sont progressivement remises en culture. Dorgelès évoque l'importance des travaux dans les champs au cours dès l'été 1919 : « Pendant des mois, les paysans avaient hésité [...] ; puis ils s'étaient mis en route et maintenant, are par are, ils reprenaient la terre ; rien ne les arrêtait plus. Dès le premier été, ils avaient moissonné[28]. » En 1927, la zone rouge de l'Aisne se stabilise à 717 ha à l'Est du Chemin des Dames (plateau de Californie). De même, dans la Somme, la surface de la zone rouge est finalement ramenée à 441 hectares en 1926, au lieu des 28 000 hectares initiaux ; elle s'étend alors sur les terres de Thiepval, Authuille, Grandcourt et Frise[29].

LE RETOUR DES RÉFUGIÉS

Dès le début du roman, il est question du retour rapide des réfugiés au cours de l'hiver 1918-1919 :

> Il se rapatriait ainsi de nouveaux habitants tous les jours. Sans maisons, sans argent, sans ouvrage, ils revenaient quand même, les vieux grimpés dans les camions de la troupe, les hardes et les gosses poussés par une brouette, ne sachant pas comment ils mangeraient le lendemain. On s'aménageait des

---

27 *Ibid.*, p. 25.
28 *Ibid.*, p. 122-123.
29 Hugh Clout, *After the Ruins, Restoring the Countryside of Northern France after the Great War*, University of Exeter Press, 1996, p. 266-267.

tanières, on descendait ses paillasses sous les tôles métro, où Allemands et Français avaient dormi, et l'armistice n'était pas signé depuis trois mois que déjà la vie reprenait sous les ruines, comme une mystérieuse germination[30].

Cette phrase de Dorgelès peut être rapprochée de celle de l'historien axonais Gabriel Hanotaux qui, visitant l'Aisne en octobre 1918, dit avoir sous les yeux

> le premier spectacle du retour. [...] Des familles rentrent. Vieillards, femmes, gamins (car les hommes sont à la guerre) traînant de petites charrettes, des brouettes, des voitures d'enfants, d'étranges véhicules faits avec des roues de bicyclettes ou de charrues et portant des matelas, des édredons, de vagues ustensiles de cuisine. Ils viennent, par bandes, chercher ce qu'il reste de leur foyer. Des bourgeoises en toilette, des vieux messieurs en chapeau melon, des mendiants en loques, des gosses toussant dans leurs cache-nez, tout cela tire, pousse, agrippe, aide en silence. Les yeux sont fixés sur une chose devinée au loin ; c'est le but, quelque maison en ruines. Qu'importe, on arrive ; on est chez soi parmi ces décombres, dans cette cave tapie au sol et qui n'en est que plus sûre[31].

La Première Guerre mondiale a provoqué d'importants mouvements de population, sur le front occidental en particulier en Belgique et en France. On peut estimer les réfugiés français de la Grande Guerre à environ deux millions[32]. À l'armistice, l'Aisne ne compte plus que 196 171 habitants, soit 37 % de sa population en 1914 (530 226 habitants)[33]. Or, dès la libération des territoires occupés, on observe une volonté d'un retour des réfugiés. Cette volonté a de multiples causes. Dorgelès tente une analyse, quand il écrit :

> Ailleurs, ils étaient des réfugiés, c'est-à-dire des manières de mendiants, tandis qu'ici ils sont chez eux [...]. S'ils avaient été mieux traités dans les villes et les campagnes où l'administration les avaient relégués, ils ne seraient pas revenus si vite[34].

La volonté d'un retour rapide s'explique en particulier par les tensions croissantes que l'on observe dans les départements d'accueil entre

---

30   Roland Dorgelès, *Le Réveil des morts*, *op. cit.*, p. 10.

31   Gabriel Hanotaux, *L'Aisne pendant la Grande Guerre*, Paris, Félix Alcan, 1919, p. 84.

32   Philippe Nivet, *Les réfugiés français de la Grande Guerre*, « les Boches du Nord », Paris, Economica, 2004.

33   Edmond Michel, *op. cit.*, p. 94.

34   Roland Dorgelès, *Le Réveil des morts*, *op. cit.*, p. 11.

les réfugiés et les populations autochtones. Dans un premier temps, en 1914, les populations des départements de l'intérieur avaient fait preuve de solidarité à l'égard de leurs compatriotes chassés par l'invasion. Mais une inflexion est observée, souvent vers 1916, et on observe une moindre commisération à l'égard des réfugiés. Après quatre ans de conflit, au second semestre 1918, malgré l'existence de nombreuses aides aux réfugiés et des dévouements individuels de laïcs et de religieux, malgré la sollicitude des pouvoirs publics, malgré les remarques acerbes de quelques journaux locaux envers l'égoïsme des populations de l'intérieur, les tensions existent dans de nombreuses régions entre ces populations et les réfugiés.

À ce malaise s'ajoute la conviction qu'a le réfugié, souvent sans travail dans son lieu de refuge, que sa présence est indispensable dans sa ville ou dans son village d'origine, pour participer aux premiers travaux de la reconstruction, pour procéder aux semailles d'automne, pour récupérer des objets de valeur enfouis au moment du départ précipité ou, tout simplement, pour protéger ce qui reste de ses biens ou de sa maison. Dans beaucoup de lettres de réfugiés est exprimé, à l'automne 1918, ce souhait d'un retour rapide pour constater l'ampleur des destructions ou pour procéder aux travaux, notamment sur les toitures, qui permettraient à la demeure faiblement endommagée de résister au mauvais temps hivernal. Beaucoup craignent que, si leur retour est retardé, la dévastation de leurs biens ne soit accentuée, soit du fait des soldats, qui enlèvent les planchers des habitations, démolissent des portes intérieures ou détruisent des bois de charpente pour en faire du bois de chauffage, soit du fait d'autres habitants déjà rentrés qui dépècent les maisons voisines abandonnées pour restaurer les leurs. Cette motivation est exprimée dans le roman par Canivet, qui explique à Jacques Le Vaudoyer pourquoi il met une clôture à son jardin pourtant réduit à un dépotoir de détritus et de plâtras :

> Avec tout ce monde qui rentre, vous comprenez, il faut commencer à ouvrir l'œil, avait-il expliqué à l'architecte amusé. Chacun va vouloir se tailler un potager à son idée, ce sera à qui s'endormira sur l'enclos du voisin, alors, moi, je prends mes précautions[35].

Des explications analogues se trouvent dans des lettres écrites par des réfugiés, comme celle d'une veuve de soixante-douze ans, originaire

---

35 *Ibid.*, p. 38.

de Rocquencourt, dans le canton de Breteuil (Oise), qui souhaite ainsi rentrer rapidement, car elle sait « qu'il y a des évacués rentrés et qui réparent chez eux en empruntant ce qui leur manque chez leurs voisins absents[36] ».

Les réfugiés espèrent aussi que le retour dans leur pays d'origine permettra de reconstituer des solidarités disparues, de retrouver des proches, membres de la famille ou voisins, qu'ils n'ont pas revus depuis les évacuations. Des femmes savent que leur mari, mobilisé, est en permission au pays et elles attendent d'être autorisées à rentrer pour le revoir.

Cette volonté de retour rapide se heurte aux règles administratives fixées pour la réintégration des habitants : le retour est conditionné à l'autorisation du préfet du département destinataire, qui n'est accordée qu'aux habitants disposant de possibilités de logement ou dont la présence est jugée utile pour la remise en marche économique de la région. Mais certains réfugiés, las d'attendre une autorisation qui tarde à venir, parfois parce que leur demande a été perdue, rentrent sans autorisation.

Autorisées ou spontanées, les réintégrations sont donc assez rapides. En juin 1919, Léon Accambray, député de l'Aisne, après avoir parcouru 56 communes des cantons de Crécy-sur-Serre, La Fère, Coucy-le-Château, Anisy-le-Château et Chauny, estime que le pourcentage moyen de la population revenue dans cette région très dévastée de l'Aisne est de 27 % – 34,5 % dans les communes non complètement détruites, 15 % dans les communes complètement détruites[37].

L'une des principales préoccupations des réintégrés est de se loger. Comme le montre le roman, certains effectuent eux-mêmes les travaux nécessaires pour avoir un toit, soit en réparant des maisons – « Les quelques maisons à peu près habitables avaient été réparées tant bien que mal avec des planches et du papier goudronné » note Dorgelès[38], soit en improvisant une habitation de fortune :

> On trouvait dans la plaine des matériaux de toutes sortes : planches, tôles, solives, rouleaux de bitumes, amoncelés là en 17 en prévision de l'avance,

---

36 Lettre de septembre 1918, AD Loiret 20 M 31.
37 *Journal officiel, Débats de la Chambre des députés*, 1919 p. 2854, et, pour le document complet, Archives nationales, F/2/2103. La population de ces communes est de 13 511 au 1er mai 1919 (49 562 en août 1914).
38 Roland Dorgelès, *Le Réveil des morts, op. cit.*, p. 42.

et c'était dans ce chantier public que venaient s'approvisionner les sinistrés, aussi bien pour monter une baraque que pour faire du feu[39].

D'autres vont vivre dans des baraquements provisoires édifiés par les pouvoirs publics, modèle Adrian ou Nissen par exemple. Dorgelès évoque le montage de ces baraques quand le jardinier Canivet s'embauche au Service des Travaux de l'État :

> Ayant vu monter des baraques par des Portugais et ayant tant bien que mal construit la sienne, il avait au moins quelques notions, et il apprit aux autres qu'on commençait par poser le plancher sur des dés de maçonnerie, ce qui n'était pas très difficile ; ensuite, on n'avait plus qu'à dresser les panneaux tout autour en suivant le numérotage et pour le toit, ma foi, au petit bonheur la chance[40]....

Au 1er octobre 1922, on comptait dans l'Aisne 28 404 constructions provisoires et semi-provisoires terminées, dont 17 176 en bois, 10 571 faites avec des matériaux de réemploi et 657 baraquements ; 1800 étaient alors encore prévues[41].

Cette vie au provisoire est difficilement supportable. « Privés de tout, se chauffant dans leurs tanières avec des poêles de tranchées, poussant le lit d'un coin à l'autre de la maison quand la pluie avait percé le toit, ne trouvant pas d'eau aux fontaines, la plupart des ruisseaux détournés ou taris, ils s'accrochaient à leur désert avec une sorte de désespoir ou bien d'attente aveugle » note Dorgelès[42]. Cette phrase fait écho à de multiples témoignages sur la campagne axonaise dévastée, comme celui de Frédéric Bertrand, vice-président de l'union des syndicats agricoles de l'Aisne et président de la confédération générale des associations agricoles des régions dévastées :

> Habitant les caves de leurs maisons ruinées ou quelque habitation provisoire en planches, grattant avec des moyens de fortune un sol épuisé, à peine sûrs du pain quotidien, et malgré des difficultés innombrables et de toutes sortes, les familles agricoles sont revenues d'accrocher chacune à son coin de terre et se sont mises au travail avec une énergie à peine croyable. Les pionniers de la reconstitution, ceux qui furent là aussitôt après l'armistice, eurent d'abord

---

39 *Ibid.*, p. 40.
40 *Ibid.*, p. 105.
41 *Ibid.*, p. 290.
42 *Ibid.*, p. 63.

une impression pénible d'isolement et d'abandon. Toute cette région, naguère vivante de l'agitation des camps, était devenue brusquement désertique et silencieuse et presque privée de communications avec le reste de la France[43].

Les réintégrés, ne touchant qu'une petite allocation de l'État comme le note Dorgelès au chapitre II[44], bénéficient de l'aide d'œuvres philanthropiques, françaises comme étrangères. Dorgelès évoque les « petites miss de l'Y.M.C.A » (Young Men's Christian Association), qui peuvent venir en aide aux civils après l'être venu aux soldats[45], et l'œuvre du « Bon Gîte[46] » : « à son dernier voyage, [Hélène] avait apporté des draps, des langes, des camisoles, des souliers recueillis dans des œuvres et chez des amis et, grâce à ses démarches, le Bon-Gîte venait d'envoyer une voiture de meubles pour les plus dépourvus[47]. »

Le tableau dressé par Dorgelès permet de comprendre pourquoi certains envisagent de faire repartir les réintégrés. La reconstruction immobilière tarde en effet, comme le montre l'évocation par Dorgelès de l'hiver 1919-1920 à Crécy :

> Un nouvel hiver de misère s'ouvrait. On s'était blotti dans les caves, dans les masures aux bois percés, et l'on regardait avec envie ceux qui pouvaient se calfeutrer dans les baraques provisoires du district. Rien n'était rebâti ; vingt maisons à peine étaient réparées ; et il fallait loger trois cents ménages, des ouvriers, des employés, des gens de passage. Les nuits de gros temps, on pataugeait dans ces taudis, l'eau ruisselait de partout et, pendant que la femme cherchait un coin sec où tirer le berceau, l'homme, sorti sous la pluie, dressait un barrage à l'entrée de la cave ou, grimpé sur le toit, reclouait à l'aveuglette les lattes et le carton arrachés par le vent[48].

Cet hiver 1919-1920, les pouvoirs publics l'avaient redouté plusieurs mois auparavant. Lors de la séance du 4 juin 1919 de la Commission des

---

43 Frédéric Bertrand, « L'Aisne agricole » dans *L'Illustration économique et financière*, *op. cit.*, p. 21.

44 Roland Dorgelès, *Le Réveil des morts*, *op. cit.*, p. 52. Chaque réfugié rentrant dans la commune où il était domicilié le 1er août 1914 a droit à un secours de 20 francs, augmenté de 10 francs par personne à charge, et continue, sur simple avis transmis par le préfet du département de refuge au préfet du département de retour, à toucher, jusqu'à la date de l'autorisation générale de retour et pendant trois mois après cette date, l'allocation des réfugiés dont il aurait continué à jouir s'il était resté en exil.

45 *Ibid.*, p. 11.

46 Celle-ci, lors de l'exposition « La cité reconstituée » en 1916, avait présenté du mobilier fourni aux sinistrés.

47 R. Dorgelès, *Le Réveil des morts*, *op. cit.*, p. 59.

48 *Ibid.*, p. 128.

régions libérées, le ministre avait déclaré qu'il « ne faut point laisser se créer d'illusions. L'hiver venu, il sera nécessaire de conseiller aux réfugiés trop tôt rentrés chez eux [...] de consentir à redevenir des réfugiés[49]. » De tels propos avaient scandalisé des élus axonais, comme Léon Accambray et Olivier Deguise, qui considèrent que « c'est une parole impie que de leur laisser entrevoir qu'ils seront de nouveau, au hasard de l'inconnu, transportés peut-être dans des wagons à bestiaux, abandonnant les pauvres hardes si chèrement achetées, pour aller [...] vivre dans des foyers étrangers[50] ».

LA PHASE D'URGENCE : LES PREMIERS TRAVAUX

Le roman de Dorgelès évoque les nombreux travaux effectués dans les mois suivant la sortie de la guerre : nettoyage et nivellement du sol, désobusage, remise en route des infrastructures, installation des habitats provisoires.

Avant même l'armistice, l'État avait mis en place des organismes qui s'impliqueraient dans la reconstruction. *Le Réveil des morts* mentionne l'office de reconstitution industrielle[51], créé en août 1917, qui distribuait aux usines en train de se reconstituer matières premières, outillage et machines ; l'office de reconstruction agricole[52], créé simultanément, chargé de rassembler, de réparer et de redistribuer des machines agricoles abandonnées, d'assurer la mise à disposition de semences, d'engrais et de bétail aux agriculteurs qui rentraient, d'encourager les coopératives agricoles, de commander les machines agricoles neuves... et le service de motoculture[53], fondé au printemps 1917, avec pour mission de rendre à la culture les terres arables grâce au déploiement de groupes de tracteurs. Quelques semaines après l'armistice est créé, par décret du 13 décembre 1918, le Service des travaux de première urgence, qui avait pour mission la remise en état du sol, y compris le déblaiement des matériaux et la destruction et le ramassage des projectiles qui n'auraient pas été enlevés par les soins de l'armée, la

---

49   Archives nationales, C 7768, procès-verbaux de la commission des régions libérées.
50   *Journal officiel, débats de la Chambre des députés*, 1919 p. 2855 et p. 2880.
51   Roland Dorgelès, *Le Réveil des morts, op. cit.*, p. 14.
52   *Ibid.*, p. 147.
53   *Ibid.*, p. 108.

mise en culture des terres susceptibles d'être ensemencées, les premières réparations aux maisons endommagées et l'installation d'abris provisoires pour les sinistrés qui rentraient. Selon Dorgelès, la création de ce service avait suscité de nombreux espoirs chez les sinistrés :

> Ce qui avait rendu l'espoir aux plus découragés, ç'avait été la création, à Crécy, d'un Service des Travaux de première urgence, constitué avec les cadres des anciens Travaux du front, et qui promettait de tout faire : déblayer, réparer, construire. Rien qu'en prononçant ces quatre lettres magiques, S.T.P.U, les sinistrés croyaient que les murs allaient sortir de terre tout jointoyés[54].

Ce service évoluera courant 1919 en Service des travaux d'État (STE), évoqué à plusieurs reprises dans le roman.

Dans le contexte de crise démographique que traverse la France après la guerre, du fait des morts, des blessés, des prisonniers de guerre, il est difficile de trouver tous les travailleurs nécessaires à cette reconstruction, d'autant plus que d'autres employeurs, comme les grandes usines de la région parisienne, paient mieux. Les prisonniers de guerre allemands, libérés plus tard que leurs homologues français – leur rapatriement se termine au mois de février 1920 – sont associés aux premiers travaux de la reconstruction : ce sont eux qui montent la baraque Adrian qu'occupent les Le Vaudoyer dans le roman[55]. Mais cette main-d'œuvre n'est employable que jusqu'à la paix et la France doit donc faire appel à de la main-d'œuvre étrangère. Cette crise de la main-d'œuvre et la solution apportée sont mentionnées dans le roman :

> Il devenait presque impossible de recruter du personnel pour la culture. Les charretiers, qu'avant la guerre on payait quarante-cinq francs et nourris, en exigeaient maintenant deux cents, et il fallait en faire venir de Pologne, en payant leur voyage d'avance et sans être sûr de les garder longtemps

note Dorgelès[56], qui poursuit : « Toutes les races du monde grouillaient sur l'ancien front. La France dévastée était devenue un exutoire

---

54 *Ibid.*, p. 18.
55 *Ibid.*, p. 12. Sur la question de l'implication des prisonniers de guerre allemands dans la reconstruction, voir Hazuki Tate, « La reconstruction des zones libérées et les prisonniers allemands (1918-1920) » dans *La Grande Guerre et les travaux publics, Pour mémoire, Revue des ministères de l'environnement, de l'énergie et de la mer, du logement et de l'habitat durable*, n° hors-série, hiver 2015/2016, p. 193-197.
56 Roland Dorgelès, *Le Réveil des morts, op. cit.*, p. 151.

pour la misère du monde entier[57]. » En effet, dans le Soissonnais, où la population avait diminué de 25 % entre 1911 et 1921, le maigre renfort provoqué par l'immigration spontanée de travailleurs du bâtiment venus d'Espagne, de Portugal et d'Italie ne suffit pas et on a recours à une véritable colonisation agraire en faisant appel à une main-d'œuvre slave. La seule année 1922 a vu entrer dans le département de l'Aisne plus de 3000 ouvriers agricoles de nationalité polonaise[58]. De grands exploitants agricoles se regroupèrent dans une Société générale d'immigration agricole et ouvrière qui procéda au recrutement, à l'acheminement et à la répartition des immigrants de Pologne. Ensuite, des contrats entre États furent signés. 85 000 ouvriers agricoles furent recrutés en six ans[59].

Le Réveil des morts évoque également la main-d'œuvre chinoise, qui intervint dans les débuts de la reconstruction, sous commandement français ou sous commandement britannique[60]. Dans le premier chapitre, il évoque les découvertes faites par les Chinois dans les tranchées et les « feux d'artifice » qui en découlent. « Les fusées se suivaient, rouges, blanches, vertes, montées sur un tremblant fil d'or. Avec les centaines de caisses trouvées dans les tranchées, les Chinois avaient de quoi s'amuser longtemps[61]. » Dans le second, c'est l'exhumation des corps qui est relatée :

> Les Chinois, qu'on voyait travailler plus loin, avaient ouvert une dizaine de fosses, depuis le matin. […] Les Chinois, quand ils avaient sorti un corps, le plaçaient dans une grande toile de tente, dont ils nouaient les coins au milieu d'un bâton, et, l'un à chaque bout, ils emportaient leur charge d'os, comme ils faisaient dans leurs rizières[62].

---

57 *Ibid.*, p. 152.

58 Frédéric Bertrand, art. cité, p. 22.

59 Robert Attal, « Des bras pour reconstruire : l'immigration dans le Soissonnais », dans *Reconstructions en Picardie après 1918*, Paris, Éditions de la Réunion des Musées nationaux, 2000, p. 87-98.

60 Nous reprenons là une analyse déjà développée : Philippe Nivet, « Les travailleurs chinois dans le contexte de la reconstruction » dans Li Ma (sous la direction de), *Les travailleurs chinois en France dans la Première Guerre mondiale*, Paris, CNRS éditions, 2012, p. 203-223. Voir aussi Laurent Dornel et Céline Regnard, *Les Chinois dans la Grande Guerre, des bras au service de la France*, Paris, Les Indes Savantes, 2018, p. 85-96 notamment.

61 Roland Dorgelès, *Le Réveil des morts, op. cit.*, p. 6.

62 *Ibid.*, p. 31.

La presse a estimé à 25 000 le nombre de Chinois sous contrat avec le STPU[63]. Ces travailleurs sont, pour la plupart, affectés au signalement des obus[64], à l'enlèvement des réseaux de fil de fer et barbelés, au nettoiement du sol, au comblement des tranchées, aux travaux provisoires aux habitations et à la récupération d'objets mobiliers, à l'enterrement des cadavres.

Le Réveil des morts traduit la mauvaise réputation de ces travailleurs auprès des populations autochtones. Dès les premières pages, Dorgelès les campe de manière grotesque :

> C'était [...] un cortège de Chinois qui rejoignaient leur camp. Ils se suivaient en procession, tous affublés de capotes trop longues ou de défroques civiles dans lesquelles ils flottaient, les uns coiffés de képis, les autres de calots qu'ils enfonçaient jusque dans les oreilles ; un grand arborait même un bonnet de castor enjolivé de pompons[65].

Dans le troisième chapitre, ils sont accusés de paresse :

> Le district, qui commençait à fonctionner cahin-caha, n'employait guère comme ouvriers que des prisonniers de guerre et des Chinois et tandis que ceux-ci, bien nourris, chaudement vêtus, flânaient dans le pays, se mettant quatre pour conduire une brouette vide et restant assis des heures sur les tas de décombres qu'ils devaient enlever, les habitants, privés de tout, s'aigrissaient dans le désœuvrement[66].

Dorgelès note ensuite :

> Ils arrivaient bien, pierre à pierre, à déblayer quelques rues, à combler quelques tranchées, mais cela s'accomplissait en quelque sorte malgré eux, par la force du temps, et parce qu'il était physiquement impossible d'en faire moins. Pour l'enlèvement des obus, ils y avaient tout de suite renoncé, trouvant la

---

63 Hugh Clout, op. cit., p. 89, d'après M. Hénard, « La main-d'œuvre chinoise », Journal des régions dévastées, 26 octobre 1919.

64 Selon Julien Raux (L'intervention des Chinois pendant la reconstruction du Pas-de-Calais, mémoire de maîtrise sous la direction de Stéphane Audoin-Rouzeau et Anne Duménil, Université de Picardie, 2001-2002, p. 27), « contrairement à ce que pense l'opinion, les Chinois sous autorité française n'ont donc pas servi de démineurs. Leur tâche consistait à écumer l'ancien champ de bataille en ligne et à planter un bâton à chaque fois qu'ils découvraient un projectile, de façon à accélérer l'intervention des démineurs, qui passaient ultérieurement ». Ceux sous autorité britannique sont en revanche employés au désobusage (Laurent Dornel et Céline Regnard, op. cit., p. 89).

65 Roland Dorgelès, Le Réveil des morts, op. cit., p. 7.

66 Ibid., p. 49.

tâche trop périlleuse, et les explosifs attendaient dans les champs la venue d'artificiers français[67].

Un peu plus loin, il écrit : « si étrange que cela pût paraître, les Chinois, le dimanche, parvenaient à travailler encore moins qu'en semaine[68]. » Selon Dorgelès, les habitants trouvaient que les Chinois leur manquaient de respect, ne respectaient pas leur intimité :

> Silencieux, invisibles, ils se faufilaient partout, pas plus gênés pour pousser une porte que pour escalader un mur, et à tout moment des habitants rentrant chez eux en trouvaient d'installés à leur table, pas menaçants du tout, l'air avenant au contraire [...]. Les déloger était impossible[69].

Dans les rues, le dimanche, « taquins, ils se moquaient de tout le monde et tournaient en dérision les habitants qui se croyaient les plus malins[70] ». Ils sont accusés d'actes de délinquance, explicables par leur origine :

> C'étaient pour la plupart des vauriens racolés dans les ports, des coolies qui n'avaient jamais tenu une pioche, quelques étudiants pauvres, aussi, qui avaient trouvé ce moyen d'apprendre le français et de connaître l'Europe sans qu'il leur en coûtât un taël. Pendant deux ans, ils avaient travaillé à Lyon dans les usines de guerre, et il fallait les employer encore un an ou deux pour achever leur contrat[71].

Ainsi, selon Dorgelès, « les Chinois étaient devenus les maîtres de la contrée [...], et, excepté les commerçants qui vivaient d'eux, tout le monde les regardait comme un fléau[72]. »

Les propos de Roland Dorgelès sont le reflet des plaintes des réintégrés à l'égard des Chinois, dont atteste par exemple le vœu des « Agriculteurs de la Somme », réunis le 19 avril 1919,

> que, pour ramener la quiétude dans les villages réintégrés plus ou moins populeusement, les compagnies de travailleurs chinois soient éloignées et occupées dans des endroits où une surveillance active et continue puisse être faite. Les habitants épars dans les ruines, les femmes sont justement alarmés des méfaits répétés de ces bandes paresseuses dans lesquelles se rencontrent

---

67 *Ibid.*, p. 51.
68 *Ibid.*, p. 58.
69 *Ibid.*, p. 50.
70 *Ibid.*, p. 58.
71 *Ibid.*, p. 50.
72 *Ibid.*, p. 49.

de nombreux et violents pillards et assassins. Le peu de travail effectué par les Chinois ne peut pas les faire regretter[73].

Aux yeux des réintégrés, les Chinois apparaissent en effet, pour reprendre l'expression de l'historien Louis Chevalier, comme une « classe dangereuse[74] ». Ce sentiment est exacerbé par leurs agitations, comme, à la fin de l'été 1919, la tentative de 4 à 500 d'entre eux travaillant dans la région de Braine (Aisne) de se diriger vers Soissons pour protester contre l'absence de salaire pendant un mois et contre une punition abusive infligée à l'un d'entre eux ; seule l'intervention d'un colonel, un colonial parlant leur langue, avait pu alors éviter le pire : des zouaves avaient été positionnés à Soissons pour les recevoir à coups de fusil[75]. Il est surtout entretenu par les faits divers sanglants que la presse relate avidement. Ainsi, le 7 septembre 1919, rendant compte d'un double assassinat commis à Hamelincourt (Pas-de-Calais), *Le Messager de la Somme* écrit : « Une fois de plus, les environs d'Arras viennent d'être plongés dans la plus profonde consternation à l'annonce d'un crime monstrueux commis par les Chinois », tandis que *Le Progrès de la Somme*, dressant le bilan de l'année 1919, note : « La criminalité n'a pas chômé dans la Somme en 1919 et c'est aux Chinois que nous devons la majeure partie des assassinats et attentats que nous avons eus à signaler ». *Le Journal des régions dévastées*, qui paraît à partir du 18 mai 1919, fait fréquemment état, dans ses rubriques départementales, des récriminations contre les Chinois. Ces plaintes sont relayées dans les débats d'assemblées, parlementaires, locales ou consulaires.

---

73 *Le Messager de la Somme*, 4 mai 1919.
74 On fait ici référence au livre de Louis Chevalier, *Classes laborieuses, classes dangereuses*, Paris, Plon, 1958.
75 *Journal des régions dévastées*, n° 17, 7 septembre 1919, p. 266.

LES DOMMAGES DE GUERRE
ET LA RECONSTRUCTION

La reconstruction se fait dans le cadre de la loi sur les dommages de guerre qui, après de nombreuses discussions, est promulguée le 17 avril 1919. Dorgelès y fait allusion dans son roman :

> Le jour où l'on sut que la loi sur les dommages de guerre était enfin votée, Crécy fut dans la joie. On se jeta sur les journaux, que les soldats rapportaient de Soissons. Ces colonnes de texte serré que les sinistrées épelaient sans toujours bien comprendre, c'était pour eux la promesse que leurs épreuves allaient finir[76].

La loi prévoit le droit à l'indemnité pour les sinistrés. En matière immobilière, l'indemnité de dommage comprend deux éléments : le montant de la perte subie, évaluée à la veille de la mobilisation, auquel s'ajoutent les frais supplémentaires nécessaires à la reconstitution réelle des immeubles endommagés. La valeur de 1914 est donc coefficientée, pour tenir compte de l'augmentation du prix de la main-d'œuvre et des matériaux et de la dépréciation de la monnaie. Cela permet à certains d'espérer toucher une belle somme, comme le montrent dans le roman les propos du maire de Crécy, Gagneux :

> Il voyait bien que l'architecte devinait son manège : passer dans les premiers devant la Commission cantonale, faire accepter, grâce à son gendre, qui était expert, son évaluation de 300 000 francs, valeur 1914, ce qui lui ferait plus d'un million et demi au coefficient du moment.

Les variations du coefficient font des gagnants et des perdants, comme le montre Dorgelès à la fin du chapitre X : la cadette des filles Fargeton dont la maison a été détruite peut se faire construire une maison plus belle que celle de son aînée épargnée par la guerre et la baisse du coefficient demandée par un ministre pénalise le jardinier Canivet[77].

Une partie du débat aboutissant à la loi sur les dommages de guerre a porté autour de la question du remploi. Dorgelès y fait allusion :

---

76 Roland Dorgelès, *Le Réveil des morts, op. cit.*, p. 64.
77 *Ibid.*, p. 237-238.

Comme on pouvait remployer dans un rayon de cinquante kilomètres, on voyait s'élever dans Soissons et dans Laon, comme ailleurs dans Arras, Reims, Dunkerque ou Verdun, des raffineries, des filatures, des villas luxueuses, bâties avec l'argent de mille bicoques calcinées qu'on ne relèverait jamais. Avec 100 000 francs de dommages de guerre valeur 1914, achetés au bon moment, et payés la moitié, on se faisait construire un hôtel ou une usine d'un demi-million[78].

Lors de la discussion du projet à la Chambre des Députés, en octobre 1916, le député du Gers Abel Gardey avait déposé un amendement qui, tout en admettant l'obligation du remploi en similaire ou en identique, levait les restrictions géographiques qui l'accompagnaient. Dans une perspective libérale, il s'agissait d'assurer au pays tout entier qui avait accepté son devoir de solidarité des avantages économiques décisifs, en faisant jouer pleinement les avantages comparatifs des différentes régions[79]. Le député de la Somme, Louis-Lucien Klotz, avait combattu vigoureusement cet amendement : appliqué, il risquait de provoquer l'exode des industriels hors des régions envahies dont l'activité économique demeurerait longtemps perturbée. Klotz oppose à l'argument de l'intérêt national qu'il serait très dangereux d'introduire un déséquilibre puissant dans la répartition des activités économiques. Finalement, les dommages sont attribués uniquement si l'indemnité est utilisée dans la commune du sinistre ou dans un rayon de 50 km sans que l'on sorte de la zone dévastée. La clause relativement restrictive devait permettre de faire renaître la vie locale dans les régions sinistrées.

Dans le chapitre IV du *Réveil des morts*, Dorgelès fait dire au jardinier, Canivet, que son « dossier n'est pas prêt[80] ». Les sinistrés doivent, en effet, constituer un dossier de dommages, établir l'inventaire précis des constructions telles qu'elles existaient avant la guerre, avec plans et croquis de façades, puis proposer une estimation détaillée poste par poste. Pour cela, les sinistrés peuvent faire appel aux architectes, nombreux à s'être installés dans la France dévastée où ils espèrent faire leurs affaires, à l'image de Jacques Le Vaudoyer qui « jugeait impossible de se créer une situation à Paris, tandis que sur l'ancien front où il fallait reconstruire des maisons par milliers, un homme actif était certain de

---

78   *Ibid.*, p. 183.
79   *JO, Débats de la Chambre des députés*, séance du 10 octobre 1916.
80   Roland Dorgelès, *Le Réveil des morts, op. cit.*, p. 81.

se faire une place[81] » : le nombre des architectes présents dans l'Aisne lors de la reconstruction est évalué à 200[82]. L'association des architectes à l'élaboration des dossiers de dommages est bien soulignée dans le roman : « Jacques Le Vaudoyer constitua bien lui aussi des dossiers, et sans demander un sou d'avance, mais les sinistrés préféraient s'adresser ailleurs : on le trouvait trop juste dans ses estimations[83]. »

Les dossiers sont soumis à la commission cantonale prévue par la loi des dommages de guerre, comme le mentionne Dorgelès : « Les sinistrés commençaient à passer devant la Commission cantonale pour la fixation de leurs dommages, et ils vivaient tous dans l'attente anxieuse de l'expert[84]. » Ces commissions sont composées d'un président choisi parmi des juristes (souvent des magistrats de tribunaux civils et les juges de paix mais aussi des avocats) ; d'un membre désigné par le ministre des finances et le ministre des régions libérées ; d'un architecte, entrepreneur ou ingénieur ; d'un commissaire-priseur, greffier, ou ancien greffier, négociant en meubles, ou toute personne possédant une compétence spéciale pour l'évaluation des meubles meublants et effets mobiliers ; d'un agriculteur ou un agriculteur ou un commerçant, ou un ouvrier de métier, appelés à siéger à tour de rôle, suivant les cas et la nature des dommages à évaluer. La composition est faite de manière à sembler impartiale aux yeux des justiciables.

Les architectes installés dans les territoires dévastés pour se consacrer à la reconstruction se voient concurrencés par ce que l'on appelait alors les « mercantis ». Ce thème est très souvent repris par Dorgelès dans *Le Réveil des morts*. Il évoque des agents d'affaires marron, d'ex-huissiers en savates, de métreurs sans ouvrage : « tout cette lie s'abattit sur l'ancien front ». Et il poursuit : « Partout s'ouvraient d'étranges boutiques et on lisait au-dessus des portes : estimation de dommages de guerre : constitution de dossiers, expertises-litiges[85]. » Il reprend ce thème à la fin du chapitre 9 :

> Les sinistrés, une fois encore, se voyaient abandonnés, livrés à eux-mêmes [...].
> Ceux qui, dans l'affolement inquiets du retour, avaient signé des pouvoirs aux

---

81 *Ibid.*, p. 13.
82 *La lettre du Chemin des Dames, op. cit.*, p. 13.
83 Roland Dorgelès, *Le Réveil des morts, op. cit.*, p. 87.
84 *Ibid.*, p. 84.
85 *Ibid.*, p. 85-86.

entrepreneurs véreux et aux architectes d'occasion qui s'étaient abattus sur les pays dévastés attendaient encore qu'on donnât le premier coup de pioche[86].

Ces phrases peuvent être rapprochées du constat désabusé de l'architecte Albert Laprade, qui écrit en 1932 :

> Dans ces régions dévastées du Nord et de l'Est où des ruines innombrables appelaient l'intervention des architectes, il est désolant et même humiliant de voir les résultats. Les pouvoirs publics, une fois de plus en carence, laissèrent s'abattre sur ces malheureuses régions une nuée de mercantis n'ayant d'architecte que le nom. Sans direction et sans méthode, tout ce monde, tête baissée, se mit à fabriquer des dossiers et à bâtir[87].

Les sinistrés ont donc le sentiment d'être exploités par les Parisiens. La manière dont s'est déroulée la reconstruction explique le ressentiment entre les Picards et le reste de la Nation, que l'on retrouve dans le roman de Dorgelès et qui est exprimé dans de nombreuses sources :

> Plus encore que le dénuement, plus que les intempéries, c'était leur isolement qui les désespérait, cette impression atroce que connurent les soldats au front d'être retranchés du monde, de former, loin du bonheur des hommes, un peuple à part. Personne ne vint à leurs masures pour les encourager, leur dire qu'on travaillait pour eux... Parfois, le dimanche, une file d'autos passaient en cornant sur la route, mais elles ne s'arrêtaient pas. C'était un maréchal ou un ministre qui allaient à la ville distribuer des croix et les sinistrés couraient le long des voitures, agitant leurs casquettes et secouant les bras, comme les naufragés au navire qui passe. Un instant, cette France pauvre put croire que la France heureuse l'oubliait[88].

Comme le montre le roman, cette amertume les pousse à mettre en cause tout ce qui vient de Paris, en particulier le STE, critiqué pour sa bureaucratie et sa gabegie[89], qui est finalement supprimé en avril 1920. Dans ces conditions se développe une sorte de complexe obsidional : seuls les Picards paraissent capables de reconstituer leur « petit pays ». Dorgelès y fait allusion :

---

86 *Ibid.*, p. 219.
87 Albert Laprade, « Église de Moreuil (Somme) », *L'Architecture*, février 1932, p. 53, cité par Jean-Charles Cappronnier, « Penser la reconstruction en 1917 » dans *Reconstructions en Picardie après 1918*, Paris, Réunion des musées nationaux, 2000, p. 65.
88 Roland Dorgelès, *Le Réveil des morts*, *op. cit.*, p. 63.
89 Un bon reflet de ces critiques dans le roman, *ibid.*, p. 106-108 notamment.

> Il avait fallu toutes ces épreuves pour faire comprendre [aux sinistrés] qu'ils
> ne devaient compter que sur eux-mêmes pour relever leurs ruines, que les
> bureaux n'y pouvaient rien, que les lois ne suffisaient pas, qu'on ne construisait
> pas des murs avec de la paperasse. Partout ils se liguèrent. Des coopératives
> de reconstructions se constituaient jusque dans les plus petites communes[90].

Ce mouvement coopératif est attesté dans l'ensemble de la France sinistrée et singulièrement en Picardie. À la fin de 1922, 839 coopératives de reconstruction, représentant près de 48 660 membres répartis sur 1034 communes, ont été fondées en Picardie ; en 1928, elles vont atteindre le nombre de 966, avec plus de 55 000 membres pour 1155 communes[91]. On compte dans l'Aisne 150 coopératives en mars 1920 et 472 dans le courant de l'année 1923, pour 660 communes[92]. Dix mois après l'armistice, les présidents de sept coopératives se réunissent à Soissons et décident de fonder l'Union soissonnaise des coopératives de reconstruction, dont l'une des figures essentielles est le comte Guy de Lubersac (1878-1932). Comme l'évoque le roman, ces coopératives sont gérées par une assemblée générale et un conseil d'administration.

La reconstruction vise à moderniser les villages et les villes détruits. Cela apparaît dans les propos de Didier Roger :

> La reconstruction va profiter des progrès faits depuis cent ans. Eh bien, rien de
> plus normal… Il en serait de même si un raz-de-marée détruisait Marseille
> ou le Havre : la ville reconstruite serait forcément plus moderne… Et si les
> habitants des régions dévastées peuvent tous avoir une maison un peu moins
> misérable pour y finir leurs jours, ma foi tant mieux : ils auront payé cela
> d'assez d'années de souffrances[93]…

Le livre d'Alfred-Donat Agache, premier secrétaire général de la Société française des architectes urbanistes, Marcel Auburtin et Édouard Redont, *Comment reconstruire nos cités détruites*, resté comme le manifeste des architectes urbanistes modernisateurs, avait, dès 1915, souligné la nécessité de profiter de l'état de délabrement *post bellum* pour améliorer les habitations et les villes et de planifier la reconstruction. Des expositions présentant des modèles d'habitat moderne en vue de la reconstruction

---

90 *Ibid.*, p. 132.
91 Hugh Clout, « La reconstruction rurale en Picardie » dans *Reconstructions en Picardie*, *op. cit.*, p. 122.
92 *La Lettre du Chemin des Dames, op. cit.*, p. 10.
93 Roland Dorgelès, *Le Réveil des morts, op. cit.*, p. 188.

ont été organisées au cours de la guerre, comme l'exposition de la « Cité reconstituée » en 1916[94]. La fin du roman montre qu'en effet l'habitat rural s'est modernisé à l'occasion de la reconstruction :

> Une fois la maison rebâtie, comme elle était jolie à faire loucher tous les voisins et qu'à la première pluie le purin ne débordait plus dans la cuisine, le paysan se rendait compte que M. Le Vaudoyer avait tout de même raison et, devenu rénovateur malgré lui, il se moquait de ceux qui réclamaient des bâtiments à la mode d'autrefois[95]. »

Ayant étudié la reconstruction de Vailly et celle de Vermand, autre commune de l'Aisne, Bernard Massip et Bruno Squevin ont pu conclure « qu'à la faveur de la reconstruction, l'habitat rural a connu une évolution qui ne touchera les campagnes épargnées par les destructions que bien après la Seconde Guerre mondiale[96].

Confronter *Le Réveil des morts* avec des sources archivistiques et d'autres témoignages montre comment ce roman dresse un tableau très exact de la reconstruction menée dans le département de l'Aisne après la Première Guerre mondiale. Les critiques de 1923 l'avaient déjà noté, comme Raymond Escholier pour qui « Dorgelès sait reconnaître la splendeur de l'effort accompli dans les régions dévastées » ou Lucien Descaves qui écrit dans *Le Journal* : « Toute la partie descriptive est de premier ordre... Dorgelès est aujourd'hui le plus remarquable des héritiers de Zola. » Même Benjamin Crémieux, moins favorable au livre, note dans *Les lettres françaises* que « c'est en reporter que nous apparaît Dorgelès, bien plus qu'en romancier[97] ». Il n'est donc pas étonnant que *Le Réveil des morts* ait été souvent utilisé par les historiens, par exemple en 2000 lors des expositions consacrées aux *Reconstructions en Picardie* et dans le catalogue édité à cette occasion[98], en 2009 dans *La*

---

94   Voir par exemple Christian-Noël Queffélec, « Les débats doctrinaux autour de la reconstruction après la guerre 1914-1918 » dans *La Grande Guerre et les travaux publics, Pour mémoire, Revue des ministères de l'environnement, de l'énergie et de la mer, du logement et de l'habitat durable, op. cit.*, p. 207-219.

95   Roland Dorgelès, *Le Réveil des morts, op. cit.*, p. 231.

96   Bernard Massip et Bruno Squevin, « La renaissance des villages » dans *Reconstructions en Picardie, op. cit.*, p. 138-147.

97   Cité dans Micheline Dupray, *op. cit.*, p. 230-231.

98   Micheline Kessler-Claudet, « *Le Réveil des morts*, roman de Roland Dorgelès » dans *Reconstructions en Picardie, op. cit.*, p. 66-67.

lettre du Chemin des Dames publiée à l'occasion de l'exposition « Après la guerre » organisée à la Caverne du Dragon[99], en 2012 par Stéphane Bedhome dans sa thèse sur la reconstruction du Chemin des Dames[100] et en 2019 lorsque la revue *Urbanisme* consacre un numéro à « la première reconstruction[101] ». Dorgelès montre notamment les difficultés initiales de la période d'urgence, puis le lancement de la reconstruction en 1920 : « On sortait maintenant des possibilités et des promesses ; on réparait, on bâtissait, et il semblait bien, cette fois, que la reconstruction ne s'arrêterait plus[102]. » Mais ce tableau exact de la reconstruction est sombre, insistant sur la corruption, les trafics de dommages de guerre, la présence de profiteurs parmi les sinistrés, la venue de nombreux mercantis dans les territoires dévastés. Il fait écho à des propos tenus par le radical Doucedame, lors du congrès de juin 1923 du comité d'action pour les régions dévastées, proche de la gauche. Le maire de Vailly, faisant le bilan de l'action menée depuis deux ans par ce groupement créé en 1921, s'exclame :

> Nous avons eu […] contre nous – et ils sont nombreux – ceux qui considèrent les Régions Libérées comme une sorte de chasse réservée – chasse aux profits scandaleux et aux bénéfices criminels. Ce sont les mercantis et les traficants [sic] de toutes sortes qui sont devenus les profiteurs de la paix après avoir été les profiteurs de la guerre. Nous voyons en eux les hommes de proie qui se sont abattus sur nos malheureuses régions pour les exploiter, pour les pressurer, pour y faire fortune. Ceux-là, nous les dénoncerons jusqu'au bout et le jour viendra – espérons-le – où ils rendront gorge. On a bien voté la loi sur les bénéfices de guerre. J'espère aussi qu'on votera une loi sur les bénéfices illicites des profiteurs de la paix qui sont venus exercer leurs industries dans nos départements[103].

Cette vision noire de la reconstruction, un ancien capitaine du 332ᵉ régiment d'infanterie, Paul Flamant, s'y oppose, en 1924, dans *Le Réveil*

---

99   Anne Bellouin, « Une vision dans la reconstruction » dans *La lettre du Chemin des Dames*, hors-série n° 5, 2009-2010, p. 20. L'ensemble du numéro contient des citations du roman.

100 Stéphane Bedhome, *Reconstruire le Chemin des Dames (1919-1939)*, thèse d'histoire sous la direction de Frédéric Rousseau, Université Paul Valéry Montpellier III, 2012.

101 Juliette Sauvage « Une lecture du *Réveil des morts* », *Urbanisme*, hors-série, n° 70, p. 72-73.

102 Roland Dorgelès, *Le Réveil des morts*, op. cit., p. 184.

103 *Dans les régions dévastées, l'œuvre de Reconstitution et la solidarité française*, Paris, Comité d'action des régions dévastées, 1925, p. 34. La question de l'exhumation des morts ne rentrait pas dans notre propos, mais le personnage de Bouzier renvoie également à ces « profiteurs de paix ».

des vivants, préfacé par Ernest Pezet, directeur du *Journal du Nord-Est*. Son héros, Serval, un ancien officier, fait un pèlerinage dans les mêmes terres que celle où se déroule le *Réveil des morts*, autour de Vailly. Dès les premières pages du livre, il livre une vision beaucoup plus positive de la reconstruction que Dorgelès, Serval s'extasiant

> devant le prodigieux spectacle de la reconstruction en pays dévasté. L'œuvre des Régions Libérées lui apparaissait magnifique, incomparable même. Lui qui avait vu, dans ces parages, la destruction et la lutte, il n'en pouvait croire ses yeux. Le champ de bataille semblait transformé en une sorte d'Eden où les humbles, à présent, devaient être heureux, dans la joie du travail paisible et l'abondance des berceaux peuplés par l'amour succédant à la haine destructrice [...] Il y avait eu autre chose, sur ces chantiers de reconstruction, que des spéculateurs et des exploités. Il y avait eu des victimes de la guerre, c'est entendu, mais aussi des hommes d'action ayant un idéal, celui de réparer, avant tout, le mal fait, pour que la France revive[104].

Pour Flamant, la guerre de 1914-1919 est un jalon essentiel dans la création d'une nouvelle société et l'œuvre de reconstruction est positive :

> Ainsi donc, après avoir souffert cinquante mois sur la ligne de feu, les sinistrés auront combattu pour l'édification de la paix, pendant cinquante autres mois, dans la boue des Régions dévastées. Après les poilus, ils auront sauvé leur pays, pour la deuxième fois[105].

Philippe NIVET
Université de Picardie Jules Verne
Centre d'Histoire des Sociétés,
des Sciences et des Conflits

---

104 Paul Flamant, *Le Réveil des vivants*, Reims, Éditions du Nord-Est, 1924, p. 3-4.
105 *Ibid.*, p. 76.

DORGELÈS, DU JOURNALISME ET DES RÉCITS DE VOYAGE À L'ACADÉMIE GONCOURT

L'ÉCRITURE DE L'AILLEURS
ET SES ENJEUX DANS L'ŒUVRE DE DORGELÈS

S'il est vrai qu'écrire la Grande Guerre est ce qui a fait passer Dorgelès à la postérité, il n'en demeure pas moins que ses récits de voyage, moins célèbres, sont dignes d'intérêt. Ils retracent sa découverte des colonies françaises et de l'Est européen en restituant les éléments exotiques d'un Ailleurs qu'il ne connaissait que par ses lectures.

Ces voyages peuvent se lire comme une tentative pour fuir un présent qui ne lui convient plus. En effet, en 1919, Dorgelès, pour plusieurs raisons, « boude la victoire » selon l'expression de Micheline Dupray[1]. D'abord, le souvenir de ses amis morts au front est trop présent. De plus, il juge le traité de Versailles dangereux pour la paix. Son refus d'accompagner le soldat inconnu vers l'Arc de Triomphe est l'expression d'un mal être et de son échec total à se faire entendre de cette société inconsciente du mal qui la ronge.

À partir de 1923, il cherche refuge dans les contrées lointaines et se console dans ces lieux exotiques qui font alors la grandeur de l'empire colonial français. L'ancien combattant voyage aussi bien en Orient et en Afrique (de L'Indochine au Maroc en passant par Djibouti et Palmyre) qu'en URSS et en Italie, en passant par la Hongrie, l'Allemagne et l'Autriche. Depuis l'Indochine chaque voyage se place sous le signe d'une mission politico-littéraire qui se concrétise par une publication[2]. En 1927, il voyage en Orient au titre de grand reporter pour les *Annales politiques et littéraires*. En 1932, en tant que rédacteur en chef de *L'Image*, il entreprend une série de conférences en Afrique du nord dans la volonté « surtout de composer une œuvre sur la révolution

---

1 Micheline Dupray, *Roland Dorgelès. Un siècle de vie littéraire*, 1986, Paris, rééd. Albin Michel, 2000.

2 *Sur la route mandarine* (1925), *La Caravane sans chameaux* (1928), *Chez les beautés aux dents limées* (1930), *Vive la liberté* (1937), *Le Dernier Moussem* (1938), *Frontières* (1938), *Route des tropiques* (1944).

prochaine[3] ». Le voyage à l'Est en 1936, en sa qualité de grand reporter pour *L'Intransigeant*, confirme enfin ses appréhensions quant à une paix durable en Europe.

Il s'agira, dans le présent article, de dépoussiérer ces récits de voyage pour nous pencher sur cette écriture de l'Ailleurs dans l'œuvre dorgelessienne. Nous tenterons de discerner le regard porté sur cet Ailleurs par un ancien combattant, « fils de la génération coloniale, de ceux qui depuis 1870 ont défriché les grandes routes du monde[4] ». Nous dégagerons la pensée de l'écrivain pour la replacer dans le contexte idéologique d'une France de l'entre-deux-guerres. Nous interrogerons enfin cette écriture pour déterminer la poétique et l'éthique de ces récits de voyage à la lumière de l'actualité du XXIe siècle.

L'EMPIRE COLONIAL :
UN AILLEURS ENCHANTEUR

LE MYTHE DU BON SAUVAGE

> Plus heureux que Rousseau, j'ai vraiment connu là l'homme de la nature, et je conserve en moi, pour mon seul usage, un repère qui me permet à présent de mesurer ce qu'apportent à l'homme, deux mille ans de civilisation. C'est beaucoup moins qu'on ne croit[5]...

C'est ainsi que Dorgelès entame ce récit sur les Moïs. C'est l'occasion de leur consacrer un ouvrage entier afin de les faire connaitre et aimer. *Chez les beautés aux dents limées* est, en ses deux premiers chapitres plus particulièrement, une sorte d'hommage à ces êtres qui avaient ému l'écrivain lors de son voyage en Indochine. À cet effet, il commence par mettre ces hommes « primitifs » sur le même pied que l'homme « civilisé » après avoir constaté qu'entre les deux la différence est infime. L'effet de surprise passé, Dorgelès argumente sa thèse par *Le Bidoué* qu'il donne en exemple irréfutable. Il s'agit du code moï puisqu'aussi bien

---

3   Micheline Dupray, *op. cit.*, p. 291.
4   *Ibid.*
5   Roland Dorgelès, *Chez les beautés aux dents limées*, Paris, Albin Michel, 1930, p. 16.

chez ces « primitifs » que chez les « civilisés » on retrouve les mêmes lois universelles. Parfois même les Moïs sont en avance sur les Européens : pour preuve la place et les droits donnés à la femme dans cette société matriarcale.

Mais si Dorgelès concède à ces « sauvages » cette distinction, il n'en demeure pas moins que c'est l'Européen qui pose son regard sur cette ethnie et c'est de son point de vue d'Occidental qu'il partage ses impressions. N'en déplaise à Rousseau,

> le sauvage – puisque Moï veut dire sauvage – ne naît pas naturellement bon, mais naturellement cruel, menteur, paresseux, jaloux, tout ce qu'on nous apprend à maîtriser ou à cacher, et qu'il exhibe ingénieusement comme la peau de son ventre[6].

Dès lors, le récit *Chez les beautés aux dents limées* se place dans la lignée d'*Atala* pour renouer avec la tradition romantique. Le voyageur continue à parcourir « ébahi, une terre romantique, où tout se fait à l'inverse du monde civilisé[7] ». Il en est de même pour l'ensemble des récits de voyage de Dorgelès. L'écrivain-voyageur emporte de la sorte ses lecteurs vers un ailleurs exotique où il découvre d'autres populations et prend plaisir à connaître leur mode de vie ainsi que leurs traditions. Tous les sens sont mobilisés, « tout [son] être participe à [sa] joie[8] » qu'il tente de faire parvenir aux lecteurs.

Une tradition romantique qui se heurte pourtant à la réalité de ce début du XXᵉ siècle. L'Orient tant rêvé par les imageries d'une tradition orientaliste est révolu, vidé de ses valeurs antiques. Le Nil « n'était qu'un fleuve ! le Nil divin, le Nil nourricier[9]... » Du bas des pyramides, « pas d'erreur possible : c'est affreux[10]... » Le Sphinx n'a pas grâce à ses yeux, non plus que le grand désert d'Égypte. Indigne de sa réputation, il n'est qu'« un grand terrain qu'on croirait épilé[11] », « un chantier en grève[12] » que le nombre de touristes et de photographes rend plus haïssable. La fameuse route mandarine n'échappe pas à son

---

6   *Ibid.*, p. 17.
7   *Ibid.*, p. 56.
8   Roland Dorgelès, *La Caravane sans chameaux*, Paris, Albin Michel, 1928, p. 11.
9   *Ibid.*, p. 22.
10 *Ibid.*, p. 37.
11 *Ibid.*
12 *Ibid.*

indignation. Cette route dont Loti faisait l'éloge et « dont le seul nom évoque toutes les splendeurs de l'Orient » n'apporte qu'une désillusion supplémentaire. À peine « un poteau à plaque bleue, dans le plus pur style des Ponts et Chaussées, où on lit tout bonnement : Route Coloniale N° 1. Voilà tout ce qu'on lit[13]… »

Pour autant, Dorgelès se soustrait à ce grand décalage entre l'Orient fantasmé et l'Orient réel des années 30. Il choisit de faire fi d'un exotisme nostalgique pour se laisser surprendre par ce monde nouveau à ses yeux qu'il appréhende par tous ses sens. Il veut voir par lui-même et de ses propres yeux parce que « tous les pays sont vierges, tant que je n'y ai pas mis les pieds[14]. » Si bien que l'exotisme de Dorgelès naît de ces nouvelles formes du monde primitif touché par la civilisation coloniale. Il a ainsi « l'illusion heureuse que le monde naît sous [ses] pieds à mesure qu'[il] avance pour (le) charmer[15]. » D'où sa joie à Alexandrie en plongeant dans ce mélange d'exotisme oriental et cet air parisien qu'il affectionne tant. À son lecteur précédemment averti, il justifie ses goûts inattendus :

> J'aime mieux respirer le tumulte heureux de ces rues anciennes, me perdre dans le quartier indigène où les marchands ambulants promènent leurs pastèques, leurs cris charmants, leur eau fraîche dans les outres et leurs tintements de gobelets, revenir au large quai-promenade, le long de l'ancien port, pour sentir, dans l'odeur des algues, le parfum des jolies filles qu'emportent les autos[16].

L'ancêtre du globetrotter est ce déambulateur qui va « à l'aventure, […] regarde, […] écoute, […] apprend[17] » à l'affût de découvertes et de rencontres surprenantes. À Damas, par un pur hasard, il découvre « un passage voûté qui est bien le plus joli coin des bazars, le seul qu'aient épargné l'incendie de 1893 et le mauvais goût des Turcs[18]. » Certes les marchandises n'ont rien d'oriental mais comme au Caire, « la pire pacotille d'Europe se teinte d'orientalisme[19] ». Le plaisir est une jouissance renouvelée à chaque lieu visité. À Palmyre, « c'est cet alliage imprévu des

---

13   Roland Dorgelès, *Sur la route mandarine*, Paris, Albin Michel, 1925, p. 11.
14   Roland Dorgelès, *La Caravane sans chameaux, op. cit.*, p. 11.
15   *Ibid.*
16   *Ibid.*, p. 13.
17   *Ibid.*, p. 14.
18   Roland Dorgelès, *Sur la route mandarine, op. cit.*, p. 169-170.
19   *Ibid.*

richesses et de pouillerie, d'antique et de moderne, les portes bardées de fer comme des chevaliers, mais avec Motor Oil gravé sur la cuirasse[20] » qui l'impressionnent. Les cruches des femmes allant chercher l'eau à la fontaine attestent cette règle de contrastes entre deux mondes. Ce sont « des bidons à essence ramassés le long de la piste[21] ». Ces cruches n'étonnent plus le lecteur averti. Elles pourraient sembler banales si elles ne reproduisaient pas cette magie orientale en frappant l'imaginaire par ce scintillement au soleil « comme des blocs de lumière[22] ».

Il en est de même pour l'hospitalité arabe démystifiée en la personne du Cheikh Abdallah. Cependant que Jabbour, « un aubergiste minable[23] », gagne en prestige puisqu'il offre aux voyageurs la connaissance étendue des mythes et chansons de la région : « Une Schéhérazade qui servait de la bière en canettes, cherchait un éditeur et portait le ruban violet[24]. » Voyageur et lecteur replongent dans l'Orient des *Mille et une nuits*.

Certains lieux appellent la méditation philosophique et religieuse. Dans *La Caravane sans chameaux*, El Azhar est ce lieu « merveilleux[25] » où le voyageur aime retourner. Il se délecte de sa présence dans les murs ancestraux et s'interroge sur les préjugés concernant l'Européen chrétien qui poussent les talibs à haïr l'Occidental quand les mots de « Croyant » et « Infidèle » sont vides de sens. À Jérusalem, le pèlerinage des Nebi-Moussa durant lequel les Arabes fêtent Jésus aussi bien que la procession des Juifs au mur des Lamentations sont une occasion de revisiter ces croyances sur la Terre sainte.

L'Orient retrouve ses lettres de noblesse et apporte enfin au voyageur une part de fantasmes. Le narrateur renoue ainsi avec les mystères de l'Orient à la vue d'une musulmane « dont on ne devinait rien sous la pèlerine à gros plis et l'impénétrable voile noir[26]. » Elle charme et ensorcèle le voyageur au point qu'il décide de la suivre ; la belle le « défia[n]t d'une œillade, certainement contente de taquiner ainsi le désir d'un étranger[27]. »

---

20 Roland Dorgelès, *La Caravane sans chameaux, op. cit.*, p. 217.
21 *Ibid.*, p. 218.
22 *Ibid.*
23 *Ibid.*, p. 222.
24 *Ibid.*, p. 224.
25 *Ibid.*, p. 30.
26 *Ibid.*, p. 170.
27 *Ibid.*, p. 171.

Il est indéniable que cet Ailleurs comme ses habitants sont perçus du point de vue du colonisateur qui met en scène l'Autre. Et si Dorgelès essaie d'inclure cet Autre en lui donnant la parole par l'intégration dans son récit des scènes du tribunal moï ou des dialogues avec des autochtones, il n'en demeure pas moins que cette inclusion reste limitée et anecdotique. On ne trouve nulle trace d'une réelle interaction entre le visiteur et l'objet de la visite, cette prise de parole passant par un autre européen maitrisant les deux langues. Ces représentations données d'un point de vue unique accentuent non seulement la distance entre lui et les Autres mais maintiennent *a fortiori* l'effet d'exotisme de ces récits de voyage.

Le Bédouin, comme le « sauvage » ou encore l'indigène est cet Autre différent qu'on observe et qu'on décrit afin qu'un lecteur de la métropole puisse le percevoir à travers les mots comme s'il les voyait lui-même. Les Autres sont passifs comme des éléments de décor qui vont de pair avec ces contrées lointaines. Se comprend dès lors cette perception paternaliste et stéréotypée, portée sur cet Ailleurs. Plus que jamais « la misère ne se distingue pas si loin de chez nous. La pauvreté devient du pittoresque et le mendiant n'est plus qu'un figurant[28]. »

Une altérité qui se couvre donc de pitié et de condescendance, à la limite du mépris parfois dans son ignorance totale de la pensée de l'Autre. Cette écriture se voudrait pourtant humaine sous la plume de ce Parisien qui peine à se défaire de la position de supériorité d'un Occidental. Il en résulte une description effroyable du désert marocain annonçant incontestablement celle de Le Clézio, en 1980. Errants, affamés, assoiffés et condamnés à « se battre et mourir[29] » sous « le soleil qui tue[30] », ces hommes apparus au détour d'une ruelle du *Dernier Moussem* offrent une vision d'épouvante qui préfigure l'apparition des hommes bleus du *Désert*[31] de Le Clézio. Mais si, chez ce dernier, la présence occidentale est dénoncée, à l'inverse, les bienfaits de la colonisation sont clairement énoncés chez Dorgelès.

---

28 *Ibid.*, p. 14.
29 Roland Dorgelès, *Le Dernier Moussem*, Paris, 1938, p. 3.
30 *Ibid.*
31 J.M.G. Le Clézio, *Désert*, Paris, Gallimard, 1980. Se référer à l'incipit, l'explicit ainsi qu'à tous les chapitres portant sur l'histoire de Nour qui mettent en scène cet épisode historique de la dernière lutte contre la domination française sur le désert marocain.

LES BIENFAITS DE LA COLONISATION

En effet dans *Le Dernier Moussem* la détresse des hommes du désert appelle la compassion des Français comme seule réponse à cette misère générale :

> Du pain que ces Français achètent ; de la soupe qu'ils payent. Sans espérer le remerciement de personne. Pas même de ces malheureuses abêties de privations et de fatigue qui se rendent chez les Nazaréens comme leurs moutons iraient à l'abreuvoir[32].

Ces Français compatissants désignent par métonymie la France qui en la personne des « officiers de Ouarzazate prélevaient sur leur solde de quoi acheter du pain et des légumes aux noirs Berbères[33]. » Une France qui, dans sa charité chrétienne, reste modeste et ne se vante guère de ces sacrifices méconnus de tous mais de l'Histoire surtout.

Dans l'ensemble de ces récits dorgelessiens, la France est un pays modèle porteur d'une mission civilisatrice. Le voyageur revendique sa « supériorité de civilisé » pour juger et évaluer cette œuvre coloniale et son apport pour l'humanité. Il entame dans ce but une espèce de compte rendu de tous les bienfaits de la France. Conséquemment, la France est le pays sauveur des peuples restés au seuil de l'Histoire. Elle est le pays protecteur des peuples menacés comme les Moïs qui

> Grâce à la France, [...] n'avaient plus à redouter les incursions des marchands d'esclaves dont les bandes armées s'abattaient un soir sur le village, incendiant les cases, massacrant les guerriers et s'en retournant avec une file ligotée de femmes et de gamins qu'ils revendaient comme des porcs[34].

Vient ensuite la médecine. Comme le note le voyageur, « il faudrait également beaucoup d'aveuglement ou de mauvaise foi pour prétendre que le sauvage a plus d'avantages à s'adresser au sorcier qu'au médecin européen[35]. » De même, la France apporte des lois raisonnables, justes et bien fondées pour garantir une équité sociale. Libératrice du joug de l'esclavage, la France est le pays qui habille, instruit, forme, nourrit et

---

32 Roland Dorgelès, *Le Dernier Moussem, op. cit.*, p. 18.
33 *Ibid.*, p. 12.
34 Roland Dorgelès, *Chez les beautés aux dents limées, op. cit.*, p. 27.
35 *Ibid.*, p. 46.

élève « le primitif » vers la civilisation. Dorgelès est extrêmement fier d'annoncer qu'en Égypte,

> on parle parfois anglais. On discute en arabe. Mais on pense en français. Rois de l'agio, industriels, princes, politiciens, notre langue est la leur. Leur rêve à tous : Paris[36].

Cet idéal s'incarne dans la politique de Léopold Sabatier convaincu que « les Rhadés étaient de grands enfants qu'il fallait guider et gronder[37] ». Dorgelès fait l'éloge de l'œuvre de cet administrateur qu'il donne en modèle même s'il nuance sa conclusion :

> C'est qu'en quelques années, ce Résident était parvenu à former des maîtres d'écoles, des infirmiers, des arpenteurs, des réparateurs de lignes télégraphiques, des conducteurs d'auto et même deux électriciens qui faisaient des sacrifices quand il y avait des ratés et aspergeaient la dynamo avec du sang de poulet après l'avoir graissée. Mais c'était moins de l'enseignement que du dressage[38].

Dorgelès ne remet jamais en question la légitimité de la France en ces territoires même s'il se défend souvent de faire « l'apologie du militarisme colonial[39] ». Dorgelès argue que le progrès est impossible à arrêter et que le choc entre civilisation et barbarie est une fatalité qui entre dans l'ordre du progrès. La science apporte la preuve ultime en l'expliquant par la théorie de l'évolution de l'humanité : s'adapter ou mourir. En effet, « notre civilisation mécanique ne cherche pas de compromis avec les idiots : elle les écrase[40]. » N'en déplaise à Rousseau, le progrès ne corrompt pas les hommes. La mission coloniale est souvent honorée par le souvenir de ses premiers pionniers.

Dans cette même logique, l'écrivain s'étonne de l'existence de mouvements nationalistes ou de toute résistance. La mort de certains colonisateurs-missionnaires est considérée comme injuste. Dorgelès les élève au rang de martyrs : « Les résidents qui ne veulent d'autres armes qu'une lancette à vaccin, les missionnaires qui ne se défendent qu'avec leur crucifix, les colons qui n'emportent dans leur poche qu'un couteau

---

36 Roland Dorgelès, *La Caravane sans chameaux*, *op. cit.*, p. 15.
37 Roland Dorgelès, *Chez les beautés aux dents limées*, *op. cit.*, p. 45.
38 *Ibid.*, p. 45.
39 *Ibid.*, p. 46.
40 *Ibid.*, p. 43.

de pique-nique[41] » s'opposent à des barbares violents, sanguinaires, incultes et ingrats surtout. Si à El Azhar, le voyageur voulait échanger avec les étudiants au sujet « du fameux droit des peuples à disposer d'eux-mêmes[42] » cette initiative est immédiatement suivie à titre égale « du devoir qu'ont les nations civilisées de guider l'évolution des races en retard[43] » déjà annoncé dans la connotation ironique de l'adjectif « fameux ».

Dorgelès reste en tout point fidèle au discours colonialiste. Il n'admet que l'assimilation des peuples « inférieurs » comme seule possibilité de cohabitation avec un peuple supérieur quitte à sacrifier la sauvage poésie. En somme, « être impérial et colonial dans les années 1930, c'est être un bon Français[44] » ; Dorgelès l'est incontestablement. Il le prouve encore lors de ses voyages en Europe.

LE VIEUX CONTINENT MALADE DE SES MAUX

De retour en France, suite à son voyage à l'Est, Dorgelès publie un livre afin de relater cette expérience singulière pour l'ancien combattant. *Vive la liberté!* se compose de deux volets. Le premier, « URSS » est entièrement consacré à son séjour en Union soviétique quand le second aborde « L'Allemagne hitlérienne », les « dictatures danubiennes » et « l'Italie fasciste ».

De prime abord, nous constatons que ces voyages remplissent leur fonction de découverte. Et dans « la Russie des Soviets[45] », l'exotisme ne manque pas : « Toutes les sensations [lui] sautent ensemble au visage, [lui] soufffletant de leur nouveauté[46]. » Le ton est donné avec le titre du premier chapitre : « Découverte de l'imposture ». Le voyageur rappelle

---

41 *Ibid.*, p. 65.
42 Roland Dorgelès, *La Caravane sans chameaux, op. cit.*, p. 35.
43 *Ibid.*, p. 36.
44 Marina Bellot et Pascal Blanchard, « *Être impérial et colonial dans les années 1930, c'est être un bon Français* », *Slate.fr*, 10 juillet 2017, http://www.slate.fr/story/148233/empire-francais-aboutissement-domination-blanche [Consulté le 13 decembre2019].
45 Roland Dorgelès, *Vive la liberté!* Paris, Albin Michel, 1937, p. 12.
46 *Ibid.*

à juste titre sa motivation de voir et de juger par lui-même et non à travers ses lectures (entre autres la *Russie* de Barbusse) peu convaincantes :

> Je songe à l'Europe qui craque, peut-être trop vieille pour guérir. Et à ce monde hardi qui s'est soigné pour renaître. Qui a raison ? La théorie de l'Histoire, l'individu, la masse, le passé, l'avenir[47] ?

C'est donc du point de vue d'un Français inquiet pour son pays en pleine crise économique, sociale et politique que Dorgelès évalue l'expérience russe afin de savoir si elle réussirait à sauver l'ancien monde. Son objectivité n'est pas mise en doute du fait de sa vocation journalistique d'une part et du soin qu'il prend à prouver sa probité d'autre part.

La sentence est sans appel. Irrévocablement, l'opposition des deux mondes est une condamnation définitive du communisme. L'URSS n'est plus à comparer avec l'Europe. D'après lui, elle est un pays vieillissant, agonisant à l'image d'un Extrême-Orient déchu. Deux éléments permettent l'établissement de son opinion définitive, éléments qui ne sont autres que les deux arguments de propagande du régime soviétique : les travailleurs et la liberté. Force est de constater que Moscou n'est plus que la concentration d'une « populace » appauvrie, sans le moindre espoir de prospérité :

> La misère se gagne, comme une lèpre. Les hommes l'ont poussée aux murs ou les pierres aux gens. Ceux-ci semblent copiés sur un modèle unique. On pourrait les changer de peau, de nom, de loques, on ne les remarquerait pas. L'individu standard, le pauvre en série[48].

Ce constat témoigne de la défaillance du régime qui, au lieu de créer une prospérité sociale, s'est contenté de déchoir un peuple en le reléguant à une plus grande misère. Au lieu de favoriser les travailleurs, les têtes du régime n'ont fait que creuser le fossé social et empirer leur situation : pas de nourriture, pas de vêtement, pas de médicaments.

À ce constat de misère s'ajoute le mensonge sur la liberté. La liberté d'expression n'a pas de place dans cette société dite prolétarienne où tout est soigné pour un effet médiatique. Dorgelès dénigre par conséquent toute source d'information officielle privilégiant l'observation et l'enquête sur terrain. Dans cette même optique d'objectivité, il se pose la question des

---

47 *Ibid.*
48 *Ibid.*, p. 15.

critères à choisir pour établir son jugement. La confrontation de différents points de vue s'impose naturellement mais « l'épuration sanglante est de mise[49] », rendant impossible cette tentative de débat. Le contrôle est également de mise : « certaines usines sont surveillées par des paquets de l'Armée rouge, baïonnette au canon[50]. » Aucune contestation n'est tolérée : seule est acceptable la résignation d'un peuple maintenu sous le joug d'une misère programmée :

> En URSS, seuls sont avantagés les membres du Parti. Deux millions et demi de privilégiés. Un sur soixante-dix habitants. Le vingtième du personnel dans la grosse industrie ; moins d'un centième dans l'agriculture. Le reste ne compte pas[51].

La lettre ouverte « à un ouvrier » est une mise en garde directe adressée aux travailleurs contre les dangers de l'endoctrinement. Le socialisme n'est pas une solution. Il ne garantit nullement leur droit ni leur prospérité. Plus que tout autre régime, il est celui qui ne donne pas la moindre valorisation au prolétaire contrairement à ce que prétend la propagande. La démystification du régime n'en est qu'à ses débuts. En huit chapitres, l'écrivain déconstruit pour mieux anéantir un à un ses mythes fondateurs.

Le cas de l'URRS n'est pas unique. Partout, sur le vieux continent, les hommes sont victimes de leurs semblables qui, en véritables dictateurs, les destituent de leurs droits les plus fondamentaux. L'Autriche, ne déroge pas à la règle avec un « régime autoritaire, mais pas arbitraire[52] » selon la formule du chancelier Dollfuss. Tous les droits et les libertés sont bafoués ; la rencontre avec un révolté de 1934 récemment libéré en donne une preuve vivante. En Hongrie, « l'État exerce son autocratie jusque dans les affaires[53] » même si sa dictature semble « l'une des plus légères d'Europe[54] ». Tous les droits sont confisqués et la misère atroce oblige à la soumission. En effet,

> le gouvernement dispose de cent moyens pour vaincre les résistances. À l'étudiant, il supprime la bourse, au commerçant il réclame ses impôts

---

49 Roland Dorgelès, *Vive la liberté !*, *op. cit.*, p. 15.
50 *Ibid.*, p. 19.
51 *Ibid.*, p. 27-28.
52 *Ibid.*, p. 226.
53 *Ibid.*, p. 248.
54 *Ibid.*, p. 230.

arriérés, au chômeur il coupe les secours, au retraité il retire la pension. Et pour manger, on se soumet[55].

En Italie, les aristocrates sont amoindris ; « les travailleurs deviennent, avec des droits et des devoirs égaux, les collaborateurs de l'entreprise, au même titre que les fournisseurs de capitaux[56] ». Mais si « l'Italie fasciste est le purgatoire du bourgeois, cela ne veut pas dire qu'elle soit le paradis de l'ouvrier[57] ». Ce dernier étant mal rémunéré, sa misère nourrit le fascisme. C'est pourquoi, l'adhésion au parti garantit de recevoir du pain et des souliers. C'est pourquoi on raille le PNF. L'abréviation de *Partito Nazionale Fascista* change en *Per Necessità Familiale*[58].

Ce procès du socialisme et du fascisme n'a d'égal que celui fait à l'Allemagne et à son régime nazi. D'emblée, l'ancien combattant se réveille en Dorgelès pour percevoir la menace de la course à l'armement qui caractérise ce pays. De Berlin à Hambourg, « le petit Fritz, comme nous les appelions, se met en tenue à huit ans et il en a pour toute la vie[59]. » Étonnamment, les Allemands vouent un culte et une admiration sans borne à Hitler qu'ils considèrent comme un sauveur.

Ce régime totalitaire assoit son emprise à coup de « restrictions et de privations nécessaires[60] » de plus en plus nombreuses, infligées à un peuple qu'il surveille sans relâche pour mieux garantir sa soumission. Pire encore, ce régime aspire à soumettre les pays voisins. À preuve, ce « peuple au port d'armes[61] » qui, privé de tout, s'unit autour de la nation qui se nourrit d'orgueil. Le voyageur comprend dès lors l'impact d'Hitler sur lui. Ce dernier a su réveiller sa fibre revancharde. C'est de là que vient la menace sur la France et sur toute l'Europe. Car « chaque fois qu'[Hitler] sentira faiblir l'enthousiasme, il leur jettera autre chose en pâture : Dantzig, l'Anschluss, les Colonies[62]. »

C'est l'occasion de revenir sur les discours belliqueux du Führer pour condamner son *Mein Kampf* qui n'est autre qu'un appel à la guerre. Dans ce livre, la menace est directement dirigée vers la France « l'ennemi

---

55 *Ibid.*, p. 232.
56 *Ibid.*, p. 284.
57 *Ibid.*, p. 287.
58 *Ibid.*, p. 267.
59 *Ibid.*, p. 183.
60 *Ibid.*, p. 188.
61 Du titre du chapitre IX de *Vive la liberté !*
62 Dorgelès, *Vive la liberté !*, *op. cit.*, p. 185.

le plus terrible pour l'Allemagne[63] », de surcroît alliée du Juif « qui menace l'existence même de la race blanche en Europe[64] ». De ce fait « l'Allemagne ne voit vraiment dans l'anéantissement de la France qu'un moyen de pouvoir enfin donner à notre peuple, dans d'autres territoires, l'expansion nécessaire[65]. » Même si le discours officiel allemand met en avant une entente entre les pays, Dorgelès reste méfiant vis-à-vis de ce *Mein Kampf* qu'il considère comme « l'évangile de la Nouvelle Allemagne, la Bible du Parti[66] ».

De là vient l'hésitation de l'ancien combattant sur la politique à suivre face à cette menace. Le chapitre « La guerre ou la paix » illustre ce dilemme. S'il est conscient de la nécessité de tendre la main à l'ancien ennemi dans une perspective pacifique, il doute fortement de l'utilité de cette démarche compte tenu de la haine que voue ce peuple allemand aux Français. Ici encore Dorgelès se pose en homme défendant la civilisation portant son regard sur « un régime de barbarie[67] », un homme du pays des libertés jugeant « cette dictature qui brime l'intelligence, asservit le travail et bafoue la Foi[68]. »

Les mots de la fin sont dans *Frontières* : « Pour l'écolier, c'est un trait difficile ; pour le soldat, un poteau ; pour le douanier, un emploi ; pour l'exilé, un abîme[69] », pour l'écrivain-voyageur c'est la fin du monde ancien qui n'est plus. Les Frontières sont désormais des menaces sur l'Europe qui se concrétisent par les annexions hitlériennes.

EN MARGE D'UN RÉCIT DE VOYAGE

Ces récits de Dorgelès s'inscrivent dans la tradition de la littérature de voyage. Ils dépassent la simple description des lieux pour exprimer les impressions de voyage par le détail des sensations et des émotions

---

63 *Ibid.*, p. 215.
64 *Ibid.*
65 *Ibid.*
66 *Ibid.*
67 *Ibid.*, p. 213.
68 *Ibid.*
69 Roland Dorgelès, *Frontières*, Paris, Albin Michel, 1938, p. 8.

ressenties. Ils font part de la différence de l'Autre pour mieux faire parvenir cet Ailleurs à un lecteur de l'Hexagone totalement ignorant de ces contrées lointaines. En cette période où on voyage peu, ces récits apportent un éclairage quant à ces lieux qui agrandissent le territoire de la France ou le menacent.

En plus de cette valeur informative, ce contexte offre l'occasion de véhiculer un message didactique. L'écrivain-voyageur n'hésite pas à faire part de ses opinions sur des questions d'actualité : le colonialisme et la montée en force des régimes totalitaires en Europe. C'est le journaliste qui prend le dessus. Il livre cette espèce de documentaire qui devient le vecteur d'une prise de conscience de la situation nationale et internationale de la France. Cet espace de réflexion permettrait au lecteur de construire une pensée, de l'élaborer afin de se faire sa propre opinion.

Il est indéniable que chez Dorgelès les récits de l'Orient s'inscrivent dans la lignée d'une littérature coloniale. L'âge d'or du colonialisme permet cette grande confiance dans l'œuvre française et justifie l'acceptation de cette tâche ingrate dont la portée noble et humaine est mise en avant. Les menaces bolchévique et nazie ne font que renforcer ce sentiment du devoir civilisationnel. Cette vision impérialiste permet de ressouder la République menacée de toutes parts. L'idéologie colonialiste devient garante d'un nationalisme républicain capable de contrer les dangers imminents qui rongent le pays de l'intérieur et sur les frontières.

Par ailleurs, ces récits de voyage permettent de théoriser un genre, celui de la littérature de voyage. À juste titre, l'écrivain-voyageur s'interroge sur la forme à donner à ses écrits, de même que se pose pour lui la problématique de la manière d'écrire cette altérité. Dans cette optique, le chapitre v de *Sur la route mandarine*, constitue une réflexion sur la littérature de voyage et l'éthique de l'écrivain-voyageur. « Où j'ai rencontré Pierre Loti en baie d'Along » est incontestablement une remise en cause d'une tradition abusive afin d'établir un contrat de confiance entre le lecteur et le voyageur. Dorgelès n'hésite pas à critiquer certains écrivains quand même ils seraient de la trempe d'un Pierre Loti. Il leur reproche d'avoir cédé à la tentation de reproduire dans leurs récits un Orient fantasmé qui est loin de correspondre à la réalité historique de l'hégémonie française.

De cette réflexion ressort une éthique qui impose deux choix à l'écrivain-voyageur. Le premier choix est de dire la vérité telle qu'elle est. Elle a valu au lecteur la nouvelle définition de l'exotisme précédemment évoquée. Le second choix porte sur l'écriture même de l'exotisme nouveau. L'écrivain opte pour une écriture hybride, celle du reportage. Le reportage permet, en effet, de préserver la touche littéraire tout en observant l'aspect documentaire grâce à la simplicité d'un style sans le moindre artifice.

Dans la perspective d'établir un rapprochement entre les deux genres, nous notons effectivement que ces récits de voyage dorgelessiens sont typiques du reportage dans leur particularité française de privilégier l'interprétation personnelle des lieux visités. En se faisant le témoin des lecteurs sur ces lieux inconnus de lui, le voyageur n'hésite pas à mobiliser toutes les sources d'information officielle ou alternative afin de bien informer son public. De même, le voyageur-reporter ne se contente plus de décrire ce qui l'entoure mais interroge tout ce qui l'interpelle afin d'apporter un regard à la fois nouveau et critique sur ces contrées. En satisfaisant une attente de dépaysement et de vérité documentaire, ces reportages acquièrent un statut littéraire grâce à un écrivain reconnu comme Roland Dorgelès.

Et c'est dans cette perspective d'intertextualité que ce reportage littéraire témoigne de plusieurs influences. Nous retrouvons naturellement celle de l'écriture journalistique. Remarquable à son style sobre et concis, cette écriture saisit le lecteur par sa légèreté et l'emporte par une lecture qu'il a du mal à interrompre. Nous relevons pareillement une influence picturale dans ces esquisses frappantes qui capturent l'essentiel d'un espace pour en faire le centre d'un tableau haut en couleur ou un portrait des plus originaux. La poésie, enfin, si chère au cœur de l'écrivain. Elle se faufile entre les lignes discrètement quand quelques vers se glissent pour exprimer la poétique d'un espace dont la prose ne peut rendre compte pleinement. Ces vers apportent cette marque d'auteur dont Dorgelès ne se défait jamais. Mais plus que jamais, Dorgelès, le voyageur-écrivain, reste un homme fidèle à lui-même et à son amour des hommes. Ses récits de voyage sont semblables à toute son œuvre. Ils se voudraient humains à l'image des hommes rencontrés, des plaisirs et des découvertes vécus. N'est-ce pas pour faire aimer le peuple moï qu'il a écrit *Chez les beautés aux dents limées* ou encore pour honorer le souvenir marquant de ces contrées lointaines qu'il continue à les décrire des années plus tard ?

En apportant ces variations sur l'Orient, l'Afrique, l'Europe et l'URSS, Dorgelès apporte à sa manière un nouvel aspect à la thématique d'un

Ailleurs en continuelle évolution. Il prouve de la sorte que ces contrées continuent à exercer la même fascination bien que celle-ci se révèle autrement. Ce nouvel exotisme met fin aussi bien à un Ailleurs qu'à des idéologies fantasmées par l'imaginaire littéraire.

Par ailleurs, ces récits de voyage à la poétique particulière empruntent à la littérature de voyage et au reportage leurs principes fondamentaux. Cette écriture hybride annonce le nouveau journalisme avec ses grands reportages qui puisent dans les progrès médiatiques et la non-fiction ses titres de gloire.

Mais plus que tout, ces récits de voyage témoignent de l'engagement indéfectible de Roland Dorgelès à l'égard de son pays natal. Face aux crises que vit la France dans l'entre-deux-guerres, il rappelle par ces écrits la grandeur d'un pays qui ne saurait céder aux menaces fascistes. Dorgelès appelle à une cohésion sociale en faisant front. Dans ce but, il discrédite les principes fondamentaux des menaces extérieures. Au mensonge de ces dernières, il oppose une réalité coloniale qui accroit la gloire d'un pays grand de son histoire, une réalité coloniale toujours d'actualité comme en témoigne la polémique sur la loi du 23 février 2005[70].

Il est à noter que la publication de ces récits de voyages effectués sur trois périodes différentes se trouve à chaque fois ponctuée par la publication de récits sur Montmartre. Ce lieu parisien particulier se pose comme un port d'attache auquel le voyageur aime à retourner. Le Montmartre de la Belle-Époque est ce lieu qui, par métonymie, symbolise toute la gloire et la grandeur de la France tant aimée. Partir pour mieux revenir. Indéniablement Dorgelès est ce voyageur « Heureux qui, comme Ulysse, a fait un beau voyage [...] / Et puis est retourné, plein d'usage et raison, / [v]ivre entre ses parents le reste de son âge ! »

Thabette OUALI
Université de Tunis I
Laboratoire Intersignes
Membre invité à Literature.green

---

70 Loi « portant reconnaissance de la Nation et contribution nationale en faveur des Français rapatriés » dont l'article 4 stipule que « les programmes scolaires reconnaissent en particulier le rôle positif de la présence française Outre-mer, notamment en Afrique du Nord. »

ROLAND DORGELÈS,
UN DEMI-SIÈCLE DE GONCOURT

Figure incontournable de la vie littéraire du XXᵉ siècle, Roland Lécavelé dit Dorgelès constitua un pilier de l'Académie Goncourt de la fin des années 1920 à sa mort le 18 mars 1973. De benjamin de l'assemblée à président de la célèbre institution, l'écrivain occupa successivement toutes les fonctions, même celle de candidat malheureux face à Marcel Proust dès 1919. On a eu en effet tendance à réduire l'importance du romancier d'Amiens à n'être que l'auteur des *Croix de bois*, roman populaire qui connut un immense succès de librairie. Dans son essai fêtant le centenaire du prix Goncourt attribué à l'auteur de *La Recherche*, Thierry Laget rappelle bien le décalage existant non seulement entre les deux écrivains, le mondain et le combattant, mais aussi entre les deux romans durant l'été 1919 : « À *l'ombre des jeunes filles en fleurs* n'est pas encore imprimé que *Les Croix de bois* est déjà un succès[1]. » Or l'échec des *Croix des bois* face À *l'ombre des jeunes filles en fleurs* qui remporta le prix à la surprise générale ne saurait résumer les rapports de Dorgelès à la célèbre Académie.

Bien sûr, entrer chez les Goncourt put compenser une déception légitime ; mais les relations de Dorgelès avec l'institution vont au-delà de ce prix manqué. De 1929 à 1973, il fut un infatigable défenseur de l'Académie, passant du débutant dans le monde des lettres à celui de figure tutélaire du cénacle. Bien que malade et âgé, le vieux président joua son rôle jusqu'au bout. Pour l'auteur des *Croix de bois*, il était en effet inimaginable de démissionner de la célèbre institution voulue par les frères Goncourt comme ont pu le faire par le passé, pour des motifs divers, Sacha Guitry, Bernard Clavel, ou plus récemment Régis Debray, Françoise Mallet-Jorris, Daniel Boulanger, et tout dernièrement Bernard

---

1 Thierry Laget, *Proust, prix Goncourt, une émeute littéraire*, Paris, Gallimard, NRF, 2019, p. 52.

Pivot et Virginie Despentes. Sur le plan de la durée, la participation de Dorgelès à l'Académie Goncourt offre un panorama, certes subjectif, mais ô combien riche en batailles littéraires, politiques, artistiques au cours de ce foisonnant xxᵉ siècle. Il conviendra de s'interroger sur le rôle occupé par Dorgelès au sein de l'Académie Goncourt. Témoin d'un demi-siècle de vie littéraire, il manifeste l'importance des postures et des camps littéraires à l'idéologie bien marquée. Après avoir rappelé les débuts des liens avec l'Académie Goncourt et l'échec des *Croix de bois* au prix Goncourt, nous nous pencherons sur les liens indéfectibles de Dorgelès à l'institution littéraire, entre posture individuelle et posture littéraire, entre évolution de l'Académie, évolution sociale et évolution de la stature du romancier.

DU PRIX MANQUÉ À L'ACADÉMIE GONCOURT

Lors de l'été 1919, Dorgelès apparaît comme le favori de l'opinion publique avec *Les Croix de bois* pour l'obtention du prix Goncourt. Les écrivains tels Colette, Barbusse, Max Jacob admirent le talent du jeune soldat qui a passé cinquante-cinq mois à se battre[2]. Le nom de Proust est alors à peine mentionné, hormis dans *Le Figaro* avec lequel l'auteur collabore. L'accueil est enthousiaste dans la presse, d'autant que Dorgelès est beaucoup mieux introduit dans ce milieu que ne l'est Proust. Fernand Vandérem éreinte le deuxième tome de *La Recherche* dans *La Revue de Paris* du 15 juillet 1919 tandis qu'il voit *Les Croix de bois* de son ami Dorgelès l'emporter[3]. Dans la revue *Comœdia*, le patriote Binet-Valmer encense également le récit de guerre :

> Un grand livre, joyeux et véridique. Tout le monde gouaille. Tout le monde meurt et tout le monde rit avant de mourir. Parce que ces morts-là savaient qu'il y aurait sur leurs tombes des floraisons.

---

2   *Cf.* Micheline Dupray, *Un siècle de vie littéraire française*, Paris, Presses de la Renaissance, 1986, p. 193. – Bien que réformé en 1907 pour une affection pulmonaire, Dorgelès insiste pour aller se battre. Il se trouvera d'abord dans l'infanterie, comme caporal mitrailleur puis dans l'aviation avant d'être blessé dans une chute d'aéroplane. Il recevra la Croix de guerre avec deux palmes.

3   Thierry Laget, *op. cit.*, p. 47.

Un grand livre, joyeux et véridique. [...] Le détail et le langage notés. L'épisode retracé dans son horreur. La souffrance décrite. Le désespoir enregistré. L'argot mis à sa place. Les notes utilisées, comme les Goncourt le souhaitaient. Un sens profond de l'art d'écrire. [...] Messieurs de l'Académie Goncourt, il faut couronner ce livre[4].

En effet, ce roman du premier conflit mondial au même titre que *Le Feu* ou *Ceux de 14* émeut toute une génération qui vient de sortir de la guerre. Bref, à un peu plus de trente ans, Dorgelès, écrivain ayant l'étoffe d'un héros, a le profil idéal pour remporter le prix d'autant que le succès est au rendez-vous. Son éditeur Albin Michel affirme avoir tiré d'emblée 10 000 exemplaires le 1er avril 1919, tandis que le premier tirage du roman de Proust, pas encore imprimé alors, ne sera que de 3300 exemplaires[5].

C'est pourtant le deuxième volet de *La Recherche* qui se trouvera primé. Robert Kopp reprend l'antienne médiatique : « L'ombre des jeunes filles en fleurs l'a emporté sur l'ombre des héros en sang[6]. » Comme le rappelle Thierry Laget, il s'agit bien d'une guerre politique entre la droite et la gauche. La réussite de Proust fut considérée dans la presse de gauche, de *L'Humanité* à *L'Œuvre*, comme une victoire de la « droite » de l'Académie Goncourt dirigée par Léon Daudet. Le procès-verbal de la 110e réunion de l'Académie des Dix montre que trois tours de scrutin auront suffi à départager les deux candidats. Au dernier tour, Proust l'emporte par six voix contre quatre à Dorgelès. Léon Daudet[7], Gustave Geffroy, les frères Rosny, Henry Céard et Élémir Bourges ont voté pour Marcel Proust. Le fils de l'auteur du *Petit Chose* a clairement pris la défense de Proust, gagnant d'abord à sa cause Henry Céard et les frères Rosny. Jean Ajalbert, Léon Hennique, Émile Bergerat et Lucien Descaves pour Roland Dorgelès[8]. Le résultat proclamé par l'Académie fait jaillir une tempête médiatique encore plus importante qu'avant la distinction du prix. Peut-être, comme le

---

4   Binet-Valmer, « La Semaine littéraire, *Comœdia*, 2 novembre 1919, p. 2.
5   Thierry Laget, *op. cit.*, p. 52-53.
6   *Cf.* Robert Kopp, *Un siècle de Goncourt*, Paris, Gallimard, 2012, p. 36.
7   Léon Daudet, remplaçant son père Alphonse défunt au premier couvert de l'institution, a toujours soutenu Marcel Proust. Rappelons que l'auteur de *La Recherche* était très lié à la famille Daudet. Il fut notamment l'amant de Lucien, frère de Léon.
8   Voir *Archives Goncourt*, 4 Z 107 et s. Micheline Dupray et Thierry Laget le signalent également.

souligne Léon Deffoux, « les Dix voulurent-ils marquer qu'on revenait aux travaux de la paix[9] » ?

À l'annonce du verdict, la plupart des journaux prennent la défense de l'auteur des *Croix de bois*. L'un des arguments souvent mis en avant est le fait que le Prix Goncourt récompense un écrivain jeune en accord avec le testament des deux frères[10]. Dorgelès a 34 ans, Proust 47. Victor Snell, dans *L'Humanité* du 11 décembre 1919 intitule son article « Place aux Vieux ». Quelques jours plus tard, André Billy affirme que « le Prix Goncourt était moralement et littérairement dû à Dorgelès[11] ». Nonobstant, le jeune romancier obtiendra une autre récompense littéraire prestigieuse en recevant le prix *Vie heureuse-Femina*[12]. Cette fois-ci, la victoire est sans appel puisque c'est par 14 voix sur 19 votantes que le prix a été attribué aux *Croix de bois*. Lors d'une interview, l'auteur déclare :

> Je suis heureux d'avoir « raté » le prix Goncourt puisque cet échec me donne l'occasion d'être couronné par mes confrères femmes de *Femina* et de la *Vie Heureuse*, auxquelles j'adresse l'expression de ma très vive reconnaissance. Ce qu'elles ont fait est très chic[13].

Ce prix Goncourt manqué entraîne néanmoins une déception légitime de la part de Dorgelès donné comme favori : « Sur le moment, je l'avoue, j'ai fait la grimace[14]. » Mais en même temps, il est conscient de la valeur extraordinaire de son rival :

> Si les Dix avaient préféré mon ouvrage, je me serais entendu reprocher toute ma vie d'avoir étouffé un chef-d'œuvre et fait mourir Marcel Proust. [...] Je me félicite de ma défaite[15].

Désappointé par l'échec de son favori, Albin Michel, l'éditeur de Dorgelès, fait imprimer sur la bande qui recouvre chaque exemplaire

---

9   Léon Deffoux, *Chronique de l'Académie Goncourt*, Paris, Firmin-Didot, 1929, p. 132.
10 La presse rappelle volontiers le contenu du testament à ce sujet : « Mon vœu suprême, vœu que je prie les jeunes académiciens futurs d'avoir présent à la mémoire, c'est que ce prix soit donné à la jeunesse, à l'originalité du talent, aux tendances nouvelles et hardies de la pensée et de la forme. »
11 André Billy, *L'Indépendance belge*, 14 décembre 1919.
12 Thierry Laget, *op. cit.*, p. 110-111.
13 « À M. Roland Dorgelès le prix "Femina-Vie Heureuse" », *Le Petit Parisien*, 13 décembre 1919, p. 2.
14 Micheline Dupray, *op. cit.*, p. 196.
15 Voir aussi Pierre Assouline, *Du côté de chez Drouant*, Paris, Gallimard, 2013, p. 38.

des *Croix de bois* une manchette portant en gros caractères *Prix Goncourt* et en lettres très peu apparentes 4 voix sur 10. La couverture prête alors à confusion comme le manifestent les encarts publiés dans la presse puisque Dorgelès est présenté à la fois comme le lauréat du prix *Vie Heureuse* et presque comme le détenteur du prix Goncourt[16]. Le journal *La Liberté* ironise sur ce « double prix Goncourt[17] ».

L'éditeur de Proust, Gallimard, assigne alors celui de Dorgelès devant le tribunal de commerce de la Seine. Le jugement du 20 mai 1920 considère que le procédé employé par Albin Michel n'est pas déloyal car la mauvaise foi n'a pas été rapportée mais qu'il est illicite. La manœuvre de l'éditeur a entraîné une confusion qui a porté préjudice aux ventes du roman de Proust. À titre de réparation, le tribunal condamne l'éditeur de Dorgelès à supprimer le bandeau litigieux dans un délai de quinze jours sous peine d'astreinte, à verser deux mille euros de dommages-intérêts à l'éditeur Gallimard et à publier le présent jugement dans deux journaux au choix de l'éditeur demandeur.

La polémique alimentée autour du prix Goncourt 1919 avantage d'abord Dorgelès. Son livre bon marché par rapport à celui de Proust connaît des tirages impressionnants, près de quatre fois plus importants qu'*À l'ombre des jeunes filles en fleurs*[18]. Son roman reçoit un écho immédiat auprès du public qui sort de la guerre. Ce sera seulement au cours de la seconde moitié du XXe siècle que Proust supplantera Dorgelès au niveau des tirages de leurs romans respectifs. Quant à la bataille littéraire, on sait, Dorgelès aussi l'a pressenti, que le vainqueur est bien celui de *La Recherche*.

Cette première relation de Dorgelès au Prix Goncourt est déjà complexe : déçu mais rassuré que le talent de Proust fût récompensé, avec un prix manqué mais qui dope son propre roman, non celui de son adversaire, jeune romancier populaire et sympathique, il est l'auteur d'un récit auquel son nom restera de plus en plus attaché tel un fardeau. Très sollicité après la Première Guerre mondiale, Roland Dorgelès multiplie les interviews, se trouve constamment sollicité et profite de sa notoriété. Mais, peu à peu, comme tout succès foudroyant, le romancier peine à faire connaître d'autres œuvres. Hervé Bazin, l'un

---

16 Voir *Le Figaro* du 18 décembre 1919, p. 3.
17 *La Liberté*, 15 février 1920.
18 En 1919-1920, *Les Croix de bois* ont été publiées à 85158 exemplaires, *À l'ombre des jeunes filles en fleurs*, à 23100. Voir Thierry Laget, *op. cit.*, p. 47-48.

de ses futurs camarades de l'Académie, rappelle cette charge : « Bien entendu, ses *Croix de bois*, Roland Dorgelès les a portées depuis plus d'un demi-siècle sur l'épaule[19]. »

LA FIDÉLITÉ AUX GONCOURT DE ROLAND DORGELÈS

Remis pour la première fois en 1903, le prix Goncourt entretient encore à l'issue de la Première Guerre mondiale des attaches réelles avec les deux frères qui l'ont tant voulu et qui lui ont donné leur nom. En témoigne, comme on l'a vu, le souhait de célébrer la jeunesse, idée contenue explicitement dans le testament d'Edmond. La récompense littéraire n'a pas cependant l'impact qu'on lui connaît aujourd'hui[20]. Pourtant, la pression médiatique s'exerce déjà ; le niveau des tirages est examiné avec attention tout comme les déclarations des candidats, des lauréats et des membres de la prestigieuse Académie.

Dix ans après son échec au prix, Dorgelès est élu membre de l'Académie Goncourt, au troisième tour de scrutin par 8 voix contre 1 à Georges Duhamel, prenant la succession de Georges Courteline. Compensation diront certains. Mais le rôle que joua Dorgelès en tant que membre puis comme président dépasse largement cette idée.

À l'époque, l'institution fonctionne depuis environ une génération. Entre Courteline et Dorgelès, la filiation est naturelle.

> Si l'auteur des *Gaîtés de l'escadron* avait dû désigner lui-même un successeur, il aurait sans doute pensé à l'auteur des *Croix de Bois*. En effet, tous deux étaient liés par une franche amitié[21].

---

19 Hervé Bazin dans sa préface à *Images*, publié de façon posthume. Roland Dorgelès, *Images*, Paris, Albin Michel, 1975, p. 11.

20 Sylvie Ducas souligne bien que l'objectif premier des frères Goncourt consistait à créer en quelque sorte une contre-Académie, composée de romanciers écartés de la Coupole. La rente perçue grâce à la fortune des deux frères devait leur permettre d'écrire en toute liberté, débarrassés des tâches alimentaires comme le journalisme. Le prix littéraire n'arrivait alors qu'en seconde position. Peu à peu, le prix supplanta en termes de notoriété le cénacle qui le remettait. Il servit à décerner le meilleur livre de l'année, assurant à son auteur la consécration et des ventes substantielles. Voir notamment Sylvie Ducas, *La littérature à quel(s) prix ?*, Paris, La Découverte, 2013.

21 *Les Nouvelles littéraires*, 23 novembre 1929.

En novembre 1929, lorsque Dorgelès y fait son entrée, des membres fondateurs de l'institution sont encore présents : les frères Rosny et Léon Hennique. D'autres ont côtoyé directement Edmond de Goncourt comme Lucien Descaves[22]. À l'occasion de l'élection de Dorgelès, le rappel des huit couverts initiaux puis des deux désignés après la mort d'Edmond de Goncourt est effectué par les journalistes[23]. Cependant, le cénacle s'ouvre pour la première fois à un écrivain de l'après-guerre de 1870[24]. Cure de rajeunissement tout en conservant fidélité aux fondateurs. À l'aube des années 30, le lien des académiciens avec les frères Goncourt mais aussi avec Alphonse et Julia Daudet, Gustave Geffroy et Huysmans, premier président de l'Académie, est encore très prégnant.

En 1953, à l'occasion du cinquantenaire du prix Goncourt, le romancier des *Sous-offs*, alors président de l'Académie des Dix, rappelle la maison d'Auteuil qu'il a fréquentée :

> Mais je ne veux évoquer aujourd'hui qu'Edmond de Goncourt, tel que je le voyais, au Grenier surtout. Il nous écoutait ensuite, heureux de la présence d'amis qui l'attachaient à une solitude adverse[25].

Le benjamin de l'assemblée n'a évidemment pas connu Edmond de Goncourt mort le 16 juillet 1896 à Champrosay chez son ami Daudet. Dans le même volume d'hommage, pour faire apparaître la figure du maître, Dorgelès a d'abord besoin de la médiation d'objets : le portrait de Carrière, des ouvrages des deux frères, un médaillon les représentant. Puis, par analogie, il superpose la représentation de leur moi écrivant :

> [...] si je caresse du regard les arbustes de ma terrasse, je pense aussitôt que, de la fenêtre du Grenier, vous deviez, comme moi, par-dessus la page blanche, guetter le jeu du soleil sur les feuilles luisantes de vos magnolias[26].

---

22 Voir Jean de Palacio, « Lucien Descaves, un goncourtisme original. Les certitudes du dixième couvert », *Cahiers Edmond et Jules de Goncourt*, n° 10, 2003, p. 131-148.

23 Voir Léon Treich, « Les dix fauteuils de l'Académie Goncourt », *Les Nouvelles littéraires*, 23 novembre 1929, p. 5.

24 Voir par exemple, « À travers les lettres », *Le Journal*, 21 novembre 1929, p. 4 : « Il sera une force jeune et active pour l'Académie Goncourt ».

25 Lucien Descaves, « Derniers jours d'Edmond de Goncourt », *Hommage à Edmond et Jules de Goncourt, à l'occasion du 50ᵉ anniversaire de la mort d'Edmond de Goncourt*, Paris, Flammarion, 1953, p. 8.

26 Roland Dorgelès, « Apparition de M. de Goncourt », *Hommage à Edmond et Jules de Goncourt...*, *op. cit.*, p. 15-16.

Malgré la distance qui les sépare, Dorgelès restitue le quotidien des Goncourt à travers un « chimérique entretien[27] » qu'il clôt par la question : « D'un simple battement de paupières, me direz-vous, cher maître, si nous avons rempli vos vœux[28] ? »

De loin, il s'agit du témoignage le plus poignant car la proximité en particulier avec Edmond frappe. En contrepoint, Colette qui préside l'Académie avant Dorgelès, est beaucoup moins proche des Goncourt en qui elle ne reconnaît que la valeur du *Journal*, un « monument durable ». Mais « rien ne [l']attache aux romans des frères Goncourt[29] ». André Billy se contente de se demander si « cette bousculade, cette cohue, cette foire qui nous scandalise tous un peu, le père Goncourt n'en aurait pas été ravi, lui qui, toute sa vie, souffrit de l'indifférence de la presse et du public à son égard[30] ».

Roland Dorgelès contribue également à entretenir la mémoire des Goncourt en profitant de la notoriété du Prix qui va grandissant. Au fur et à mesure qu'il gravit les échelons au sein de l'institution, trésorier, secrétaire, vice-président et président, le romancier demeure fidèle aux deux frères ; il multiplie les actions les célébrant. Ainsi, en 1939, pour sauver la maison d'Auteuil, l'écrivain, alors président de l'Académie, lance une souscription auprès des auteurs et des éditeurs en leur suggérant d'envoyer 1000 francs minimum par Goncourt obtenu. Le lien entre la récompense littéraire et le souvenir des frères Goncourt est encore très fort.

De plus, les œuvres d'Edmond et de Jules sont présentes dans les bibliothèques des membres de l'Académie. Par exemple, dans celle d'Armand Salacrou, on trouve le *Journal* des Goncourt, les romans d'Edmond publiés chez Charpentier, 17 volumes divers sur les Goncourt dans différentes éditions[31]. La vie littéraire de l'institution se trouve encore marquée de l'empreinte de ses fondateurs. Ainsi, dans l'ouvrage d'André Billy, *Les Frères Goncourt*, paru dans les années 1950, est consacré un très long

---

27   *Ibid.*, p. 17.
28   *Ibid.*, p. 23.
29   Colette, « Les Goncourt que je n'ai pas connus », *Hommage à Edmond et Jules de Goncourt...*, *op. cit.*, p. 44 et 43.
30   André Billy, « Le cas Goncourt », *Hommage à Edmond et Jules de Goncourt...*, *op. cit.*, p. 38-39.
31   *Armand Salacrou, Bibliothèque personnelle d'un écrivain*, Le Havre, J.-F. Masse, 1991, p. 23 : n° 702 à 708.

développement aux Goncourt, aux Daudet et à la future Académie[32]. Les adaptations cinématographiques des œuvres des Goncourt sont aussi scrutées par l'Académie. Ainsi le synopsis de *La Fille Élisa* proposé par Henri Roussel est-il refusé car il risquerait de dénaturer le roman de Goncourt[33].

Au cours de la présence de Dorgelès au sein de l'Académie Goncourt, la publication du *Journal* constitue enfin un élément majeur des travaux menés par l'institution pour assurer la mémoire des deux frères. La partie inédite du *Journal* rédigée par Edmond s'entend ; en effet, Edmond avait commencé à le faire paraître en 1887. Dès le premier tome, des protestations vigoureuses de la part d'écrivains dont Renan et Taine s'étaient fait sentir. On reprochait à Edmond de Goncourt d'avoir rapporté des conversations intimes lors des dîners Magny par exemple et ridiculisé de très nombreuses personnalités. L'auteur de *La Faustin* avait alors envisagé une publication posthume pour la suite et fin du *Journal* afin de ne pas blesser les personnes encore en vie et d'éviter tout procès. Selon le testament d'Edmond, la publication complète aurait pu avoir lieu dès 1916. Mais on comprend que l'institution se soit montrée longtemps réticente à rendre accessible l'intégralité du *Journal*. Durant les années 1920, sous la présidence de Gustave Geffroy, l'éditeur Fasquelle explique que la partie inédite du *Journal* doit le rester pour le moment sous peine de « responsabilités civiles et même pénales », qu'il ne pourrait tolérer[34]. Pierre Descaves, fils de Lucien, plaide pour différer encore l'accessibilité de l'ouvrage en 1944 :

> Mon avis est que, pour publier les parties inédites du *Journal* légué par Edmond de Goncourt, il faudra attendre le temps que nécessite l'épuisement, ou, si vous aimez mieux, la disparition d'une génération[35].

Ce n'est qu'après la Seconde Guerre mondiale que la question de la publication de l'intégralité du *Journal* se trouvera clairement abordée

---

32   André Billy, *Les frères Goncourt : la vie littéraire à Paris pendant la seconde moitié du xixe siècle*, Paris, Flammarion, 1954.

33   *Archives Goncourt*, 4 Z 108, Dossier *La Fille Élisa* 1933-1938 : « 250e séance (26 octobre 1938) chez Drouant, place Gaillon. / Il a été question, au cours du déjeuner, du scénario du film de *La Fille Élisa*. M. Roland Dorgelès, au nom de ses collègues présents, a rédigé la lettre suivante que M. J. H. Rosny aîné s'est engagé à faire parvenir à la direction. »

34   *Archives Goncourt*, 4 Z 107, 1902-1936. Lettre de Fasquelle à Geffroy, président de l'Académie Goncourt du 21 juillet 1925.

35   Pierre Descaves, *Mes Goncourt*, Paris, Laffont, 1944, p. 242.

par l'Académie Goncourt. En effet, les derniers témoins de la présence de Goncourt au sein de l'institution s'éteignent[36] ; les cibles préférées d'Edmond ont disparu. Dans un souci d'indépendance et de transparence, fidèle aussi à l'esprit du testament d'Edmond, Dorgelès se bat pour que le public connaisse le texte complet. Au cours de l'émission « La Tribune de Paris » du 23 février 1946, il déclare :

> Nous pourrons bientôt pénétrer avec les Goncourt dans les salons les plus fermés de l'époque. Pour ma part je suis bien décidé quand je relirai le manuscrit inédit de ne rien retrancher. Comme toutes les grandes œuvres cet ouvrage échappe au temps[37].

Les archivistes Edmond Pognon et Robert Burnand s'attaquèrent alors au décryptage du manuscrit puis Robert Ricatte le publia en 1956 alors que Dorgelès assurait la présidence des Dix depuis deux ans[38]. Lors d'une interview, le président de l'institution déclare : « Ce *Journal* m'a ravi et je ne crois pas me tromper en affirmant que beaucoup de lecteurs partageront mon sentiment[39]. »

Un an plus tard, une plaque est posée à Champrosay le 23 juin. La rue de Champrosay devient rue Edmond de Goncourt, mort dans la maison de son ami Daudet en juillet 1896.

Lorsque Dorgelès entre à l'Académie Goncourt, il côtoie encore une partie des membres fondateurs de l'institution. Lorsqu'il accède à la présidence du cénacle, ces derniers ont disparu. Cependant, le romancier cultive la mémoire des Goncourt tout en s'efforçant de moderniser le fonctionnement de ce « club archifermé de vieillards[40] ».

---

36 Jean-Michel Pottier, « Rosny Aîné, président de l'Académie Goncourt. La fidélité en équilibre », *Cahiers Edmond et Jules de Goncourt*, n° 10, 2003. Les cent ans du premier prix Goncourt, p. 66.

37 Émission « La Tribune de Paris » du 23 février 1946 diffusée sur la chaîne nationale. Disponible sur le site de l'INA et sur France Culture : https://www.franceculture.fr/emissions/les-nuits-de-france-culture/roland-dorgeles-il-faut-publier-le-journal-des-goncourt-dans. Site consulté le 10 janvier 2020. Roland Dorgelès était interviewé aux côtés de Léo Larguier, Maurice Garçon et Pierre Descaves.

38 *Journal* des Goncourt, Paris, Laffont, 1956. Sur ce point, voir Pierre-Jean Dufief, « Le courrier des lecteurs et l'écriture du *Journal* des Goncourt », *Les journaux de la vie littéraire* : Actes du colloque de Brest 18-19 octobre 2007, PUR, 2016, p. 47 et s.

39 *Les Nouvelles littéraires*, avril 1956, cité par Micheline Dupray, *op. cit.*, p. 417.

40 Propos d'Hervé Bazin rapportés par Armand Lanoux à la fin des années 1960. *Archives Goncourt*. 4 Z 151. *Journal* inédit d'Armand Lanoux.

ÉVOLUTION PERSONNELLE, INSTITUTIONNELLE
ET SOCIALE DES RAPPORTS DE DORGELÈS
À L'ACADÉMIE GONCOURT

C'est d'abord l'assiduité de Dorgelès à l'Académie qui frappe. Durant des décennies, il est pour l'institution littéraire « à la fois son avocat, son notaire, son avoué et son concierge[41] ». Ce jugement de René Benjamin, guère amène pour le romancier, recèle tout de même une part de vérité. Au moment où plusieurs membres de la présente Académie Goncourt exposent publiquement leurs difficultés à concilier leur activité d'académicien avec leur métier d'écrivain en renonçant à la première pour préserver le second, force est de constater la permanence de Dorgelès au sein de l'institution, y compris durant des périodes troublées. Par exemple, lors de la mort de Rosny aîné décédé au printemps 1940, l'Académie décide de désigner son remplaçant à la fin de l'année 1941 en pleine guerre. Dans ce contexte, seul Dorgelès, consciencieux et assidu, est venu de Marseille pour assister aux délibérations et élire Pierre Champion le 20 décembre au détriment d'André Billy, de Pierre Mac Orlan et de Blaise Cendrars.

De 1929 à 1973, cette régularité se révélera exceptionnelle eu égard à la longévité de l'écrivain. Lors des débuts de Dorgelès à l'Académie, son attitude tranche avec celle de Lucien Descaves, l'Arlésienne de l'institution, éternel absent des réunions Goncourt depuis 1917[42]. Les journaux personnels des membres de l'Académie en attestent volontiers. Par exemple, le cahier de séances de Francis Carco pour l'année 1938 témoigne de la présence sans faille de Dorgelès[43]. De même, Armand Lanoux fait un constat similaire dans son journal écrit plus tardivement. Il note le déclin physique de son ami :

41 René Benjamin, *La Galère des Goncourt*, Paris, L'Élan, 1948, p. 215.

42 Lucien Descaves a renoncé à assister aux réunions des Goncourt parce que l'Académie n'avait alors pas voulu accueillir Georges Courteline en son sein. L'auteur des *Sous-Offs* appelait indirectement à la dissolution de la société des Goncourt dans un article de 1923 dans *Comœdia*.

43 *Archives Goncourt*. 4 Z 108.

> Samedi 9 novembre [1968]
> Roland était toujours aussi vif d'esprit, mais presque totalement privé de ses jambes. Il y a des moments où il faut le dresser comme un grand pantin.
> 4 juin 1969
> Déjeuner hier place Gaillon. [...] Nous n'étions que quatre, Roland Dorgelès, toujours très vif, aux formules percutantes, mais trottinant par tout petits pas de marionnette[44].

Cette attention portée à l'Académie Goncourt n'empêche pas Dorgelès d'être très actif par ailleurs. Son engagement auprès de l'institution ne saurait limiter son militantisme. Administrateur hors pair de l'Académie, il représente aussi fort bien les Écrivains combattants au sein du groupe[45]. Bien que pris par les travaux de l'institution, Dorgelès entreprend plusieurs voyages dans les années 1930 avec son épouse Hania : Afrique du Nord et Russie. Il continue d'écrire également. Ses déplacements notamment en Italie et en Allemagne le conduisent à dénoncer avec un esprit visionnaire frappant les dictatures européennes déjà à l'œuvre[46].

Durant son appartenance à la célèbre institution, Dorgelès s'est toujours montré railleur, affable, bavard et très accessible. C'est un homme chaleureux avec les collègues académiciens qu'il fréquente. Le portrait poursuivi par René Benjamin le résume bien :

> Il a de la chaleur, ce qui est un des plus beaux dons, et il vous en donne, ce qui est généreux. Tant de gens vous en prennent sans rien vous rendre. Mais il a une chaleur vraie, et une chaleur simulée. Les naïfs, seuls, y sont pris tout à fait. Les autres lui accordent le bénéfice du doute. Et voilà pourquoi il n'a presque que des amis. S'il avait fait de la politique, il aurait été président du Conseil au bout d'un mois[47].

La plupart des membres de l'Académie deviennent des amis grâce à l'entregent du romancier. Dorgelès fait également en sorte que ses propres camarades le rejoignent. En 1961, pour faire pendant aux fauteuils de l'Académie française, André Billy suggère l'idée de faire graver des couverts au nom de chaque titulaire et de ses prédécesseurs. « Cette nuance, souligne Roland Dorgelès alors président de l'Académie Goncourt, aide

---

44 *Archives Goncourt*. 4 Z 151. *Journal* inédit d'Armand Lanoux.
45 Georges Ravon, *L'Académie Goncourt en dix couverts*, Édouard Aubanel éditeur, 1946, p. 120.
46 Roland Dorgelès, *Vive la liberté !*, Paris, Albin Michel, 1937, p. 309-310. Son récit de voyage concerne plusieurs dictatures européennes.
47 René Benjamin, *op. cit.*, p. 214.

à prouver combien les académiciens de la Place Gaillon se veulent des copains au sens étymologique : ceux qui partagent le pain[48] ».

Dès son entrée à l'Académie Goncourt, Dorgelès cultive les amitiés qu'il a pu nouer par le passé. Le trio de jeunesse montmartrois formé de Francis Carco, de Pierre Mac Orlan et de l'auteur des *Croix des bois* se reconstitue au début des années 50 à l'Académie Goncourt[49]. En effet, Francis Carco est élu en 1938. Après plusieurs tentatives, Pierre Mac Orlan rejoint le groupe en 1950. Mais à la même époque, Dorgelès sait aussi faire preuve d'élégance en cédant la présidence de l'assemblée à Colette, alors qu'en tant que doyen, la place aurait dû lui revenir[50]. Dans son entreprise, Dorgelès se montre d'une ténacité à toute épreuve. Par exemple, lors de la succession de Léon Hennique mort en 1935, Dorgelès soutient la candidature de son ami Carco. La presse elle-même se fait l'écho de la volonté sans faille de Dorgelès à l'époque alors que Carco est aussi tenté par la Coupole :

> Lui non plus ne désespère pas tout à fait d'entrer à l'Académie Française, mais la mort de M. Paul Bourget lui a fait perdre à la fois un aîné qu'il aimait et le plus puissant de ses électeurs.
>
> Il se rabattrait donc volontiers sur l'Académie Goncourt et Roland Dorgelès soutiendrait sa candidature.
>
> Et l'on sait que lorsque Roland Dorgelès veut quelque chose…. Il aurait d'ailleurs rencontré des sympathies assez importantes pour son candidat[51].

Léo Larguier occupera finalement le sixième couvert, Carco devant patienter encore quelques années avant de prendre le neuvième couvert en remplacement de Gaston Chéreau.

Ne dit-il pas à Armand Lanoux venant d'obtenir le prix Goncourt en novembre 1963 ? : « Je veux vivre assez vieux pour que vous soyez assis dans cette maison, à mon côté[52] ». Ce sera chose faite en 1969, quelques années avant la disparition de Dorgelès.

La vie académique n'est pas pour autant un long fleuve tranquille : de nombreuses polémiques ont lieu à l'occasion de la remise des prix, les favoris n'étant pas forcément récompensés. En 1932, c'est une académie Goncourt

48   Site de l'Académie Goncourt : https://www.academiegoncourt.com/les-10-couverts. Consulté le 10 janvier 2020.
49   Micheline Dupray, *op. cit.*, p. 210.
50   Archives Goncourt. 4 Z 109. Rapport moral 1949.
51   « La Mort de Léon Hennique », *Le Vingtième artistique et littéraire*, 12 janvier 1935, p. 3.
52   *Archives Goncourt.* 4 Z 151. *Journal* inédit d'Armand Lanoux, 20 novembre 1963.

vieillissante qui remettra le Goncourt au roman oublié *Les Loups* de Guy Mazeline et non à Céline pour *Voyage au bout de la nuit* comme l'avait annoncé prématurément Léon Daudet dans la presse. Le plus jeune des Dix est Roland Dorgelès, alors âgé de quarante-six ans. Le doyen est Raoul Ponchon, âgé de quatre-vingt-quatre ans. Dorgelès se montre hésitant et finit par choisir Mazeline. Comme pour *Les Croix de bois*, le roman de Céline connaîtra à la suite de cet échec des records de ventes. Mais l'académicien Dorgelès est violemment pris à parti dans la presse. L'affaire Sicard/Galtier-Boissière en témoigne puisque Dorgelès et Rosny jeune attaqueront en diffamation les deux journalistes. Le romancier d'Amiens y répondra aussi par voie de presse[53]. Pendant longtemps, Dorgelès ne regrettera pas son choix de voter contre Céline mais il aura des regrets à la fin de sa vie[54].

Par rapport à la guerre, l'Académie ne choisit pas son camp : elle continue de fonctionner. Si les Goncourt n'ont pas choisi de résister, ils n'ont pas davantage collaboré. Mais à titre individuel, à la Libération, trois académiciens sont mis en cause : Guitry, Benjamin et La Varende. Le prix hors Goncourt créé par Guitry et Benjamin qui fait sécession perturbe la bonne marche de l'Académie officielle.

Dorgelès manifeste également une grande indépendance par rapport au poids croissant des éditeurs. Lors de l'élection de Raymond Queneau en 1951, le 12 mars, il proteste contre le danger d'avoir parmi les membres des Goncourt un juré qui se trouve en même temps secrétaire général des éditions Gallimard depuis 10 ans et membre de leur comité de lecture. Souvent porte-parole de l'assemblée, il incarne la voix collective de l'institution tout en faisant entendre la sienne. Bien plus tard, il s'opposera aux « Gallimard brother's », Hériat et Queneau, ainsi qu'à Salacrou qui défendent Félicien Marceau alors que le président fait choisir Bernard Clavel à la succession de Giono. En tant que président de l'Académie Goncourt, Dorgelès n'hésite pas à recourir plusieurs fois à sa double voix afin de choisir l'impétrant qui l'intéresse[55].

Peu à peu, Dorgelès glisse de benjamin de l'Académie à doyen : cette transformation de l'assemblée crée des tensions avec les nouveaux élus comme Hervé Bazin qui fustige à plusieurs reprises ce cénacle fermé de vétérans. L'institution a perdu des membres éminents au début de

53   « Faut-il en rire ? », *Les Annales*, 23 décembre 1932.
54   Micheline Dupray, *op. cit.*, p. 378.
55   Voir le *Journal* inédit d'Armand Lanoux. *Archives Goncourt.*

la décennie 1970 : Gérard Bauër, Pierre Mac Orlan, Jean Giono, André Billy, en trois années à peine. Néanmoins, Dorgelès restera un homme pacifiste, non rétif à des accommodements.

De l'affaire Céline à l'affaire Vintilia Horia, l'Académie connaît de nombreuses secousses au cours du XXe siècle. Ces soubresauts touchent davantage un Dorgelès fatigué et malade. La dernière brouille avec Hériat, Queneau et Salacrou l'affectera particulièrement.

Lors des obsèques de Dorgelès en 1973, l'Assemblée des Dix est presque au complet. Seules les absences de Queneau et de Salacrou sont notables. Cependant, la réconciliation aura lieu. Un mois avant sa disparition, Dorgelès exige, dans ses dernières volontés, des excuses publiques par la voie des ondes ou de la presse de la part de Salacrou. Ce dernier s'exécutera le 7 novembre 1973 dans un discours d'hommage et de repentance lors de la pose commémorative d'une plaque rue Mabillon, lieu du dernier domicile de Dorgelès.

Roland Dorgelès détient, avec Lucien Descaves et Rosny jeune, le record de plus de quarante ans d'appartenance à l'Académie Goncourt. Au-delà de cette longévité extraordinaire, il convient de souligner à quel point l'auteur des *Croix de bois* s'est livré corps et âme pour l'intérêt général de l'institution. Dorgelès a joué le rôle d'un passeur entre deux générations, celle des membres fondateurs de l'Académie et celle du XXe siècle. Il représente sans doute un cas unique dans l'histoire de cette assemblée littéraire grâce à cette position privilégiée. Fidèle à l'esprit des Goncourt, il a œuvré à la publication intégrale de leur *Journal* tout en s'efforçant d'ouvrir les portes à la modernité : transparence, indépendance vis-à-vis des maisons d'éditions, ouverture à la francophonie... Néanmoins, l'auteur des *Croix de bois* demeure irrémédiablement lié à son premier roman. Écrivain de la guerre, il a contribué de manière pacifique à pérenniser l'institution et à faire entrer l'Académie Goncourt dans une ère nouvelle, elle qui n'aurait pu jamais naître et qui a mis des années avant de pouvoir fonctionner.

Gabrielle MELISON-HIRCHWALD
Université de Lorraine,
ATILF-CNRS

POSTÉRITÉ ET ACTUALITÉ DE DORGELÈS

DE ROLAND DORGELÈS À PIERRE LEMAITRE, LA CRÉATION AU SERVICE DE LA MÉMOIRE

ROMAN D'APRÈS-GUERRE, ROMAN SUR L'APRÈS-GUERRE

La Grande Guerre est le fil rouge de plusieurs récits et fictions de Roland Dorgelès. Quatre ans après *Les Croix de bois* (1919), l'auteur publie *Le Réveil des morts*, roman dont l'intrigue commence en 1919, « quatre mois[1] » après l'Armistice, dans les ruines du Chemin des Dames. Jacques Le Vaudoyer, architecte et ancien combattant réformé à la suite d'une intoxication au gaz moutarde, s'installe dans la région pour participer à sa reconstruction. Nouvel époux d'Hélène, veuve de guerre, il découvre la vie de pionnier dans cette zone dévastée. Il vit dans le village fictif de Crécy, situé près de Laffaux, où est tombé au combat André, le premier mari d'Hélène. Dans ce roman, Dorgelès décrit le processus de reconstruction dans l'immédiat après-guerre et réfléchit à la reconstruction individuelle et sociale des sinistrés.

Le Réveil des morts s'inscrit dans la démarche mémorielle de l'auteur. Ancien combattant, il ressent le devoir de porter la voix des soldats, en particulier celle des morts qui en sont privés par leur destin tragique. Il est l'un des premiers adhérents de l'Association des Écrivains Combattants, fondée le 27 juin 1919. Le manifeste de l'AEC, publié le 2 juillet, témoigne du souhait des auteurs de trouver « une place dans la société » d'après-guerre, marquée par le retour à la paix. Ils se donnent pour objectif commun de lutter contre l'oubli du conflit et de ses morts, perçu comme un danger imminent : « Voici que

---

1 Roland Dorgelès, *Le Réveil des morts*, dans *D'une guerre à l'autre*, présentation de Jean-Pierre Rioux, Paris, Omnibus, 2013, p. 398.

l'oubli où nous avons été, cinq ans, relégués, épaissit les ténèbres[2]. »
Il est inconcevable pour eux de laisser la guerre appartenir à un passé
définitivement révolu et tu[3]. Les écrivains combattants dénoncent
une « hostilité inavouable, mais agissante » de la part de ceux « qui
n'ont pas combattu », et ils entendent lui opposer un « bataillon ras-
semblé[4] » d'écrivains et de poètes. C'est donc une société divisée et
bouleversée que réintègrent les Anciens Combattants. Ils entendent
y imposer leur « idéal de justice et de vérité », en transposant dans
l'après-guerre la « fraternité », la « générosité » et « l'oubli de soi-
même[5] » nés dans les tranchées. Il s'agit de tirer des valeurs positives
de la guerre, et de fonder une nouvelle société – et une nouvelle
morale – à partir de celles-ci.

Le projet mémoriel annoncé par le manifeste de l'AEC est illustré par
Le Réveil des morts. Le Chemin des Dames, lieu qui cristallise l'ampleur
absurde de la tuerie, devient le lieu de recréation d'une société qui
accepterait l'héritage de la Première Guerre mondiale. Le roman thématise la reconstruction, sujet qui préoccupe peu l'opinion publique[6].
C'est pourtant un architecte que suit le lecteur, l'acteur principal du
relèvement des ruines, le créateur du paysage de l'avenir. Mais Jacques
Le Vaudoyer est aussi ancien combattant, et l'une des problématiques
qui le préoccupent est celle de la mémoire : comment rebâtir tout en
préservant le souvenir du sacrifice de millions d'hommes ? La perspective
mémorielle, directement liée à l'expérience de la Grande Guerre, fait

---

2   Le manifeste de l'Association des Écrivains Combattants est reproduit dans l'ouvrage
     de Nicolas Beaupré, *Écrits de guerre, 1914-1918*, Paris, CNRS éditions, 2013, « Biblis »,
     p. 391.

3   La lutte des anciens combattants contre l'oubli est étudiée par Antoine Prost dans *Les
     Anciens Combattants et la société française, 1914-1939*, Paris, Presses de la Fondation nationale
     des sciences politiques, 1977, en particulier le volume 3 : *Mentalités et idéologies, cf.* p. 19 :
     « En eux coexistent, indissociables, la condamnation catégorique de la situation qui leur
     fut imposée, et la fidélité à celui qu'ils furent dans cette situation. L'ancien combattant
     n'est pas un homme qui fait l'éloge de la guerre ou des vertus guerrières ; c'est, plus
     simplement, un homme qui refuse de rayer de sa vie, comme si elle n'avait jamais été,
     une expérience majeure dont il n'a pas lieu de rougir. »

4   Nicolas Beaupré, *op. cit.*, p. 391.

5   *Ibid.*, p. 392.

6   Comme le rappelle l'historien Philippe Nivet, il ne s'agit pas d'un thème que l'on
     représente particulièrement dans la presse : « En 1919-1920, les photographies de la
     reconstruction ne représentent que 0,5 % du corpus de *L'Illustration* et 1,5 % du corpus
     du *Miroir*. » Voir la préface du hors-série n° 5 de *La Lettre du Chemin des Dames*, Bulletin
     d'information édité par le Département de l'Aisne / 2009-2010, p. 2.

pleinement partie du projet littéraire de Dorgelès qui veut, « avec de simples mots, ressusciter les morts[7] ».

Pierre Lemaitre, quatre-vingt-dix ans plus tard, publie *Au revoir là-haut* et l'inscrit dans la lignée des œuvres des écrivains combattants, et en particulier de Roland Dorgelès. Dans sa postface « Et pour finir… », Lemaitre cite *Le Réveil des morts* parmi ses inspirations littéraires. Dans un entretien, il confie que la lecture des *Croix de bois* dans sa jeunesse a provoqué chez lui une « émotion très forte » et une « impression incroyable ». Ce sont en effet les romans de Dorgelès qui inscrivent la Grande Guerre dans son « Panthéon émotionnel[8] ». Ainsi, le patronage de l'écrivain-combattant s'impose naturellement pour *Au revoir là-haut* et, à la lecture du prix Goncourt 2013, il est impossible, pour un lecteur de Dorgelès, d'ignorer les échos entre les deux œuvres.

Les deux romans traitent de l'après-guerre et de la reconstruction d'une société dévastée par le conflit. Le livre de Lemaitre narre l'histoire de deux anciens soldats, une « gueule cassée » et un démobilisé au chômage de retour à la vie civile. Ils décident d'arnaquer la nation tout entière en vendant de faux monuments aux morts. Ils affrontent aussi Henri d'Aulnay-Pradelle, leur ancien lieutenant et mercanti de la mort, qui manque de respect aux soldats défunts et à leur mémoire dans ses affaires douteuses, en traitant leurs corps en simples marchandises, comme Bouzier dans *Le Réveil des morts*. L'enjeu des deux romans est de lutter contre l'oubli et de préserver la présence des absents. Sans qu'il ne soit jamais nommé comme tel, le devoir de mémoire s'impose à l'esprit du lecteur, qui constate la volonté des romanciers d'offrir un lieu d'expression aux soldats défunts. Même *Au revoir là-haut* redonne une voix aux morts, puisque le roman paraît à une date où il n'y a plus aucun Poilu en vie pour témoigner[9]. La mise en récit apparaît comme une façon de leur redonner la parole malgré cette absence inexorable.

Les deux romans abordent les difficultés rencontrées par ces hommes dans leur réinsertion et le rejet de leur expérience par ceux de l'arrière relégués au statut d'*autres*. En effet, au lieu de jouer le rôle d'adjuvants que les auteurs et les anciens combattants aimeraient leur voir adopter, ils

---

7   Roland Dorgelès, *Au beau temps de la Butte*, Paris, Albin Michel, 1963, p. 81.
8   Jean-Luc Hees, *Entretien avec Pierre Lemaitre*, Paris, Audiolib, 2017, « L'écrivain ».
9   Le dernier Poilu, Lazare Ponticelli, est décédé en 2008.

jouent celui d'opposants[10]. Les écrivains mettent en scène des personnages aux aspirations inconciliables. Les héros, confrontés aux discours officiels contredisant leur vécu, à la folie commémorative ou à l'implacable dynamique de l'oubli, interrogent la reconstruction individuelle et sociale, et la thématisent à travers leurs actes de création. Dorgelès délègue à Jacques Le Vaudoyer, architecte, ses propres tourments quant au devenir de cette société bouleversée et divisée. Pierre Lemaitre, lui, fait naître deux personnages hantés par l'horreur de la guerre : Albert Maillard, comptable parfois trop terre-à-terre, profondément traumatisé et paranoïaque, en apparence dénué de toute fibre créatrice, et Édouard Péricourt, gueule cassée dont la blessure semble lui interdire tout retour à son activité artistique d'avant-guerre. L'écriture, remède à l'oubli pour les écrivains, leur permet aussi de décliner dans un régime fictionnel plusieurs modalités de la création, des plus conventionnelles – telles que les monuments aux morts et la reconstitution des ruines – aux plus originales comme les masques exubérants d'Édouard et les fantasmes oniriques de Jacques.

DES PERSONNAGES DE CRÉATEURS

Le narrateur des *Croix de bois*, Jacques Larcher, est déjà un créateur, puisqu'il prend la plume à son retour du combat. Double fictif de l'auteur, le personnage cherche à redonner vie à ses anciens camarades à travers la fiction :

> Mes morts, mes pauvres morts [...]. Je vous vois rôder, avec des gestes qui tâtonnent et cherchent dans la nuit éternelle tous ces vivants ingrats qui déjà vous oublient. Certains soirs comme celui-ci, quand las d'avoir écrit, je laisse tomber ma tête dans mes deux mains, je vous sens tous présents, mes camarades[11].

Davantage témoin que héros et acteur du roman, Jacques Larcher se fait le porte-parole des camarades disparus. L'écriture sert à réveiller cette

---

10 Le schéma actanciel de Greimas est un modèle narratologique qui s'applique très bien à ces deux romans qui exploitent des personnages types et mettent en évidence une forte dualité humaine et sociale.

11 Roland Dorgelès, *Les Croix de bois*, Paris, LGF, 1975, « Le Livre de Poche » p. 216.

armée d'ombres, les morts chers à l'ancien combattant. *Les Croix de bois* se clôt sur cette résurrection finale, annonçant celle du *Réveil des morts*. Le retour des morts, comme le suggère le titre de ce roman d'après-guerre, y est une thématique beaucoup plus obsédante. Plusieurs mois ont passé depuis l'Armistice, mais les exhortations des anciens combattants à ne pas oublier leurs camarades défunts s'avèrent vaines. Roland Dorgelès voit l'oubli s'insinuer, et petit à petit prendre le dessus sur le devoir de mémoire si nécessaire à la reconstruction de la société. En évoquant la question de l'exigence du souvenir et la capacité de l'écriture à le raviver, Dorgelès porte la voix d'une génération d'écrivains combattants inquiets de voir le sacrifice de milliers d'hommes devenir vain.

Ce devoir de mémoire, que Paul Ricœur définit comme « le devoir de rendre justice, par le souvenir, à un autre que soi[12] », c'est Jacques Le Vaudoyer, architecte et acteur de la reconstruction, qui le prend en charge dans *Le Réveil des morts*. Mais, plus qu'à « un autre que soi », c'est à un « autre soi » – un *alter ego* – qu'il rend hommage. Le défunt mari d'Hélène, André Delbos, reprend vie dans l'imagination de l'architecte, qui se reconnaît en lui jusqu'à la confusion des deux personnalités. En reconstruisant à l'identique la maison d'André pour y vivre lui-même, il réveille le souvenir du soldat, faisant de l'habitation un véritable monument au mort : « Mme Delbos, interdite, regardait cette maison dont chaque détail lui rappelait son fils[13]. » L'acte de création de l'architecte est un acte fondateur : il propose de construire sa vie future sur les traces du défunt, acceptant ainsi l'héritage meurtrier de la Grande Guerre pour mieux avancer.

Construire son identité sur les cendres de celle d'un mort est aussi ce que propose *Au revoir là-haut*, à travers le personnage d'Édouard. Devenu une gueule cassée peu avant l'Armistice, il ne souhaite pas retourner dans sa famille. À sa demande, son camarade Albert procède à une substitution d'identité : Édouard Péricourt est mort au combat et prend la place d'Eugène Larivière, désormais ressuscité. Le modeste comptable prend en charge l'acte de création ultime en donnant naissance à un nouvel être. Le personnage, volontiers décrit comme un être banal et insipide par le narrateur, se fait démiurge pour « sacrifier

---

12 Paul Ricœur, *La mémoire, l'histoire, l'oubli* [2000], Paris, Seuil, 2014, « Points essais », p. 108.

13 Roland Dorgelès, *Le Réveil des morts*, *op. cit.*, p. 553.

des vivants » et « ressusciter des morts[14] ». Albert vit cet acte créateur comme une transgression aux lourdes conséquences. Celui qui crée de toute pièce une version de l'histoire s'implique et engage sa responsabilité. Cette substitution d'identité n'est pas sans rappeler la substitution des discours officiels aux récits des combattants, la manipulation de la mémoire décrite dans les deux livres. L'après-guerre apparaît comme une affaire de fiction et de mise en récit : celles de l'histoire, de l'évènement guerrier. Comme une revanche, ce sont cette fois les combattants qui sont à l'origine de la substitution.

La revanche par la création, c'est justement ce que thématise *Au revoir là-haut*. Édouard, jeune artiste prometteur et audacieux avant la guerre, désespère à son retour du front. Privé de son visage, il est aussi privé de son art. Finis, les caricatures érotiques de son adolescence et les dessins pleins de vie du front. Édouard, désormais, pratique un art qu'il emprunte à ceux qu'il combat : l'art commémoratif, fait de représentations figées, de symboles et d'allégories. À travers ses croquis de monuments, c'est un combat qu'il mène avec les armes de ses ennemis, en parodiant leurs discours. Albert, contemplant ces dessins, reconnaît cette métamorphose :

> Ce qu'il voit là est très bien rendu, très travaillé, avec beaucoup de soin, mais… il cherche le mot, c'est… figé. Et enfin, il trouve : ça n'a rien de vrai ! Voilà. Lui qui a connu tout cela, qui a été un de ces soldats, il sait que ces images-là sont celles que se sont forgées ceux qui n'y sont pas allés. C'est généreux, c'est sûr, destiné à émouvoir, mais c'est un peu trop démonstratif[15].

Albert a un regard très terre-à-terre et conventionnel. Selon lui, l'art doit être beau, et force est de constater que son camarade a perdu tout son talent en se réduisant à produire des œuvres commémoratives et patriotiques, nécessairement universalisantes et donc dépersonnalisées : « ils ne sont pas faits pour représenter une sensibilité, mais pour exprimer un sentiment collectif, pour plaire à un vaste public qui a besoin d'émotion, qui veut de l'héroïsme[16]. » Les monuments aux morts sont codifiés et ont la fonction d'exalter le sentiment patriotique, et par ce biais de participer au deuil national en donnant une valeur héroïque à

---

14   Pierre Lemaitre, *Au Revoir là-haut*, Paris, LGF, 2015, « Le Livre de Poche », p. 100.
15   *Ibid.*, p. 308-309.
16   *Ibid.*, p. 311.

la mort des soldats. Pour que le deuil puisse se faire, la mort doit être justifiée, et les monuments permettent de l'inscrire dans un récit officiel faisant des défunts les sauveurs désintéressés de la patrie.

L'architecte de Dorgelès n'est pas animé par le même esprit de vengeance. Le roman, commencé en 1919 et publié en 1923, est écrit à une époque où l'écrivain pense encore pouvoir influencer les mentalités. Jacques relaie les observations de Dorgelès et sa prise de conscience personnelle des inégalités nées de la guerre. La vengeance, elle, appartient aux morts et s'incarne dans leur réveil final, qui ne reste qu'à l'état de rêve et de fantasme, tandis que celle d'Édouard et Albert est mise en acte :

> Le songe qu'il faisait éveillé s'était poursuivi seul pendant qu'il dormait. Il avait craint, espéré, souffert : le rêve avait conclu.
> Jacques, ayant refermé les yeux, se recueillit. Son âme était libre et sensible, comme si le corps ne pesait plus. Elle écoutait d'autres âmes parler...
> N'était-ce qu'un rêve ? Tous ces morts apparus n'étaient-ils seulement que les fantômes d'une nuit de fièvre, ou bien leurs ombres malheureuses ne s'étaient-elles pas arrachées au néant pour se montrer à lui, comme elles s'arrachaient, dans son cauchemar, à la terre bouleversée des champs. Il les voyait encore, hagards, terribles, avides d'aimer et de punir. Les vivants n'exauceront-ils jamais le dernier vœu des morts[17] ?

Jacques a une vision, dans laquelle les morts se réveillent et viennent faire payer les responsables. Ce fantasme de Jacques est une pure fiction, mais elle révèle la réelle inquiétude de l'écrivain et de son héros, qui constatent que la société ne fait pas ce qui est nécessaire pour se souvenir. Cette fiction onirique sert à rappeler aux lecteurs, contemporains de Dorgelès, qu'il est important de ne pas oublier la volonté des défunts. Le rêve, marqueur du romanesque, fonctionne comme une mise en abyme en proposant une fiction dans la fiction. L'écrivain élabore un « effet de rêve[18] » similaire à l'effet de réel théorisé par Roland Barthes, en préparant l'apparition de cette vision par l'élaboration d'une atmosphère gothique : une nuit d'orage, une « maison hantée[19] » et des éléments naturels déchaînés... Néanmoins, Dorgelès entretient, pendant tout le dernier chapitre, l'illusion que le rêve n'en est pas un, en maintenant

---

17 Roland Dorgelès, *Le Réveil des morts*, *op. cit.*, p. 594.
18 Cette expression est empruntée à Françoise Carmignani-Dupont dans son article « Fonction romanesque du récit de rêve, l'exemple d'*À Rebours* », *Littérature*, « Fantasmes, fictions », 1981, n° 43, p. 57-74.
19 Roland Dorgelès, *Le Réveil des morts*, *op. cit.*, p. 565.

le doute sur la réalité de ce réveil des soldats défunts. Le lecteur et le personnage reçoivent ce récit onirique comme un événement faisant partie du premier niveau de la diégèse, alors qu'il appartient à un second niveau. En faisant se confondre la réalité de la diégèse et la fiction du rêve, Dorgelès montre la capacité de la création – inconsciente ici – à pénétrer le réel et à le transformer. Sans être un moyen d'exercer une vengeance comme dans *Au revoir là-haut*, la fiction joue une fonction d'avertissement aux survivants.

Chez Lemaitre, le romanesque est le lieu d'une représentation de la société de l'époque. Afin de mieux faire percevoir à ses lecteurs l'esprit du XXe siècle, il lui donne vie sous les traits de ses personnages. Artiste rebelle, indépendant, étonnant et surtout détonnant, Édouard n'est pas sans évoquer les mouvements artistiques d'avant-garde qui se développent dans les années vingt. Ce jeune homme, traumatisé et définitivement métamorphosé par les horreurs de la guerre, serait-il le symbole d'une révolte par l'art telles que l'incarnent ces avant-gardes ? C'est après 14-18 qu'est créé le mouvement Dada, qui connaît, comme Édouard[20], une vie brève mais intense. Appréciant les performances éphémères et expérimentales, les dadaïstes aiment surprendre, déranger et choquer. Comme le personnage d'*Au revoir là-haut*, ils sont volontiers provocateurs et irrévérencieux. Tantôt grotesques, tantôt sublimes, les masques qu'Édouard confectionne lui permettent de provoquer un choc, un effet de surprise voire de sidération, lorsque le narrateur les donne à voir pour la première fois. C'est Albert qui incarne la réception de l'art dadaïste par un public plus habitué à l'art conventionnel : il est ébahi et impressionné, tout en ressentant souvent un sentiment de malaise à leur vue. Dans ces deux personnages se confrontent deux regards sur le monde : l'un des masques d'Édouard, « coloré, vif, gai, tranchait avec le moral d'Albert qui, lui, se déclinait en noir et blanc, et plus souvent en noir[21]. » Cette forme artistique, représentative de la production dadaïste, renvoie en particulier à celle de Marcel Janco qui, en 1919, crée une série de masques qu'il expose au Cabaret Voltaire, et qui incarnent aussi cet objectif de déstabiliser les tenants d'un art codifié et classique appartenant, aux yeux des dadaïstes,

---

20   Édouard meurt en 1920. Le mouvement Dada tient un peu plus longtemps, mais commence à s'épuiser dès 1921, notamment à l'occasion du procès contre Maurice Barrès. En 1923, les surréalistes se séparent de Dada, provoquant la mort de ce dernier.

21   Pierre Lemaitre, *op. cit.*, p. 441.

au monde de l'avant-guerre. Les masques d'Édouard Péricourt rappellent le rôle de l'art en ces temps tourmentés : surmonter les traumatismes, dépasser les horreurs du conflit, dire la métamorphose irréversible du monde et le profond malaise hérité de ces années de combat. De plus, les fondateurs du mouvement auraient pioché le mot « Dada » dans un dictionnaire, et leur nom serait donc né d'un jeu de hasard. Il en va de même pour la nouvelle identité d'Édouard, qui connaît une seconde naissance après la guerre en devenant Eugène Larivière, nom sélectionné parmi des dizaines d'autres par Albert, simplement parce que son porteur n'a pas de famille et que son corps n'a jamais été retrouvé. La fin de Dada, comme celle d'Édouard, est brutale, le mouvement artistique s'achevant sur une rupture avec les surréalistes. Le personnage, lui, meurt renversé par son père, symbole du matérialisme économique et industriel, qui prospère dans cette période d'après-guerre, comme si le capitalisme avait tué l'art libre et révolté. Détruit par une société qui ne veut plus de lui, Édouard, le créateur, ne trouve comme issue que la mort, son ultime provocation.

Dorgelès ne fait pas aller son personnage jusqu'à ces extrémités, bien au contraire. Jacques, libéré de son engagement avec Hélène et fort de la prise de conscience de son devoir de mémoire, envisage l'avenir comme un nouveau départ, une renaissance. À cette occasion, Dorgelès propose lui aussi une réflexion sur le thème de la destruction et de la création. Il part du constat que la guerre est constitutive de l'espèce humaine, tout comme l'acte de créer :

> Alors ce serait donc une loi éternelle que des peuples de proie se ruent sur les moins forts ? Les hommes ne seraient donc bons qu'à s'égorger jusqu'à la fin des temps ? Ne trouveront-ils jamais mieux que dans des tueries, à dépenser l'amour hautain du risque, le goût du sacrifice, l'élan divin qui nous fait tout donner... S'il n'en restait que deux sur la machine ronde, se fouilleraient-ils encore le ventre à coups d'épieu ?
>
> Accablé, Jacques regardait cette campagne maudite, où, depuis tant de siècles, les mêmes nations viennent verser leur sang, mais son regard, ayant glissé sur le cimetière, revint au bourg, et il se redressa. Subitement, il retrouvait sa foi. Il lui semblait que tous ces murs éclatants répondaient aux croix noires. On a creusé des fosses, c'est vrai, mais on a fait des toits. Oui, l'homme tue, mais il crée. Il est féroce, égoïste, cupide, mais il invente, mais il travaille, mais il bâtit[22]...

---

22   Roland Dorgelès, *Le Réveil des morts, op. cit.*, p. 597.

Cette citation en deux temps montre le point de vue de Jacques et l'idée sur laquelle Dorgelès souhaite conclure son roman. Le premier paragraphe livre les interrogations pessimistes de Jacques, marquées par la désillusion et le désenchantement. Or, le second met l'accent sur une lueur d'espoir, sur laquelle se clôt *Le Réveil des morts*, avec des assertions qui tendent à faire un syncrétisme de la dualité inhérente à l'être humain. Cet espoir, c'est dans la création qu'il repose, celle qui permet la renaissance.

Si l'homme tue et détruit, il peut aussi être un bâtisseur, comme Jacques Le Vaudoyer. Aux yeux de ce dernier, du narrateur, et *in fine* de Dorgelès, la reconstruction est un processus positif, lorsqu'elle est faite dans le respect des morts et de leur mémoire. Cette croyance en l'acte créateur montre l'engagement de Jacques, qui refuse de rester sur le constat pessimiste d'une société dysfonctionnelle et devient un homme d'action, en s'impliquant pleinement dans ce nouveau monde en reconstruction, au nom du pacifisme. Il observe une société déchirée et dévastée en son cœur et il constate que le mal habite, par nature, le cœur de l'homme. Mais il décide d'y réveiller le désir d'union et le bien, en plaçant sa « foi » dans l'être humain, dans sa capacité à créer, à produire quelque chose à partir du néant et des ruines.

FICTIONS MÉTAROMANESQUES

Toutes les modalités de la création déclinées dans ces fictions leur donnent une portée métaromanesque. L'écrivain, créateur de mondes imaginaires, matérialise ses préoccupations à travers les actions de ses êtres de papier. Pour illustrer l'idée du devoir de mémoire qui incombe aux anciens combattants, Dorgelès fait connaître une révélation, une prise de conscience à son personnage. Jacques, afin de rendre justice à André et à tous les autres soldats morts au combat, fait un « effort de mémoire » et cherche à se souvenir. Il ressent le « devoir de ne pas oublier[23] ». Pour démontrer cette nécessité de la mémoire, l'écrivain évoque l'oubli en le représentant comme un danger, une menace :

---

23 Paul Ricœur, *op. cit.*, p. 37.

L'Oubli... Il le redisait à mi-voix, ce mot terrible, et le cortège du plateau repassait devant ses yeux, les Chinois, la gouape en uniforme, et ces funèbres hamacs où s'étreignaient convulsivement deux morts.

L'Oubli... Cela tombe comme une pelletée de terre, ce mot-là. Sans y penser, le jeune homme l'avait écrit sur sa feuille de calque, et il repassait distraitement les traits, il ornait chaque lettre, avec un O étrange, horrible, troué de deux trous vides et fendu d'un grand rire[24].

La personnification et l'incarnation de l'oubli sont rendues possibles par la verbalisation. En prononçant le mot, la notion prend vie : la langue est performative. Jacques dit ce mot « à mi-voix » et voit s'animer sous ses yeux les Chinois transportant sans respect ni considération les corps à peine exhumés des soldats. Cette scène est métaromanesque car le lecteur est plongé dans un roman thématisant l'oubli, sa peur et sa résolution, et il s'incarne au travers de scènes qui témoignent de l'horreur que provoque l'oubli. Selon Dorgelès, c'est l'absence de souvenir et d'une mémorialisation juste qui rend possible ce mépris des morts. C'est parce qu'ils ont oublié les hommes, les individus derrière les corps, que les Chinois, les mercantis et tous les autres, traitent les cadavres comme des marchandises. *Le Réveil des morts*, en tant que roman, fait voir des scènes qui doivent susciter chez le lecteur le même effet de dégoût et de révolte que chez Jacques. L'oubli, mot qui « tombe comme une pelletée de terre », enterre de nouveau le corps, faisant mourir l'homme une seconde fois. C'est à cette menace que répond l'acte de création. Instinctivement, Jacques « écrit » le mot et en intensifie les contours, le rend plus présent sur la feuille, jusqu'à lui donner vie. Le personnage agit à l'image de l'écrivain, qui met en scène l'oubli dans son roman pour mieux avertir du danger qu'il représente. La « feuille de calque » invite à lire en transparence : à travers Jacques, voir l'écrivain ; à travers *Le Réveil des morts*, une dénonciation de l'oubli et une invitation à se souvenir. Dorgelès propose de substituer à une mémoire défaillante – ou mal intentionnée – une mémoire plus saine, qui accepte le souvenir des morts. Car l'oubli n'est pas seulement l'absence de souvenirs, mais aussi la perpétuation de souvenirs tronqués, erronés ou manipulés.

Le Réveil des morts s'inscrit dans ce qu'Éliane Tonnet-Lacroix nomme la « littérature de dénonciation » qui, dans la période d'après-guerre,

---

24   Roland Dorgelès, *Le Réveil des morts, op. cit.*, p. 421.

combat le « reniement » et la « trahison[25] » de l'héritage combattant. En réalité, cette lutte ne se limite pas aux années qui suivent la Grande Guerre. *Au revoir là-haut* en témoigne aussi. Les personnages font face à une population qui ne veut « qu'une seule chose, justement, qu'on n'en parle plus, qu'on en finisse enfin avec la guerre[26] ». Le refus constant de certains personnages d'aborder le sujet du conflit équivaut à nier le sacrifice des combattants. C'est donc aussi la violence de l'incompréhension qui provoque la nécessité de la « lutte contre l'oubli[27] ». Parler de la guerre, écrire des romans qui mettent en scène des personnages qui se battent pour faire accepter cet héritage, est déjà faire œuvre de mémoire. À travers leurs livres, Dorgelès et Lemaitre, à un siècle d'écart, inscrivent le romanesque et la fiction dans le processus de mémorialisation du conflit.

Cette mémorialisation est mise en scène dans les romans. La maison d'André, que Jacques reconstruit selon les plans d'origine voulus par le défunt soldat, en témoigne. D'après Paul Ricœur, « chaque nouveau bâtiment s'inscrit dans l'espace urbain comme un récit dans un milieu d'intertextualité[28]. » Ainsi, la villa d'André reconstituée telle qu'avant la guerre forme un « récit » visant à préserver la mémoire de l'homme qui l'a habitée par le passé. Dans le roman de Lemaitre, ce sont les monuments aux morts qui jouent le rôle de rappels, dans la réalité comme dans la fiction, puisqu'il s'agit d'écrire les noms de ces morts, de les placer aux yeux de tous, pour qu'ils ne soient pas oubliés. C'est pour cette raison que M. Péricourt tient tant à voir un monument érigé, sur lequel se trouverait le nom de son fils : pour que ce dernier bénéficie d'une reconnaissance, et qu'il continue à exister malgré son absence. Enfin, ils racontent une histoire : celle des soldats dont la mort n'a pas été vaine, puisqu'elle a eu lieu au service de la patrie reconnaissante.

En un sens, les masques que porte Édouard ont une fonction à peu près similaire. Albert, qui a peu connu son camarade avant sa blessure, finit par oublier son visage. Édouard lui-même ne sait plus exactement à quoi il ressemblait. Les masques deviennent alors des substituts du visage perdu, de l'identité morte. S'ils ne ressemblent pas, pour la grande majorité du moins, au visage d'Édouard, ils n'en sont pas moins le reflet

---

25   Éliane Tonnet-Lacroix, *Après-guerre et sensibilités littéraires, 1919-1924*, Paris, Publications de la Sorbonne, 1991, « Langues et langages », p. 86.
26   Pierre Lemaitre, *op. cit.*, p. 68.
27   Paul Ricœur, *La mémoire, l'histoire, l'oubli, op. cit.*, p. 49.
28   *Ibid.*, p. 187.

de ses émotions et de ses humeurs. Grâce à eux, il peut retrouver son exubérance passée et montrer ses ressentis présents. Il peut de nouveau s'exprimer, raconter une histoire : la sienne. Le premier qu'il confectionne porte « une grande bouche souriante », lui permettant d'adopter « une expression proprement humaine[29] ». Le masque peut faire revivre l'absent, ici le sourire, l'expressivité. Celui qu'Édouard crée pour Albert, représentant la tête du cheval qui lui a sauvé la vie dans la bataille[30], agit comme un remède pour l'ancien combattant qui retrouve enfin l'écho familier de ce moment passé, celui qu'il attendait pour guérir. Le masque apparaît comme un médicament pour le comptable traumatisé, lui permettant de garder avec lui l'image en relief de ce cheval dont il craignait de perdre le souvenir, à l'image du roman qui vient réparer la blessure de l'oubli. Enfin, le dernier masque que réalise Édouard est un « visage d'homme », le sien, celui du « vrai Édouard », « celui d'avant, parfaitement reproduit[31] ». La réaction d'Albert est immédiate : il se voit revenir, plusieurs mois plus tôt, dans la tranchée, quelques instants avant de « bondir vers la cote 113[32] ». Le visage oublié est de nouveau là, et avec lui le passé qui s'effaçait. Les masques sont des substituts de ce qui a été perdu, comme la villa d'André, le monument aux morts de M. Péricourt, et les romans eux-mêmes. Ces œuvres internes à la fiction montrent que l'art permet d'essentialiser les émotions et de participer à la recréation du souvenir.

Le traumatisme de la guerre est difficile à appréhender par la mémoire. Dans un entretien, le psychiatre Boris Cyrulnik, en se fondant sur des études neuroscientifiques, explique que « les circuits de la mémoire sont les mêmes que les circuits de l'imagination[33]. » C'est notamment de ce constat que découle son idée selon laquelle la résilience, qui consiste à accepter l'événement traumatique afin de se reconstruire, se ferait à travers le récit. Cela n'exclut pas la fiction. Le traumatisme serait noyé dans une sorte de « flou », et c'est justement « dans ce flou qu'il existe une possibilité de remaniement[34] ». Les personnes peuvent se ressaisir

---

29   Pierre Lemaitre, *op. cit.*, p. 244.
30   Albert, enseveli après l'explosion d'un obus, a tiré d'un cadavre de cheval l'oxygène lui permettant de survivre jusqu'à ce qu'Édouard le sauve. Après cela, il nourrit une obsession pour cette bête morte.
31   Pierre Lemaitre, *op. cit.*, p. 352.
32   *Ibid.*
33   Denis Peschanski, *op. cit.*, p. 6.
34   *Ibid.*, p. 14.

de leur histoire, la reformuler, la réécrire. La résilience passe par la mise en récit. Celle-ci peut se faire par la mobilisation de souvenirs personnels, mais aussi *via* d'autres « sources de mémoire[35] », tels que les récits journalistiques ou les discours officiels. *Le Réveil des morts* et *Au revoir là-haut* sont deux romans polyphoniques, qui laissent entendre la voix des soldats, mais aussi celle de l'État, des industriels, des mercantis, ou bien de ceux qui sont restés à l'arrière pendant le conflit. Ils présentent donc une importante pluralité de discours. Ces romans proposent ainsi de confier à la narration, et à la fiction, cet accompagnement vers la résilience.

Cette nécessité de la mise en récit permettant la résilience est à la fois illustrée et mise en échec dans *Au revoir là-haut* par Albert. Ce dernier, à la mort fictive d'Édouard Péricourt – et à la naissance d'Eugène Larivière –, éprouve le besoin de se faire auteur, et d'offrir une fiction réconfortante à la famille de son camarade. Il écrit ainsi une lettre, dont le contenu coïncide parfaitement avec les discours rassurants de la propagande patriotique exaltant le sacrifice et l'honneur de la mort pour la patrie :

> Votre fils, qui était souvent en première ligne, a été atteint par une balle en plein cœur et il est mort sur le coup. Je peux vous assurer qu'il n'a pas souffert. Votre fils, qui évoquait toujours la défense de la Patrie comme un devoir supérieur, a eu la satisfaction de mourir en héros[36].

Ce récit inventé, qui se veut apaisant, est reçu comme une fiction par M. Péricourt, le père d'Édouard, qui le voit même comme une « légende toute faite », « un chromo destiné à la consolation des familles », « un mensonge mal ficelé et auquel personne n'aurait donné foi[37] ». L'industriel privé de son fils se résout à n'avoir plus que des récits héroïques sans fondement autre qu'une tradition guerrière éculée, d'un autre siècle. Le mensonge associe ce récit à la fable, au *muthos*, qui s'oppose selon la pensée grecque antique au *logos*, que l'historien Thucydide définissait comme l'exacte retranscription des événements. Albert apporte ainsi sa contribution au mythe de la mort héroïque pour la patrie, et contribue à l'oubli de la vérité du conflit. Pourtant, si Édouard n'est pas vraiment

---

35 *Ibid.*, p. 15.
36 *Au revoir là-haut*, p. 214.
37 *Ibid.*

mort en héros, il a commis un acte héroïque qui lui a valu sa mort sociale : en sauvant le soldat Albert Maillard, qu'il ne connaissait pourtant que de vue, animé par une solidarité née de l'épreuve des tranchées, il a sacrifié, sans le savoir, son intégrité physique. C'est cette histoire que livre le narrateur d'*Au revoir là-haut*, celle d'un héros par accident, touché par une terrible ironie du sort. Néanmoins, c'est à partir d'un récit fondé sur l'imaginaire patriotique traditionnel que M. Péricourt entame sa reconstruction personnelle, son travail de deuil. À ce récit qu'il sait faux mais qui le rassure un peu, il ajoute un nouveau récit – lui aussi patriotique – porté par le monument aux morts qu'il souhaite faire ériger. La vérité, il ne l'apprend qu'à la mort d'Édouard, qu'il renverse avec sa propre voiture tandis que celui-ci porte le masque représentant son visage d'avant-guerre.

Ces discours réconfortants sont aussi mis en échec par Dorgelès. Un échange entre Jacques et Mme Delbos, la mère d'André, incarne cette vacuité des récits patriotiques. La femme est décrite comme une personne qui a acquis une forme de sagesse à travers cette perte tragique. Elle est vue comme une sainte, une *mater dolorosa*, toujours à la recherche du corps de son défunt fils, ne pouvant trouver le repos tant qu'il ne revient pas auprès d'elle : « Il me faut mon fils, et qu'on nous enterre tous les deux[38]… » Elle incarne les valeurs traditionnelles de la famille, rassurantes et apaisantes. Elle permet de témoigner de la tension qui s'établit très vite entre chagrin et devoir, entre deuil individuel et mort pour la patrie. Cette douloureuse confrontation est montrée dans le roman :

> Le jeune homme se sentait impuissant à la consoler et, dans son désarroi, il ne trouvait à dire que des choses banales.
> – Vous pouvez être fière de lui. Il est mort en faisant son devoir…
> Alors, le corps affalé se redressa à demi et la vieille mère articula :
> – Non… Ne dites pas ça… J'aurais donné la France, moi, pour que mon garçon revienne[39] !…

Pour Mme Delbos, le fait qu'André soit mort pour la France n'a aucune vertu réconfortante. Cela permet à Dorgelès de suggérer l'absurdité du conflit, son injustice inhérente, et l'inexactitude d'un discours patriotique insuffisant qui devrait consoler mais s'avère inutile. Ce constat,

---

38 Roland Dorgelès, *Le Réveil des morts, op. cit.*, p. 554.
39 *Ibid.*, p. 502.

que mettent en évidence Lemaitre et Dorgelès, est universel, comme l'illustre cet extrait de *L'Être et le Néant* (Sartre, 1943) : « Si mourir c'est mourir pour édifier, pour témoigner, pour la patrie, etc., n'importe qui peut mourir à ma place [...]. En un mot, il n'y a aucune vertu personnalisante qui soit particulière à ma mort[40]. » La mort pour la patrie anéantit l'individualité. Dans les discours officiels, les morts sont honorés en tant que soldats par la nation reconnaissante, mais le deuil des familles, plus intime, peut difficilement se réaliser en ayant recours à ces seuls récits.

C'est là que les romans viennent apporter une réponse. En effet, *Le Réveil des morts* comme *Au revoir là-haut* apparaissent comme des mémoriaux. Pour les morts qui n'ont pas pu bénéficier des rites funéraires, pour ceux qui ont été oubliés, les écrivains construisent un monument-livre et créent des personnages à qui ils donnent une personnalité, une individualité. Selon Carine Trévisan, « l'écriture se veut souvent équivalent d'un rite de mise au tombeau, permettant de trancher les liens avec les morts[41] ». Ainsi, c'est le travail de résilience de l'ancien-combattant Dorgelès lui-même qui apparaît en filigrane, ainsi que celui de Pierre Lemaitre, qui procède à travers son roman à une forme de réconciliation avec le douloureux passé de ce XXe siècle monstrueux qui a vu tant de morts. Tout en rappelant la destruction et l'oubli, et tout en évoquant le danger d'une guerre future, les romans s'intègrent dans une pratique de remémoration et, ainsi, deviennent eux-mêmes des vecteurs de souvenirs. Ils inscrivent dans la littérature, et plus largement dans l'art, la mémoire de l'événement, à l'image de cette Maison Blanche que voit Jacques à la fin du roman :

> *La Maison Blanche*
> *Bâtie en 1728*
> *Pillée par les Prussiens en 1815*
> *Incendiée par les Russes en 1816*
> *Rebâtie en 1835*
> *Pillée et incendiée par les Bavarois en 1870*
> *Rebâtie en 1877*
> *Pillée puis rasée par les Allemands de 1914 à 1918*
> *Rebâtie en 1920[42]*

---

40 Jean-Paul Sartre, *L'Être et le Néant*, Paris, Gallimard, 1943, p. 618, cité par Marc Crépon, *Vivre avec. La pensée de la mort et la mémoire des guerres*, Paris, Hermann éditeurs, 2008, p. 46.

41 Carine Trévisan, *Les fables du deuil. La Grande Guerre : mort et écriture*, Paris, Presses Universitaires de France, 2001, « Perspectives littéraires », p. 199.

42 Roland Dorgelès, *Le Réveil des morts, op. cit.*, p. 596.

Si cette maison symbolise l'aspect cyclique de l'histoire, elle incarne aussi la possibilité de la renaissance. L'inscription, reproduite sous cette forme dans la narration, représente le travail de mémoire de Jacques, mais aussi celui de l'écrivain. *Le Réveil des morts*, dans la presse, est reçu comme une œuvre mémorielle, comme le montre cette critique de Pierre Paraf dans *La Nouvelle Revue* : « il restera comme le monument vivant des plus chères mémoires abandonnées ou profanées, [...] l'hommage des cœurs saignants d'une jeunesse qui a tout appris et n'a rien oublié[43]. » Avec *Au revoir là-haut*, au souvenir des morts s'ajoute le souvenir des survivants de la guerre, de ceux qui ne peuvent plus s'exprimer dans ce vingt-et-unième siècle naissant mais qui retrouvent une voix à travers le roman. L'après-guerre apparaît comme le moment charnière où se joue l'équilibre – ou le rééquilibrage – de la société. Les auteurs, percevant le malaise de leurs époques respectives, voient cette période comme le lieu de la réconciliation avec le passé.

Juliette SAUVAGE
Université de Picardie Jules Verne
Roman & Romanesque / CERCLL

---

43   Pierre Paraf, « Livres d'actualité », *La Nouvelle Revue*, Paris, juillet 1923, p. 192.

THIERRY LAGET,
PROUST, PRIX GONCOURT.
UNE ÉMEUTE LITTÉRAIRE

Proust, prix Goncourt 1919 : à la distance de cent années, cet événement littéraire nous paraît aujourd'hui une des heures de gloire du Goncourt, qui contribua à la reconnaissance d'une grande œuvre. Il en alla bien autrement pour les contemporains. Manœuvres, divisions, scandale affiché d'une partie de la presse, brocards, éreintements : nulle attribution ne fut plus contestée. Avec autant de verve que d'érudition, Thierry Laget, aussi excellent écrivain qu'éminent proustien, nous plonge au cœur de la mêlée, nous fait entendre les multiples voix, souvent caquetantes, parfois inspirées, acharnées le plus souvent à dénigrer l'œuvre et son auteur, parfois aussi à l'exalter. Un abîme sépare la chambre obscure où naissent les « *enfants du silence*[1] », et cette scène éclairée d'une lumière crue où se démènent folliculaires, anciens combattants outragés, dames du Femina, et parfois académiciens passionnés. Mais il fallait en passer par là, la conquête du public était à ce prix. Si nous lisons aujourd'hui *À la recherche du temps perdu*, c'est en partie parce que cette épreuve qualifiante du Goncourt a été surmontée victorieusement et que la polémique même, l'impure polémique, a servi l'œuvre. Ce moment crucial, où une œuvre, déjà reconnue de quelques lecteurs éclairés, accède à la notoriété, méritait qu'on lui consacrât un livre. L'attribution du prix est ici le point d'intersection nécessaire entre le travail solitaire de l'écrivain et la conquête du public, une étape essentielle de la réception de l'œuvre : enjeu d'abord littéraire, mais que viennent compliquer, parfois brouiller d'autres enjeux de circonstance : politiques, idéologiques, voire moraux et religieux.

---

1 « Ne pas oublier : les livres sont l'œuvre de la solitude et les *enfants du silence.* » Marcel Proust, *Contre Sainte-Beuve*, dans Contre Sainte-Beuve *précédé de* Pastiches et Mélanges *et suivi de* Essais et Articles, Paris, Gallimard, « Bibliothèque de la Pléiade », éd. établie par Pierre Clarac, 1971, p. 309.

En 1919, un candidat semble s'imposer : c'est Dorgelès. Avant même l'impression du roman de Proust, *Les Croix de bois* sont un succès de librairie. Les poilus y reconnaissent « le livre de la guerre par excellence », la presse l'œuvre de l'un des leurs, « un beau livre français », « un grand livre pieux[2] ». L'écriture naturaliste du livre devrait en outre séduire les membres du jury. Ils ont en 1916 attribué le prix au *Feu* de Barbusse. Dans le climat d'exaltation patriotique de 1919, tout laisse augurer la victoire de Dorgelès qui invite galamment « ces dames » du Femina à attendre l'attribution du Goncourt avant de le couronner : hiérarchie des jurys (et des genres) oblige !

Les journalistes, qui portent aux nues leur confrère Dorgelès, dénigrent le concurrent Marcel Proust, dont on parle de plus en plus : un mondain, un vieux jeune homme riche, qui a échappé à la conscription, le revenant d'un monde suranné, qui a l'indécence de ne pas parler de la guerre, un cas pathologique affecté d'hypermnésie, d'hyperesthésie, dont ces médicastres molièresques affectent de s'alarmer pour mieux s'en gausser.

Auquel de ces deux concurrents les membres du jury vont-ils attribuer le prix ? Avec un humour volontiers cruel, Laget fait le portrait de ces vieilles têtes très courtisées, voire harcelées, pour la plupart survivants du naturalisme qui évoquent pour nous le « bal de têtes » du *Temps retrouvé* : Hennique, « graduellement passé à la pantomime, au spiritisme, au silence[3] » ; ou Élémir Bourges : « Il ne vit que de littérature [...] Il a déjà déjeuné d'absolu avant de venir[4]. » Jules Renard ne voyait-il pas en l'Académie une « maison de retraite pour vieux amis[5] » ?

Léon Daudet, « enfant gâté des lettres[6] », y tient sa place avec une turbulente autorité. Il connaît et admire Proust de longue date. Doué d'un sens critique aigu, que n'altèrent pas ses passions politiques ou idéologiques, il est, avec son frère Lucien, l'un des premiers lecteurs passionnés de son œuvre. Il a salué en 1917 « ce livre original, souvent ahurissant, plein de promesses : *Du côté de chez Swann*[7] ». Il prophétise : « S'il arrive à se guider, contenir, ordonner au point de

---

2   Thierry Laget, *Proust, Prix Goncourt. Une émeute littéraire*, Paris, Gallimard, 2019, p. 55.
3   *Ibid.*, p. 34.
4   *Ibid.*, p. 39.
5   *Ibid.*, p. 33.
6   *Ibid.*, p. 37.
7   *Ibid.*, p. 67.

vue littéraire, il écrira un beau matin, en marge de la vie, quelque chose d'étonnant[8]. »

Là où le journaliste Dorgelès prend appui sur la presse, Proust mène sa campagne dans l'ombre, auprès des académiciens. Il a en Daudet un appui indéfectible. Mais aussi en Rosny aîné, qui le connaît de longue date et lui écrit : « Vous avez ajouté quelque chose à mon univers humain ; depuis longtemps je n'avais fait un si beau voyage », et lui promet « (s)a voix (et (s)a propagande[9] ».

L'attribution du prix est à la fois le point culminant de l'action, qui va déchaîner les invectives des frustrés, et un étrange îlot de silence, qui ne ressemble à rien de ce que le Goncourt connaîtra jamais. Après l'attribution du prix à *À l'ombre des jeunes filles en fleurs*, par six voix contre quatre, l'équipe de la NRF, devançant de peu Léon Daudet, vient annoncer son succès à Proust, que Céleste Albaret, au mépris du protocole, doit réveiller, et qui refuse d'abord de les recevoir : « Je ne veux recevoir personne. Surtout pas les journalistes ni les photographes... Ils sont dangereux et ils en veulent toujours trop[10]. »

Dangereux, les journalistes ? Le succès de Proust relance la polémique. Les protestations, les commentaires acerbes ou violents visent à la fois le livre et l'auteur. Ils tracent le portrait d'« un excentrique », « un esprit détraqué », « un pervers littéraire[11] ». Le montage d'extraits d'articles cités fait de Proust « un hurluberlu », une « espèce de dingo, de maniaque, de graphomane[12] » : « En découvrant ce portrait cubiste, les curieux peuvent-ils imaginer qu'un tel hurluberlu est le plus grand écrivain du siècle[13] ? », se demande Thierry Laget.

Proust répond par le silence à cette avalanche de sottises, voire de calomnies ou de diffamations, qui tient beaucoup d'une cabale montée par les amis de Dorgelès, et qu'enveniment des partis pris politiques : la presse de gauche rivalisant de violence avec les maurrassiens, les nationalistes, apôtres de la mobilisation littéraire, avec les internationalistes, qui prônent l'engagement. L'auteur des *Croix de bois*, cependant, se retourne, sans beaucoup d'élégance, vers les « douces mains

8   *Ibid.*, p. 67-68.
9   *Ibid.*, p. 70-71.
10 *Ibid.*, p. 94.
11 *Ibid.*, p. 119.
12 *Ibid.*, p. 141.
13 *Ibid.*, p. 122.

de femmes[14] » du jury du Femina qui lui accorde le prix : « Ainsi les femmes du comité Femina vont-elles s'arroger le droit de sortir de la nursery, pour s'infiltrer dans les tranchées[15]. »

Au-dessus de ce marécage s'élèvent quelques voix qui préludent magnifiquement à l'appréciation de la postérité : notamment un article de Léon Daudet (qui tranche sur ses amis maurrassiens) à la une de *L'Action française* : « Un nouveau et puissant romancier[16] » ; une étude de Jacques Rivière dans *La Nouvelle Revue Française*, « Marcel Proust et la tradition classique » : « Seuls les chefs-d'œuvre ont le privilège de se concilier du premier coup un chœur aussi consonant d'ennemis. Les sots jamais ne se mettent en révolution sans qu'il leur ait été fait quelque positive et vraiment cruelle injure[17]. » De son côté, le fidèle Rosny aîné réfute une à une les accusations portées contre Proust. Le très pur et exigeant serviteur des lettres Valery Larbaud s'exclame : « Enfin, un prix littéraire donné à un ouvrage littéraire[18] ! » Vandérem, de plus en plus séduit, proclame, à l'encontre de tous ses détracteurs, la *modernité* de l'œuvre proustienne, définie sous le triple rapport du ton, de la psychologie et de la sensibilité. En 1927, Julien Benda, auteur de *La Trahison des clercs*, saluera en Proust tout le contraire d'un mauvais maître : un « vrai prêtre de l'esprit[19] ».

La polémique retombée, le temps fait son œuvre. L'échec de Dorgelès relance la vente des *Croix de bois*, dont les chiffres dépassent largement ceux de Proust parmi les *best-sellers*. Les décennies inversent peu à peu les choses en faveur des *Jeunes filles en fleurs*. Proust disparaît moins de trois ans après le prix. Dorgelès fait une belle carrière d'écrivain, et, par une ironie que Proust eût goûtée, devient président de l'académie Goncourt, qui lui avait refusé le prix. Aura-t-il vécu assez vieux pour voir pâlir sa renommée ? À l'inverse, la mort aura été pour Proust un raccourci vers la consécration. Il semble même avoir très tôt programmé littérairement sa disparition, l'avoir intégrée à son projet, sur un mode dont on ne sait s'il est glaçant ou

---

14 *Ibid.*, p. 110.
15 *Ibid.*, p. 109.
16 *Ibid.*, p. 104.
17 *Ibid.*, p. 142.
18 *Ibid.*, p. 148.
19 *Ibid.*, p. 181. On est tenté d'ajouter à ce florilège l'admirable article consacré par Gide à Proust en mai 1921 dans ses « billets à Angèle » (André Gide, *Essais critiques*, Paris, Gallimard, « Bibliothèque de la Pléiade », 1999, p. 289-293). Gide y réparait, superbement, mais peut-être pas tout à fait ingénument, son célèbre jugement prématuré sur l'œuvre de son confrère.

admirable. Dès 1908, dans *Journées de lecture*, il définit la lecture comme la seule amitié sincère, la seule désintéressée, puisqu'«elle s'adresse à un mort, à un absent» : «Nous ne sommes tous, nous les vivants» – et peut-être surtout les écrivains – «que des morts qui ne sont pas encore entrés en fonctions[20]». L'œuvre accomplie, dans une lettre à Gallimard d'octobre 1922 il déclare avoir «les précautions de la guêpe fouisseuse» à l'égard des tomes de son livre qu'il «palpe à défaut de les lire» : «Recroquevillé comme elle et privé de tout, je ne m'occupe plus que de leur fournir à travers le monde des esprits l'expansion qui m'est refusée[21].» Le Goncourt n'aura été pour lui qu'un épisode nécessaire à la reconnaissance de son œuvre. Laget s'interroge avec finesse sur ce qu'il a pu ressentir :

> Plus que l'exaltation du triomphe, plus que la joie, il doit éprouver un frisson de mélancolie. L'esprit se perpétuera dans les phrases qui ont été imprimées, mais le corps disparaîtra. Le but est atteint. Mais qui en jouira? Et que reste-t-il à vivre après cela[22] ?

Le livre s'achève, magnifiquement, sur une méditation de Proust dans un cahier d'esquisses : il y constate avec un accent désabusé l'oubli auquel sont exposés, en dépit de leur célébrité passée, ceux qui sont «de l'autre côté du Temps». Le Goncourt qui la lui a inspirée n'apparaît que dans une parenthèse allusive : «moi prix Goncourt[23]»... Définitivement voué à la vanité du temps perdu où le nom même de l'écrivain s'efface? Ou promis à la survie de Bergotte? Il n'y a jamais, pour le plus grand écrivain, d'assurance de durée, de certitude de la gloire, mot suranné, que Corneille qualifiait déjà, d'ailleurs, d'«une si froide et vaine éternité[24].» La définition de Laget trouve la juste mesure : «Elle (l'écriture) est la vraie gloire – celle du monde est inconstante, et conférée par des sots[25]». (Mais sans l'aval des «sots» quel public?)

---

20 Marcel Proust, *Journées de lecture*, dans *Contre Sainte-Beuve, op. cit.*, p. 186.
21 Marcel Proust, *Correspondance, choix de lettres et présentation par Jérôme Picon*, Paris, Garnier-Flammarion, 2007, p. 347.
22 Thierry Laget, *op. cit.*, p. 93.
23 *Ibid.*, p. 210. «Je me ferais connaître par un livre (car ce sera sans doute dans la fin même, à propos du livre que je veux faire) et on dirait de moi : 'Qui est-ce?'...». L'oubli qui a enseveli le prix littéraire deviendrait ainsi un élément de plus dans la démonstration du temps destructeur (à laquelle s'opposent les révélations du temps retrouvé). Tout décidément est destiné à devenir littérature : même le Goncourt...
24 Pierre Corneille, *Suréna*, acte I, scène 3, dans la bouche de Suréna.
25 Thierry Laget, *op. cit.*, p. 209.

On sort un peu étourdi de la lecture de *Proust, prix Goncourt*, comme si la magie d'une mémoire antérieure nous avait plongés au plus vif des débats de 1919. Admirablement documenté, le livre nous fait entendre le concert discordant des voix qui, sans la recherche patiente et rigoureuse de Thierry Laget, seraient aujourd'hui bien oubliées[26]. Leur rumeur nous renvoie au silence de l'œuvre, à son temps propre qui n'est pas celui de l'actualité : « Toujours l'art a le temps de son côté[27] », écrivait récemment Julian Barnes, faisant écho, sur un mode mineur, aux vers célèbres de Théophile Gautier. Proust a gagné son pari : il a retrouvé le temps sur un plan où la mort n'a pas de prise.

Jean-François BOURGAIN
INSPE de Haute-Normandie,
THALIM (UMR 7172)

---

26 Thierry Laget vient de publier *À l'ombre des jeunes filles en fleurs et le prix Goncourt 1919*, dossier de presse, éditions Honoré Champion, Paris, novembre 2019. Y sont réunis cent-quatre-vingt-seize articles inspirés par le roman de Proust.

27 « *Art always has time on its side.* » Julian Barnes, *The Man in the Red Coat*, London, Jonathan Cape, 2019, p. 2. Il est vrai que Barnes, de tous les écrivains le moins propre à se payer de mots, corrige plus loin cette belle formule : « *What I said at the beginning – that art always has time on its side – was mere hopefulness, a sentimental delusion. Some art has time on its side ; but which ? Time imposes a brutal triage* » (*ibid.*, p. 104). La question a cessé depuis longtemps de se poser pour Proust, universellement admiré, sinon lu.

RÉSUMÉS/*ABSTRACTS*

Marie-Françoise LEMONNIER-DELPY, « Introduction »

Conformément à sa vocation, l'article introductif de ce numéro en présente les objectifs et la démarche. On se propose d'offrir un nouveau panorama, représentatif mais non exhaustif, de l'œuvre de Roland Dorgelès en privilégiant des angles de vue différents. Les articles s'ordonnent de façon à dialoguer entre eux, à renouveler l'approche des écrits journalistiques, des œuvres romanesques, autobiographiques ou viatiques publiées ou inédites et à caractériser la poétique de Dorgelès.

Mots-clés : Roland Dorgelès, Montmartre, Bohème, Guerre 1914-1918, romanesque, correspondance, récit de voyage, Académie Goncourt, Pierre Lemaitre, génétique textuelle.

Marie-Françoise LEMONNIER-DELPY, *"Introduction"*

True to its vocation, the introductory article of this issue presents its objectives and approach. The aim is to use various viewpoints to offer a new and representative—but not exhaustive—overview of Roland Dorgelès's work. The articles are arranged so as to engage in dialogue with each other, to offer a new approach to his journalistic writings and his published and unpublished romanesque, autobiographical, and travel works, and to characterize Dorgelès's poetics.

Keywords: Roland Dorgelès, Montmartre, bohemianism, First World War, romanesque, correspondence, travel narrative, Académie Goncourt, Pierre Lemaitre, textual genetics.

Émeline PIPELIER, « Le fonds Roland Dorgelès des Bibliothèques d'Amiens Métropole »

Les Bibliothèques d'Amiens Métropole conservent un important ensemble de documents imprimés, de manuscrits et de documents d'archives liés à Roland Dorgelès, qu'il soit montmartrois, combattant ou voyageur. À côté de l'information biographique fournie par certaines pièces, ce fonds en perpétuelle évolution, comportant quelques inédits, apporte un éclairage significatif sur le travail de l'écrivain à travers manuscrits autographes, épreuves corrigées et surtout notes et fiches de travail.

Mots-clés : Roland Dorgelès, Bibliothèques d'Amiens Métropole, manuscrits, Archives, Bibliophilie.

Émeline PIPELIER, *"The Roland Dorgelès collection at the Bibliothèques d'Amiens Métropole"*

The Bibliothèques d'Amiens Métropole preserve an important collection of printed documents, manuscripts, and archival documents related to Roland Dorgelès: the Montmartre man, soldier, and traveler. In addition to the biographical information provided by certain items, this ever-changing collection, which includes some unpublished items, sheds significant light on the writer's work via handwritten manuscripts, corrected proofs, and, above all, notes and worksheets.

Keywords: Roland Dorgelès, Bibliothèques d'Amiens Métropole, manuscripts, archives, bibliophilia.

Alexandre LEDUCQ, « "Également disponible du même auteur". La pratique de l'auto-réécriture chez Roland Dorgelès »

Roland Dorgelès, écrivain prolixe, travaillé voire rongé par un petit nombre d'idées qui reviennent sans cesse sous sa plume, n'aura de cesse, au long de sa longue carrière, de s'auto-plagier. Ce travail explore la place importance que tient, dans ce processus créatif, ce que nous appelons l'auto-réécriture. L'analyse des différentes auto-réécritures éclaire non seulement la manière dont Dorgelès crée, mais aussi une grande partie des craintes, des angoisses et des espoirs de l'auteur.

Mots-clés : Genèse, Réécriture, Auto-plagiat, Guerre 1914-1918, Écrivains combattants, Colonies, récits de voyages.

Alexandre LEDUCQ, *"'Also available from the same author'. Roland Dorgelès's practice of self-rewriting"*

Roland Dorgelès, a prolific writer, preoccupied and even gnawed at by a small number of ideas that kept coming out of his pen, would constantly plagiarize himself throughout his long career. This work explores the importance of what we call self-rewriting in this creative process. Analysis of different forms of self-rewriting sheds light not only on the way Dorgelès creates, but also on many of the author's fears, anxieties, and hopes.

Keywords: genesis, rewriting, self-plagiarism, First World War, écrivains combattants, colonies.

Jean-Pierre RIOUX, « Dorgelès en guerres »

L'article retrace le parcours de l'homme et de l'écrivain en suivant le cours de son existence et de son œuvre. Il dresse le tableau d'un écrivain engagé tant dans la guerre que dans ses activités de journaliste et présente les positions et les interrogations qui furent les siennes dans bien des domaines et qu'expriment ses écrits virulents ou humoristiques. L'article évoque les facettes de son œuvre foisonnante et l'intérêt qui fut le sien pour des formes d'art comme le cinéma.

Mots-clés : Roland Dorgelès, biographie, engagement, guerres, journalisme, histoire.

Jean-Pierre RIOUX, *"Dorgelès at war"*

This article recounts the journey of the man and writer by following the course of his life and work. It paints a picture of an author engaged in both war and journalism and presents the positions and questions he had in many areas, expressed in his trenchant or humorous writings. This article discusses the facets of his prolific work and his interest in art forms such as cinema.

Keywords: Roland Dorgelès, biography, engagement, wars, journalism, history.

Philippe BLONDEAU, « Montmartre, jeunesse et genèse d'une œuvre »

Mac Orlan et Dorgelès, exacts contemporains, se sont rencontrés à Montmartre au début du siècle dernier. Ils ont partagé les mêmes décors, les mêmes amitiés et expériences, dans les milieux journalistiques et littéraires. La confrontation de leurs itinéraires et de leurs sensibilités sera une occasion privilégiée pour réfléchir à la part de la vérité et de la mythologie dans la constitution de cet *objet* singulier de notre histoire littéraire qu'est la bohème montmartroise de la Belle Époque.

Mots-clés : Roland Dorgelès, Pierre Mac Orlan, Montmartre, Bohème, Belle Époque.

Philippe BLONDEAU, *"Montmartre, Youth and the genesis of an oeuvre"*

Mac Orlan and Dorgelès, exact contemporaries, met in Montmartre at the beginning of the twentieth century. They shared the same backgrounds, friendships, and experiences in journalistic and literary circles. The juxtaposition of their journeys and sensibilities constitutes a privileged occasion to reflect on the share of truth and mythology in the constitution of the Montmartrois bohemian of the Belle Époque, that singular object of our literary history.

Keywords: Roland Dorgelès, Pierre Mac Orlan, Montmartre, bohemianism, Belle Époque.

Nicolas BIANCHI, « De Montmartre aux tranchées, l'humour de guerre de Roland Dorgelès (1910-1930) »

En étudiant l'humour déployé par Dorgelès dans ses récits de guerre, cet article interroge l'idée selon laquelle la deuxième vague romanesque sur 1914 aurait opéré une libération du rire. Car l'analyse de leurs grands traits humoristiques, précoces ou tardifs (héritages, ambiguïtés politiques, procédés et fonctions, corrections) invite à relever les traces d'une patrimonialisation et d'une évolution politique reposant sur un glissement significatif vers le sérieux, l'ironie et l'antimilitarisme.

Mots-clés : Roland Dorgelès, rire, comique, Grande Guerre, épique, politique, humour troupier

Nicolas BIANCHI, *"From Montmartre to the trenches, the wartime humor of Roland Dorgelès (1910–1930)"*

Studying the humor deployed by Dorgelès in his war stories, this article questions the idea that the second romanesque wave in 1914 liberated laughter. In fact, analysis of their major humorous features, whether they appeared early or later (legacies, political ambiguities, procedures and functions, corrections), invites us to note the traces of a patrimonialization and a political evolution based on a significant shift toward seriousness, irony, and antimilitarism.

Keywords: Roland Dorgelès, laughter, comic, First World War, epic, politics, barracks humor.

Philippe ÉTHUIN, « Roland Dorgelès dans le journal *La Baïonnette* (1918-1919) »

L'article examine la présence de Roland Dorgelès dans le périodique *La Baïonnette*. Les textes publiés dans la presse par Roland Dorgelès reflètent ses préoccupations et peuvent, pour certains, être des matrices de textes édités plus tardivement. Une bibliographie inédite des textes de Roland Dorgelès parus dans *La Baïonnette* complète l'article.

Mots-clés : Roland Dorgelès, *La Baïonnette*, humour, presse, génétique des textes, bibliographie.

Philippe ÉTHUIN, *"Roland Dorgelès in the magazine* La Baïonnette *(1918–1919)"*

This article examines Roland Dorgelès's presence in the periodical La Baïonnette. *The texts published in the press by Roland Dorgelès reflect his concerns and may, for*

some, be molds of texts published later. An unpublished bibliography of texts by Roland Dorgelès published in La Baïonnette accompanies the article.

Keywords: Roland Dorgelès, La Baïonnette, *humor, press, genetics of texts, bibliography.*

Pierre-Jean DUFIEF, « Les lettres de guerre de Roland Dorgelès. Mensonge et vérité »

Les Lettres de guerre de Roland Dorgelès jouent constamment sur la sincérité et le mensonge, masquant les vraies réalités de la guerre ou les dévoilant crûment. Cette constante ambiguïté de la correspondance peut se retrouver dans *Les Croix de bois*, lues comme un poignant témoignage dont certains devaient pourtant contester la véracité.

Mots-clés : correspondance, guerre, mensonge, vérité, fiction, document, type, fantaisie, réflexivité.

Pierre-Jean DUFIEF, *"Roland Dorgelès's wartime letters. Falsehood and truth"*

Roland Dorgelès's wartime letters constantly play on sincerity and falsehood, masking the true realities of war or revealing them bluntly. The constant ambiguity of this correspondence can be found in Les Croix de bois, *read as a poignant testimony, the truth of which some have contested.*

Keywords: correspondence, war, falsehood, truth, fiction, document, type, fantasy, reflexivity.

Philippe NIVET, « Roland Dorgelès et la première reconstruction »

La Première Guerre mondiale a provoqué d'immenses dégâts dans le Nord et l'Est de la France. S'engage, dès la fin de 1918, une importante œuvre de reconstruction qu'évoque Roland Dorgelès dans *Le Réveil des morts* paru en 1923 chez Albin Michel. En confrontant ce roman avec des sources archivistiques et d'autres témoignages, cet article montre comment cette œuvre dresse un tableau très exact de la reconstruction menée dans le département de l'Aisne après 1918, précieux pour l'historien.

Mots-clés : Dorgelès, Première Guerre mondiale, reconstruction, réfugiés, travailleurs chinois.

Philippe NIVET, *"Roland Dorgelès and the first reconstruction"*

The First World War left behind immense damage in northern and eastern France. At the end of 1918, important reconstruction work began, which Roland Dorgelès evokes in Le Réveil des morts, *published in 1923 by Albin Michel. By comparing this novel with archival sources and other testimonies, this article shows how this work paints a very accurate picture of the reconstruction carried out in the Aisne department after 1918, which is of great value to historians.*

Keywords: Dorgelès, First World War, reconstruction, refugees, chinese workers.

Thabette OUALI, « L'écriture de l'Ailleurs et ses enjeux dans l'œuvre de Dorgelès »

En écrivant sur l'Orient, l'Afrique, l'Europe et l'URSS, Dorgelès apporte à sa manière un nouvel aspect à la thématique d'un Ailleurs en continuelle évolution. Ce nouvel exotisme met fin aussi bien à un Ailleurs qu'à des idéologies fantasmées par l'imaginaire littéraire. Face aux crises que vit la France dans l'entre-deux-guerres, il rappelle par ces écrits la gloire d'un pays qui, grand de son empire colonial, ne saurait céder aux menaces fascistes.

Mots-clés : L'Ailleurs, exotisme, colonialisme, fascisme, l'Autre, écriture, éthique, idéologie, patriotisme, écrivain-reporter

Thabette OUALI, *"Writing Elsewhere and its implications in the work of Dorgelès"*

Contributing variations on the East, Africa, Europe, and the USSR, Dorgelès brings in his own way a new dimension to the theme of a constantly evolving Elsewhere. This new exoticism puts an end both to an Elsewhere and to ideologies dreamed up by the literary imaginary. In the face of the crises that France experienced between the two world wars, his writings remind us of the glory of a country that, with the greatness of its colonial empire, should not buckle in the face of fascist threats.

Keywords: elsewhere, exoticism, colonialism, fascism, the Other, writing, ethics, ideology, patriotism, writer-reporter.

Gabrielle MELISON-HIRCHWALD, « Roland Dorgelès, un demi-siècle de Goncourt »

De 1919 à 1973, Dorgelès aura côtoyé les Goncourt, d'abord comme finaliste malheureux face à Proust puis comme membre de l'Académie. Cette longévité exceptionnelle lui assure un statut particulier au sein de l'institution bouleversée par la guerre et de multiples polémiques : de benjamin à doyen de l'assemblée, ce romancier-journaliste aura permis le passage de relais des membres fondateurs de l'institution à une ère moderne tout en réaffirmant sans cesse sa fidélité aux Goncourt.

Mots-clés : Dorgelès, Académie Goncourt, Proust, frères Goncourt, institution littéraire, Prix Goncourt, guerre.

Gabrielle MELISON-HIRCHWALD, *"Roland Dorgelès, half a century of Goncourt"*

From 1919 to 1973, Dorgelès worked with the Goncourt family, first as an unlucky runner-up to Proust and then as a member of the Académie. This exceptional longevity gave him a special status within the institution, which had been shaken by the war and various controversies: from a junior member to the doyen of the assembly, this novelist-journalist enabled the transition from the founding members of the institution to a modern era, while constantly reaffirming his loyalty to the Goncourt family.

Keywords: Dorgelès, Académie Goncourt, Proust, Goncourt brothers, literary institution, Prix Goncourt, war.

Juliette SAUVAGE, « De Roland Dorgelès à Pierre Lemaitre, la création au service de la mémoire »

Roland Dorgelès (*Le Réveil des morts*, 1923) et Pierre Lemaitre (*Au revoir là-haut*, 2013) placent tous deux leur roman dans l'immédiat après-guerre et interrogent l'héritage de 14-18. Ils thématisent la création et la mettent au service d'une mémorialisation de la Grande Guerre, dans laquelle la fiction trouve toute sa place. Les personnages, les actes de fictionnalisation et d'imagination mis en scène permettent de présenter l'art et la littérature comme des outils essentiels de la commémoration.

Mots-clés : Première Guerre mondiale, Roland Dorgelès, Pierre Lemaitre, mémoire, création, artistes, fiction, commémoration, hommage.

Juliette SAUVAGE, *"From Roland Dorgelès to Pierre Lemaitre, creation in the service of memory"*

Roland Dorgelès (Le Réveil des morts, 1923) and Pierre Lemaitre (Au revoir là-haut, 2013) both place their novel in the immediate postwar period and question the legacy of the First World War. They thematize creation and use it in the service of memorializing the Great War, in which fiction finds its due place. The characters and the acts of fictionalization and imagination staged allow art and literature to be presented as essential tools of commemoration.

Keywords: First World War, Roland Dorgelès, Pierre Lemaitre, memory, creation, artists, fiction, commemoration, tribute.

Jean-François BOURGAIN, « Thierry Laget, *Proust, prix Goncourt. Une émeute littéraire* »

Cette recension met en évidence la démarche du critique Thierry Laget à qui est reconnu le mérite d'enrichir la connaissance d'un épisode fameux de l'histoire littéraire du XXe siècle, le Prix Goncourt 1919. À travers le rappel des faits liés à ce qui constitua une « émeute littéraire », ce compte rendu donne aussi à voir la manière dont, un siècle plus tard, l'événement peut être perçu.

Mots-clés : Proust, Dorgelès, Prix Goncourt, 1919, histoire littéraire du XXe siècle.

Jean-François BOURGAIN, "Thierry Laget, *Proust, prix Goncourt. Une émeute littéraire*"

This review highlights the approach of the critic Thierry Laget, who is recognized for adding to the knowledge about a famous episode in twentieth-century literary history: the 1919 Prix Goncourt. Reviewing the facts about what constituted an "émeute littéraire" (or "literary riot"), this account also provides a look at how, a century later, the event may be viewed.

Keywords: Proust, Dorgelès, Prix Goncourt, 1919, twentieth-century literary history.

Achevé d'imprimer par Corlet Numéric,
Z.A. Charles Tellier, Condé-en-Normandie (Calvados), en octobre 2020
N° d'impression : 168456 - dépôt légal : octobre 2020
Imprimé en France

CLASSIQUES GARNIER

Bulletin d'abonnement revue 2020

Romanesques

Revue du Cercll / Roman & Romanesque

2 numéros par an

M., Mme :

Adresse :

Code postal :   Ville :

Pays :

Téléphone :   Fax :

Courriel :

Prix TTC abonnement France, frais de port inclus		Prix HT abonnement étranger, frais de port inclus	
Particulier	Institution	Particulier	Institution
42 €	58 €	55 €	67 €

Cet abonnement concerne les parutions papier du 1er janvier 2020 au 31 décembre 2020.

Les numéros parus avant le 1er janvier 2020 sont disponibles à l'unité (hors abonnement) sur notre site web.

Modalités de règlement (en euros) :
- Par carte bancaire sur notre site web : www.classiques-garnier.com
- Par virement bancaire sur le compte :
  Banque : Société Générale – BIC : SOGEFRPP
  IBAN : FR 76 3000 3018 7700 0208 3910 870
  RIB : 30003 01877 00020839108 70
- Par chèque à l'ordre de Classiques Garnier

Classiques Garnier
6, rue de la Sorbonne – 75005 Paris – France
Fax : + 33 1 43 54 00 44
Courriel : revues@classiques-garnier.com

mis à jour le 22/10/2019

Abonnez-vous sur notre site web :
www.classiques-garnier.com